성격의 비밀, 교류분석이 풀다

아임 오케이 유어 오케이

토마스 A. 해리스 지음 | 이영호 · 박미현 옮김

이너북스

I'M OK-YOU'RE OK

by Thomas A. Harris, M.D.

우리는 서로 교류하며 살아갑니다. 친구를 사귀고, 연인이 되고, 부모와 자식으로 맺어져 사랑하고, 사회적으로도 교류합니다. 하지만 우리 모두는 부모와 관계하던 과거 경험이 정해 놓은 범주 안에서 타인과 교류하게 됩니다. 나의 관계 경험이 현재 나를 불행하게 한다면, 그렇다면 이 범주를 넘어설 수는 없는 걸까요?

상담현장에서 만나는 내담자들은 자신은 여전히 과거 경험에 묶여 있으면서도 상대가 먼저 변화해 주기를 기대합니다. 네가 먼저 변하면 세상과 난 금방 변할 것이라고 말입니다. 과연 이게 가능할까요? 그리고 문제 해결에 도움이 되는 요구일까요? 자신의 교류방식이 현실에 맞지 않음을 알아차리고 먼저 새로운 경험으로 대응할 수는 없는 것일까요?

또, 상담이라고는 전혀 해 보지 않은 사람들도 때로 심각한 고민이나 마음의 고통을 겪게 됩니다. 누구의 충고도 도움이 되지 않는 그런 상황에서 우리는 책에 해답이 있을지도 모르겠다는 생각을 합니다.

교류분석Transactional Analysis이라는 심리학 이론은 1950년대 정신과 의사인 에릭 번Eric Berne에 의해 개발되었습니다. 현재는 전 세계적으로 널리 알려져 심리치료뿐 아니라 교육, 조직, 상담 분야 등에서 유용하게 사용되고 있습니다. 다른 이론에 비해 쉽게 이해되는 장점과 인지적 자각만으로도 자기 변화가 가능하기 때문에 그간 많은 교류분석 도서들이 번역되고 출간되었습니다.

1967년에 나온 토마스 해리스Thomas A. Harris의 "I'm OK, YOU're OK"는 교류분석 책으로 전 세계 1천만부 이상이 팔린 최고의 베스트셀러입니다. 분명하게 주목할 점은 전문서적이라 할 수 있는 심리학 서적인데 잠깐의 주목을 받다 사라지는 다른 책들과 달리 지금까지도 변함없이 읽히고 활용된다는 사실입니다. 국내에서도 2008년에 『21세기 북스』에서 "마음의 해부학"으로 번역되어 출간되었고 2014년에 『아름드리미디어』에서 "아임 오케이, 유어 오케이"로 또 다시 소개되었습니다.

2020년 소개되는 이번 역서는 학지사와 역자들이 기획하여 기존의 번역본에 과감한 변화를 시도하였습니다. 원서에 빠져 있던 부분, 교류분석이론의 내용과 크게 상관없이 지나치게 오래된 역사적 사실, 실례, 오역, 기독교 분위기의 60년대 후반 미국배경 등을 오늘날에 맞게 보완, 수정, 추가 설명을 덧붙였습니다. 그래서 교류분석을 잘 아는 사람뿐 아니라 처음 접하는 사람들도 쉽게 이해하도록 공을 들였습니다.

그런데 지난 20여 년 동안 TA를 연구, 상담, 교육해온 역자들이 왜 이 시점에서 토마스 해리스Thomas A. Harris의 오래된 베스트셀러 "I'm OK, YOU're OK"를 다시 조명하려고 할까요? 그 이유는 서점의 도서판매대에서 찾을 수 있습니다. 꽤 오랫동안 독자들은 '힐링' '정서적 안녕' '행복' '변화' '마음의 평화' 등을 주제로 한 책을 찾고 있고 그 요구를 반영하듯 많은 책들이 발간되었습니다. 그런데 이상한 일은 그렇게 많은 책이 나옴에도 불구하고 여전히 독자들은 같은 주제의 새로운 책을 사보게 된다는 것입니다. 아마도 책을 읽는 동안 마음이 조금 편안해지기는 하였지만 현실의 생활에서는 여전히 변화를 경험하지 못하였기 때문이 아닐까 조심스럽게 짐작을 해 봅니다. 그래서 상처에 일시적으로 붙여주는 그런 일회용 밴드가 아니라 더 깊게 사고하고 원하는 변화로 발걸음을 떼는 데 도움이 되는 책을 소개하고 싶었습니다. 동시에 사람들이 이 책을 곁에 두고 늘 되풀이 읽으면서 행복으로 향하는 마중물로 사용할 수 있으면 얼마나 좋을까 하는 염원도 이 작업을 하는 과정 동안 늘 있었습니다.

이 책에는 일상적이지만 낯선 용어들이 많이 나옵니다. 그 용어들은 난해한 심리학을 누구나 쉽게 이해할 수 있도록 돕는 교류분석의 장점입니다. 만약 교류분석이 처음이라면 그 용어와 익숙해지도록 의도적인 노력을 하는 것이 독자들의 첫 번째 과제가 될 것입니다. 이 책의 장점은 심리학도서 중 인간관계의 맥락과 심리를 가장 명확하고 쉽게 설명하고 있다는 것입니다. 뿐만 아니라 심리학을 모르는 일반인들도 자기분석이 가능하고 자각이 일어나고 스스로의 변화를 위한 방법을 분명하게 깨닫게 합니다. 즉 심리가 어떻게 움직이고, 자신이 왜 그렇게 행동하며, 원할 경우 이런 행동을 멈추는 방법이 무엇인지 알아내려는 사람들을 위한 답을 찾아가는 과정과 방법을 안내하고 있다고 할 수 있습니다.

토마스 해리스Thomas A. Harris는 우리 내부의 부모자아—어른자아—어린이자아라는 세 가지 인격을 토대로 사람들이 상호작용하고 있다고 쉽게 설명합니다. 교류분석이론의 뼈대를 이루는 자아상태(부모자아Parent ego state: P), 어른자아(Adult ego state: A), 어린이자아(Child ego state: C)개념에 대해 쉽고 다양한 예시를 제시하며 관계에서 비롯되는 문제의 원인과 해결의 핵심을 명료하게 설명하고 있습니다. 즉 자아상태 개념을 개인의 변화, 부부관계, 어린이 양육과 아동학대 문제 상담과 청소년 상담, 나아가 사회적 의미로까지 적용하며 더 큰 변화를 추구할 수 있음을 강조하고 있습니다. 동시에 교류분석이 가장 궁극적으로 가져야 할 인생태도는 '나도 옳고 남도 옳다'는 자기긍정—타인긍정의 태도임을 역설합니다. 나와 남이 모두 옳다는 태도는 좋은 관계와 교류의 원동력이 되며 호기심과 탐구심을 가지게 되는 아이 때부터 부모가 아이가 스스로 OK(긍정)로 느끼도록 충분히 좋은 양육을 제공하여야 함을 강조함으로써 부모들에게도 교류분석이 매우 도움이 됨을 보여주고 있습니다.

　전문가부터 일반인에 이르기까지 교류분석을 접한 전 세계 사람들의 공통적인 피드백은 매우 비슷합니다. 그것은 '교류분석의 첫 번째 수혜자는 공부하는 바로 자신'이라는 것입니다.

　국내의 평가들도 다르지 않습니다. 우선 심리상담 이론으로 교류분석을 공부하는 사람들의 첫 인상은 이론이 쉽고 재미있다는 것입니다. 평소 자신에 대한 의문을 교류분석을 만나는 초기에 성격이론(P-A-C)으로 이해하게 됩니다. 성격의 근원을 알게 되고 그것이 내가 세상을 살아가는 방식과 밀접하게 연관이 있다는 것을 알게 되기 때문에 초기에 자각이 일어납니다. 그렇게 자신이 어떤 사람인지 알아가는 것이 재미 있고 출발점이 나로부터 시작하여 차츰 타인으로 확대되어 나가게 됩니다. 그리고 실제 인간관계에서 도움을 받습니다. 또한 교류분석은 성격이론인 동시에 커뮤니케이션 이론입니다. 우리 속담에 '말로 천냥빚도 갚는다'라는 말이 있듯 자신의 뜻도 잘 전달하면서 상대와 갈등 없이 대화로 문제를 해결할 수 있는 방법을 알게 됩니다. 그리고 두 번째 수혜자는 가족이 됩니다. 현재의 가족관계와 교류에 미치는 부정적 영향을 자각하여 자신이 먼저 그러한 부분을 업데이트하거나 새로운 행동을 시도하기 때문입니다.

이 책이 인간관계, 심리에 관심이 있는 일반인이나 교류분석을 공부하는 사람들에게 매우 유용한 도서라는 점을 인정하고 역자들이 기꺼이 재번역할 수 있도록 물심양면으로 지원해 주신 김진환 대표님과 좋은 책 만들어 많은 사람들에게 도움이 되기를 소원하며 참신한 아이디어와 꼼꼼한 교정과 편집으로 본서가 이전과 다르게 더욱 완성도 높은 책으로 나올 수 있게 헌신해 주신 민신태 부장님께 감사를 드립니다.

아울러 독자들이 이 책을 읽는 동안 적어도 한번쯤은 자신에게 물음을 던져볼 것이라 확신합니다. 관계와 교류 속에 지나치게 부모 같은지, 어린이 같은지, 상황에 잘 대처하는 어른 같은지… 그리하여 이 책을 읽었을 때 마음의 작은 변화, 울림이 비록 파편같이 조각난 것이라 할지라도 반드시 생길 것임을 믿습니다. 그러한 울림의 흔적이 더 나은 변화로 이끄는 원동력이 될 것이라 확신하며, 만약 그렇게 된다면 책을 다시 손보는 동안 고민하였던 역자들의 수고는 아름다운 헌신으로 기억될 것입니다. 모든 독자께 감사드립니다.

환자와 일반 대중뿐 아니라 정신과 의사들도 정신분석에 대한 우려와 회의적인 목소리를 높이고 있다. 나 역시 이런 정신과 의사 중 한 명이다. 이 책은 정신이 어떻게 움직이고, 자신이 왜 그렇게 행동하며, 원할 경우 이런 행동을 멈추는 방법이 무엇인지 알아내려는 사람들을 위한 답을 찾아가는 과정에서 나온 산물이다. 그 답은 훗날 정신의학에 일대 혁명을 불러일으킬 가능성이 가장 높은 분야에서 찾을 수 있는데, 그 분야가 바로 교류분석 Transactional Analysis이다. 인간의 의사소통과 행동방식에 관한 이론체계인 동시에 이에 관한 치료 방법인 교류분석은 전통적인 심리치료의 모호함과 난해함에 절망했던 많은 사람들에게 희망을 주었다. 그것은 순응이 아니라 변화를 원하는 사람들에게 유지가 아니라 탈바꿈을 원하는 사람들에게 새로운 답을 제시해 주었다.

교류분석은 과거에 벌어진 일과 상관없이 앞으로 일어날 일에 대해 책임을 져야 한다는 사실을 환자에게 깨닫게 해준다는 점에서 현실적인 치료법이다. 또한 교류분석은 자신의 행동을 바꿀 수 있게 해주고, 자제심과 자발성을 기르게 해주며, 선택의 자유라는 엄연한 현실을 발견할 수 있게 해준다.

우리가 관계분석과 개선을 위한 방법적인 측면을 개발하고 정리할 수 있었던 것은 교류분석의 개념을 창시하고 발전시킨 에릭 번_{Eric Berne} 박사가 개인적·사회적 정신의학의 이론을 종합하고 효과적으로 현실에 적용할 수 있도록 명확하게 잘 정리된 매우 매력적인 이론 체계를 만들어준 덕분이다. 에릭 번_{Eric Berne}은 이전에는 아무도 생각하지 못했던 방법으로 누구나 이해할 수 있도록 정확한 언어를 이용해서 청사진의 세세한 부분까지 일목요연하게 짚어주고 있었다. 이 언어를 이용한다면 전문가가 아닌 두 사람이 서로의 행동에 대해 대화를 나누고 행동의 의미를 파악할 수 있을 것이 분명했다.

『백경』의 저자인 허먼 멜빌_{Herman Melville}은 이렇게 말했다. "진정한 과학자는 어려운 말을 거의 사용하지 않는다. 그의 말이 어렵다면 이는 그의 진정한 의도를 파악하는 사람이 아무도 없는 탓이다. 하지만 과학자라는 허울을 뒤집어 쓴 사람들은 …… 어려운 말을 할수록 자신이 어려운 학문을 이해하고 있는 것이라고 생각한다." 교류분석의 어휘는 실제 치료에 그대로 사용할 수 있는데, 실제로 존재하는 사람들의 삶에서 실제로 겪은 경험들을 현실에 맞게 누구나 이해하기 쉬운 언어로 설명해주기 때문이다.

교류분석 덕분에 전문적인 용어를 과감히 배제하고 인간심리와 우리 사회의 보편적인 문제를 논하는데 적합한 '대중적인' 언어를 사용할 수 있는 수천 명의 정신건강 및 심리 상담가들을 훈련시키는 것이 가능해졌다. 지금까지 캘리포니아 주에서 1000명이 넘는 전문가들이 이 방법에 맞춰 훈련을 받았으며, 다른 주는 물론이고 해외 여러 나라에도 이런 훈련법이 급속도로 퍼지고 있다. 이런 전문가들의 반 정도는 정신과 의사이고, 나머지 절반은 다른 분야의 전문의들(소아과 전문의, 산부인과 전문의, 내과 전문의, 일반의 등)과 심리학자, 사회복지사, 성직자, 판사 등으로 구성되어 있다. 현재 캘리포니아 주 여러 병원을 포함해 교도소, 청소년 감독기관 등이 집단치료를 할 때 교류분석을 이용하고 있다. 또한 결혼 상담, 10대 초반의 아이들과 청소년들에 대한 상담 치료, 교회 카운슬링 등에서도 교류분석을 이용하는 비중이 점점 증가하고 있으며, 새크라멘토에 있는 정신지체아 전문기관인 로렐 힐스에서도 교류분석을 집단치료에 응용하고 있다.

교류분석이 정신치료의 수급 불균형을 해소하는 데 훌륭한 해답이 될 수 있는 가장 큰 이유는 이것이 집단치료에서 가장 큰 효과를 발휘하기 때문이다. 교류분석은 과거를 고백하거나 고고학적으로 과거를 일일이 탐구하기 위한 수단이 아니라 가르치고 배우는 데 적합한 수단이다. 나는 정신과 병원을 운영하면서 교류분석을 이용해 과거보다 네 배나 많은 환자들을 치료할 수 있었다. 지난 25년 동안 정신과 의사로 일하면서 대규모의 제도적 프로그램에 따라 환자들을 치료해왔지만, 지금만큼 커다란 흥분과

스릴을 느껴본 적은 한 번도 없었다. 교류분석의 가장 훌륭한 특징으로 무엇보다도 환자들이 직접 이용할 수 있는 수단을 제공해준다는 점을 꼽을 수 있다. 이 책의 목적은 이런 수단을 정의하는 것이다. 사람들은 '골치를 앓을' 필요 없이 교류분석이라는 수단을 이용해 훌륭한 결과를 얻을 수 있다.

환자들이 첫 치료 시간부터 자신의 문제를 극복하고 성장해나가서 과거의 횡포로부터 벗어나는 과정을 지켜보는 것은 그 무엇과도 바꿀 수 없는 보람된 일이다. 우리가 더 큰 희망을 가질 수 있는 이유는 이런 과정이 앞으로도 반복될 것이라고 확신할 수 있기 때문이다. 두 사람이 두려움을 벗어던지고 창의적이고 충만한 관계를 구축할 수 있다면, 3명, 100명, 사회 집단, 심지어는 모든 나라들이 이런 새롭고 긍정적인 관계를 구축하는 것도 분명 가능한 일이다. 매일 신문 헤드라인을 장식하고 있는 폭력과 절망으로 가득 찬 세상의 모든 문제들은 기본적으로는 개인 간의 문제라고 볼 수 있다. 개인이 변하면 세상이 움직이는 과정도 변할 수 있다. 결코 헛된 희망이 아니다.

이 책은 처음부터 차근차근 읽어나가는 것이 중요하다. 교류분석의 방법과 어휘가 정의된 첫 장들을 건너뛰고 그다음부터 읽는 독자는 후반부의 내용을 이해하기 힘들 뿐 아니라 잘못된 결론을 내릴 가능성이 높다.

2장과 3장은 뒤에 나올 내용들을 이해하기 위해 반드시 읽고 넘어가야 한다. 그래도 굳이 순서에 상관없이 책을 읽고 싶다면, 이 책 전체에서 자주 등장하는 다섯 단어는 우리가 일반적으로 사용하는 의미와는 상당히 다르다는 사실을 반드시 유념해야 한다. 그 다섯 단어는 '부모자아' '어른자아' '아이자아' '긍정ok' '게임'이다.

캘리포니아 새크라멘토에서

토머스 해리스

제12장

P–A–C와 도덕적 가치

제13장

P–A–C로 보는 사회적 현상

평범한 사람들을 위한
심리학자

프로이트와 펜필드,
그리고 번

나는 모순된다.
내 안에는 많은 내가 들어 있으니까

———

월트 휘트먼

면 옛날부터 오늘날까지 인간의 내면에 양면성이 있다는 사실에 이견을 다는 사람은 없습니다. 신화와 철학, 종교는 각각 나름대로 인간의 양면성을 설명해왔습니다. 어느 분야이든 양면성은 서로 반 하는 것, 곧 선과 악, 저급한 본성과 고귀한 본성, 정신과 육체 등의 충돌로 그려졌지요.

《달과 6펜스》의 작가 서머셋 모옴William Somerset Maugham도 "때로는 내 인격의 여러 면을 살펴보면 당황하지 않을 수 없다. 내 안에 서로 다른 인격들이 있어서 한 인격이 우위에 있다가, 다음 순간 다른 인격에게 자리를 넘긴다는 사실을 알았다. 하지만 어느 인격이 진짜 나인가? 전부 다인가, 아니면 어느 것도 아닌가?"라고 말했습니다.

인간이 선goodness을 이루길 갈망해왔다는 사실은 역사 속에 분명히 나타나 있습니다. 모세는 정의를 최고의 선으로 생각했고, 플라톤은 지혜를 선의 본질로 여겼습니다. 예수는 사랑을 선의 으뜸으로 생각했습니다. 세 사람 모두 선을 이해하는 방식은 달랐지만 인간 본성 안에 있는 모종의 존재들이 서로 싸우면서 선의 실천을 방해한다는 사실은 잘 알고 있었습니다. 그렇다면 누가 방해하는 걸까요?

이 수수께끼는 20세기 초 지그문트 프로이트Sigmund Freud의 등장으로 인해 새로운 과학적 연구 분야로 관심을 모으게 되었습니다.

프로이트는 무의식 속에서 호전적인 본성들이 서로 싸운다는 이론을 내세워 학계에 지대한 기여를 했습니다. 프로이트는 이런 호전적인 본성을 초자아superego, 자아ego, 원초아id라 불렀습니다. 그의 이론에 따르면 초자아는 본능에 따라 움직이려는 원초아를 "계몽된 자기이해"에 따라 움직이는 자아로 조정하고 감시한다고 합니다. 프로이트가 고심 끝에 내놓은 선구적인 이론 덕분에 오늘날 우리는 인간 본성을 탐구할 이론적 토대를 마련하게 되었습니다. 이후 오랫동안 학자들과 임상가들은 프로이트의 이론을 샅샅이 검토하고 정리한 뒤 부족한 점을 보완해 왔습니다. 그 중 '내면 인격persons within'은 여전히 안개 속에 가려져 있었고 이와 관련한 정신분석가들의 몇 백 권 책들도 적절한 대답을 내놓지는 못했습니다.

영화 〈누가 버지니아 울프를 두려워하랴?〉 극장 로비에서 관객들은 "따분해 죽는 줄 알았네!", "이럴 줄 알았으면 집에나 있을걸.", "도대체 저딴 영화를 왜 상영한대?", "무슨 소린지 하나도 모르겠어. 정신과 의사한테나 보여주라지." 라는 말을 남기며 자리를 떴습니다. 무언가 메시지가 담겨 있기는 한데 그게 자신들과 무슨 상관이 있는지, 영화를 이해한 사람들조차도 지루해 죽는 줄 알았다는 표정이었습니다.

정신분석이란 정신생활을 '충동과 자제라는 상반된 두 힘의 상호작용'으로 풀이한 역동적 학문이라는 프로이트의 말에 귀를 기울여야 합니다. 하지만 프로이트의 정의건 다른 사람의 이론이든 학술적인 내용이 '전문가'들에게 유용한 건 사실이지만, 실제 환자들에게는 얼마나 도움이 될까요?

에드워드 앨비Edward Albee(《누가 버지니아 울프를 두려워하랴?》의 원작자-옮긴이)의 연극에서 화가 머리끝까지 난 조지와 마사는 걸쭉한 육두문자를 거침없이 내뱉으며 정확하게 핵심을 찌릅니다. 그렇다면 심리치료사들은 조지와 마사가 왜 그런 식으로 행동하는지, 그리고 왜 화가 났는지 두 사람의 대사만큼 정확하고 간결하게 설명해줄 수 있을까요? 심리전문가들 사이에서 두루 쓰인다는 이유만으로 심리학 용어가 진실이고 쓸모 있다고 할 수 있을까요?

"그거 우리말 맞아? 무슨 말 하는지 하나도 모르겠어." 심리학 분야의 전문가라는 사람들에게서 심심찮게 듣는 말입니다. 생전 처음 듣는 정신분석을 딴 세상 말로 계속 지껄여봤자 상대는 한마디도 이해하지 못합니다. 일반 사람들은 그런 쓸데없이 길고 추상적인 대화로 뭐가 어떻게 달라질지 짐작도 못합니다. 단지 "저 사람들 말하는 방식이 원래 저렇지, 뭐"라는 반응만 있을 뿐입니다.

전문지식과 의사소통 방법의 불일치는 전문가와 비전문가의 차이를 만들 뿐입니다. 이는 사람들 사이의 괴리감을 키우는 요소입니다. 우주는 우주비행사 소관이고, 인간 행동방식의 이해는 심리학자나 정신과 의사의 소관입니다. 입법은 국회의원의 일이고 낙태가 옳은지 그른지 판단은 종교인들의 소관입니다. 주제별로 상황을 이해 못하는 바는 아니지만 이해 부족과 소통 단절이 너무 심각한 단계에 이르렀다고 생각합니다. 따라서 이제는 어휘가 학문의 발전을 따라잡을 수 있도록 하는 뭔가 새로운 방안을 고안해야 합니다.

수학 분야에서 먼저 이런 딜레마를 해결하려고 '새로운 수학'을 개발해 미국 전역의 초등학생들에게 가르치고 있습니다. 새로운 수학이란 새로운 계산법이 아닌 수학 개념을 가르치는 새로운 학습법입니다. 다시 말해 문제의 답이 '무엇'인가만이 아니라, '왜' 그런 답이 나오는지를 생각하게 합니다. 그렇게 해서 달나라 여행이나 컴퓨터 사용이 과학자들에게만 혁신적인 사건이 아니라 학생들에게도 혁신과 흥미를 불러일으킵니다.

최근 수학을 전달하는 방법이 완전히 새롭게 변했습니다. 현재도 만약 고대 바빌로니아, 마야, 이집트, 로마 숫자 체계를 이용했다면 분명 많은 문제에 부딪쳤을 것입니다. 수학을 현실에 활용해야겠다는 생각이 새로운 숫자 체계를 구성해낸 것입니다. 오늘날의 새로운 수학은 이러한 독창적 성장을 거듭하고 있습니다. 고대 숫자 체계가 나름대로 창의성을 담고 있다는 사실은 인정하지만 때로는 효율성이 떨어지는 방법을 오늘날에도 사용할 필요는 없습니다.

교류분석Transactional Analysis(인간의 의사소통과 행동방식, 다시 말해 교류에 관한 이론체계인 동시에 개인의 성장과 변화를 위한 성격이론이자 체계적인 심리치료–옮긴이)에 대한 내 생각도 마찬가지입니다. 나는 과거 정신분석학자들의 헌신적 노력을 존경합니다. 나는 오래된 이론이라도 새로운 쉬운 방법으로 설명해야 하고, 새로운 이론이 들어설 길을 닦아줘야 한다는 생각을 갖고 있습니다. 나는

아임 오케이 유어 오케이

과거 업적을 무시하거나 이를 비난하면서 깎아내릴 생각은 전혀 없습니다. 다만 오래된 방법이 실제로는 별다른 효과가 없다는 무수한 증거들을 근거로 하여 새로운 해결책을 제안할 따름입니다.

어떤 농부가 시골 길에 앉아서 녹슨 연장을 고치고 있는데 한 젊은이가 다가와서 말을 걸었습니다. 대학 농촌지도소에서 나온 이 젊은이는 토양 보존과 새로운 농사법에 관한 책을 팔려고 농촌 마을을 집집마다 방문하고 있었습니다. 젊은이는 정중하고 알아듣기 쉽게 새로 나온 책을 설명하면서 농부에게 구입할 생각이 있냐고 물었습니다. 농부가 대답했습니다.

"젊은이, 나는 내가 알고 있는 농사 지식의 절반도 사용하지 못하고 있다네."

이 책의 목적은 사람들이 지식의 절반도 활용하지 못한 채 살아가는 이유가 무엇인지 밝히는 데 있습니다. 전문가들이 인간 행동에 관한 많은 이론을 내놓고 있지만 그 내용이 일상생활의 고민거리나 파탄에 이른 부부관계, 엇나가는 아이들을 다루는 데 도움이 된다는 의미는 아닙니다. 사람들은 〈디어 애비〉Dear Abby(미국의 유명한 고민 상담 칼럼−옮긴이)에게 조언을 구하기도 하고, 〈피넛〉만화에서 풍자적으로 그려진 자신들의 모습에 공감하기도 합니다. 하지만 심오하든 단순하든, 인간 '행동에 대한 역동dynamics of behavior'과 관련해서 인간에 대한 오래된 문제에 새로운 답을 줄 수 있을지는 확실하지 않습니다.

1960년대 후반 이 질문에 답을 찾으려고 노력했습니다만 인간 뇌가 어떻게 기억을 저장하며, 무의식적으로 떠오른 과거 기억이 어떻게 현재의 삶에 횡포를 부리는지(아니면 귀중한 선물을 주는지) 거의 모른다는 사실만 확인했을 뿐입니다.

전기를 이용한 신경외과의사

어떤 가설이 타당성을 입증하려면 관찰 가능한 증거를 제시해야 합니다. 1960년대 후반까지는 뇌의 인지 작용이 어떻게 작동하는지 밝혀진 사실이 거의 없었습니다. (저자가 이 책을 저술한 시기인 1968년의 수준 – 역자 주) 특히 수십억 개의 뇌세포들이 정확히 어떻게 어디에 기억을 저장하는지는 미지의 분야였습니다. 기억은 어떻게 보관되고 사라지는지, 일반적인 기억과 특별한 기억은 어떻게 되는지, 바로 떠오르는 기억과 그렇지 않은 기억은 어떤 차이가 있는지 잘 알려지지 않았습니다.

이 분야를 개척한 가장 저명한 학자는 캐나다 몬트리올 맥길 대학 신경외과 의사 와일더 펜필드Wilder Penfield 박사입니다. 그는 위의 질문에 대한 답을 찾으려고 1951년부터 정석처럼 굳어져 내려오던 이론적 개념들을 확인 보완하며 흥미진진한 증거들을 쌓기 시작했습니다.[1]

펜필드는 뇌전증(간질) 환자를 치료하는 뇌수술에서 한 가지 실험을 했습니다. 그는 뇌수술을 하는 동안 약한 전류가 흐르는 탐침으로 환자의 측두엽을 자극했습니다. 그리고 이런 자극에 환자가 보이는 반응을 관찰하면서 여러 해 동안 자료를 모았습니다.

국소마취를 한 어떤 환자는 대뇌피질에 전기 자극을 한다는 사실을 알면서 펜필드와 이야기까지 주고받았습니다. 이러한 실험 속에서 펜필드는 놀라운 사실들을 발견했습니다.

(이 책의 목적은 전문적인 과학 논문을 소개하는 것이 아닌, 교류분석을 현실에 적용하는 방법을 알려주는 것이다. 펜필드의 연구 결과를 여기에서 소개하는 이유는 이것이 뒤에 이어질 내용의 과학적 근거를 확립하는 데 특히 중요한 역할을 하기 때문이다. 그가 내놓은 증거들은 인간이 과거에 행했던 모든 것을 뇌에 자세히 기록하고 저장하고 있으며, 현재에 '재생'한다는 사실을 증명한다. 이하의 내용은 펜필드의 연구 결과가 단순한 논문 이상의 의미가 있음을 말해준다.-옮긴이)

펜필드는 전기탐침 자극이 환자의 기억 속에 들어 있는 과거의 편린을 표면으로 끌어낸다는 것을 알아냈습니다. "전기 자극을 멈추면 과거를 떠올리는 정신 과정도 멎습니다. 그러다가 다시 전기 자극을 가하면 정신 과정이 다시 반복됩니다." 그는 다음과 같은 사례를 보고 했다.

첫 번째 S.B.라는 환자. 오른쪽 측두엽 첫 번째 뇌이랑의 19번 지점을 자극하자 이렇게 말했다. "저쪽에 피아노가 있고 누군가 피아노를 치고 있어요. 노랫소리가 여기까지 들려요." 아무 경고 없이 다시 전기 자극을 받자, "누군가 다른 사람과 대화를 나누고 있네요."라고 했다. 그 사람의 이름을 중얼거렸지만 나는 알아듣지 못했다.……그의 상태는 마치 꿈을 꾸는 듯했다. 세 번째도 아무 경고 없이 전기 자극을 가했다. 그러자 환자는 바로 중얼거리기 시작했다. "그래요, 어떤 사람이 '오 마리아, 오 마리아!'라는 노래를 부르고 있어요." 네 번째 전기자극을 하자 그는 똑같은 노래가 들린다고 말하면서, 그것이 한 라디오 방송의 테마곡이라는 설명까지 덧붙였다.

16번 지점에 전기 자극을 계속하는 동안에는 이렇게 말했다. "무언가 기억이 떠올라요. 세븐 업 보틀링 회사랑······해리슨 제과점이 보여요." 이번에는 전기 자극을 한다고 경고한 뒤 아무런 자극도 하지 않았다. 그는 "아무것도 떠오르지 않아요."라고 말했다.

이번에는 D.F.라는 환자의 예이다. 오른쪽 상부측두엽 표면에서 실비우스 열구(전두엽과 측두엽이 경계를 맺는 곳에 있는 일종의 고랑—옮긴이) 내에 있는 한 지점을 자극했다. 환자는 오케스트라 팝송 연주 소리가 들린다고 말했다. 같은 지점에 계속 전기 자극을 하자 그녀는 곡조와 가사를 흥얼거리다가 노래에 맞춰서 반주하는 시늉까지 했다.

L.G.라는 환자는 전기 자극을 받자 과거에 벌어졌던 '상황'을 다시 경험했다. 측두엽의 또 다른 지점을 자극하자, 그는 자신의 시골 고향집 근처 도로에서 한 남자가 개와 함께 산책하는 모습이 보인다고 말했다. 또 다른 여성 환자는 측두엽의 첫 번째 이랑에 자극을 받았을 때, 잘 모르겠지만 무슨 목소리가 들린다고 말했다. 같은 지점에 전기 자극을 반복하자 그녀는 "지미, 지미"라고 부르는 목소리가 뚜렷이 들린다고 말했다. 지미는 얼마 전에 그녀와 결혼한 연하 남편의 애칭이었다.

펜필드가 내린 중요한 결론은 '전기 자극은 복합적이거나 일반화된 기억이 아니라, 단편적인 기억만을 무의식적으로 떠올리게 한다' 였습니다. 또한 전기 자극에 따른 반응이 자발적이지 않다는 결론을 내렸습니다.

전기 탐침으로 자극을 받았을 때, 환자는 기억을 되살리려고 일부러 집중하지 않아도 의식 속에 남아 있던 과거 경험을 저절로 떠올렸다. 과거의 어떤 상황에서 들었던 노래가 자연스럽게 생각나기도 했고, 과거에 겪었던 상황을 의식 속에서 똑같은 순서로 재현하기도 했다. 환자에게 이것은 익숙한 연극의 한 장면과도 같았다. 이 연극에서 그는 배우인 동시에 청중이었다.

펜필드는 과거 사건뿐만 아니라 그 사건에서 느꼈던 감정도 함께 뇌의 일정 지점에 고스란히 기록된다는 사실도 밝혀냈습니다. 그래서 어떤 사건이 떠오르면 당시의 감정도 함께 떠오르게 됩니다.

피실험자는 원래 상황에서 느꼈던 감정을 그대로 느끼며, 진위에 상관없이 과거 상황에서 내렸던 해석을 현재에도 그대로 떠올린다. 말하자면 환자의 과거장면이나 사건은 사진이나 축음기처럼 그대로 재생되는 것이 아니라 자신이 보고 듣고 느끼고 이해했던 대로 재생한다.

펜필드의 전기 탐침이 환자의 의지와 상관없이 과거의 기억을 억지로 떠올리듯이, 일상생활에서 오는 자극 역시 자신도 모르게 과거를 떠올리게 합니다. 어느 쪽이든 이렇게 무의식적으로 떠올려진 과거를 단순히 기억하는 것이 아니라, '재체험reliving'한다고 설명하는 편이 더 정확합니다.

자극을 받은 사람은 순식간에 과거로 돌아가 눈앞에 생생히 떠오른 과거 상황 속으로 내던져집니다. 이러한 과거로의 회귀는 겨우 1초에 불과하기도 하고, 며칠 동안 이어지기도 합니다. 그런 다음 그 사람은 자신이 그곳에 있었다는 사실을 의식적으로 기억합니다.

결국 비자발적 회상은 ① 과거 상황의 재체험(즉각적인 비자발적 감정)이 먼저 일어난 다음, ② 과거 상황의 기억(재체험된 상황을 의식하는 자발적 생각) 순으로 발생합니다. 즉, 재체험된 상황과 기억하는 상황이 상당히 다를 수도 있다는 의미입니다.

다음 두 환자의 사례 보고는 현재의 자극이 어떻게 과거 감정을 비자발적으로 떠오르게 하는지 잘 보여주고 있습니다. 첫 번째는 40세 여성 환자입니다. 어느 날 아침 길을 가다 흘러나오는 음악을 듣고 순간 걷잡을 수 없는 슬픔이 몰려왔습니다. 그녀는 '가슴이 터질 정도로' 엄청난 슬픔이 밀려드는 이유를 전혀 이해할 수 없었습니다. 왜 이런 일이 생기는지 도저히 원인을 알 수 없었습니다.

나는 그녀에게 이러한 감정 상태를 듣고 노래와 관련한 특별한 사건이 있는지 물어봤습니다. 그녀는 노래와 자신의 슬픔이 어떤 연관이 있는지 전혀 모르겠다고 했습니다.

며칠 뒤 그녀가 그 노래를 읊조리면서 전화를 했습니다. 그녀는 "엄마가 피아노 앞에 앉아서 이 노래를 연주하는 모습이 떠올랐다"고 했습니다. 환자의 어머니는 그녀가 다섯 살 때 돌아가셨고 어머니의 죽음으로 그녀는 극심한 우울증에 빠진 경험이 있습니다. 엄마를 대신해서 이모가 지극정성으로 돌봐주는 등 가족들이 온갖 노력을 기울였지만 그녀의 우울증은 쉽게 좋아지지 않았습니다. 그녀가 음반 가게를 지나기 전까지는 이 노래를 들었거나 엄마가 연주했다는 사실을 전혀 기억하지 못했습니다.

어린 시절의 기억을 떠올린 것이 우울증 해소에 도움이 됐는지 물어봤습니다. 그녀는 자신이 느꼈던 감정이 변했다고 대답했습니다. 엄마의 죽음을 떠올리면 여전히 슬픔이 밀려오지만 처음처럼 가슴이 찢어질 듯한 절망감은 느껴지지 않았다고 했습니다. 처음에는 우연히 무의식적으로 재연되었던 감정을 이제는 의식적으로 기억하고 있습니다. 그녀가 처음부터 자신이 과거에 어떤 감정을 느꼈는지 일부러 기억한 것은 아닙니다. 음악을 듣는 순간 그녀가 느꼈던 감정은 엄마가 죽었을 때 그녀의 뇌에 기록된 것과 같은 감정이었습니다. 그 순간 그녀는 다섯 살 어린아이가 되었습니다.

행복한 감정도 이렇게 떠오릅니다. 우리는 향기나 소리, 잠깐 스쳐 지나가는 풍경에 말로는 표현 못할 정도로 기쁨을 느끼지만 찰나의 순간이라 알아챌 수 없었습니다. 집중하지 않는 한 모든 순간의 향기, 소리, 장면을 기억할 수 없습니다. 하지만 느낌은 그대로 남아 있습니다.

다른 남자 환자의 이야기. 그가 새크라멘토의 공원을 걷고 있을 때 석회와 유황이 섞인 냄새가 났습니다. 나무에 뿌리는 살충제처럼 고약한 냄새였지만 마음이 평화로워지고 벅찬 기쁨이 몰려왔습니다. 슬픔이 아니라 행복한 감정이었기에 과거를 쉽게 떠올릴 수 있었습니다. 냄새는 초봄에 아버지의 과수원에서 사용되던 살충제 냄새와 비슷했습니다. 어린 시절로 돌아간 환자에게 이 냄새는 봄날 과수원 나무들의 초록잎과 긴 겨울 동안 꼼짝없이 갇혀 지내던 자신이 마침내 맘껏 뛰놀 수 있던 신호였습니다.

첫 번째 환자와 마찬가지로 처음에 무의식적으로 떠올린 감정(재체험)과 나중에 의식적으로 기억해 낸 감정(기억)은 조금 달랐습니다. 그는 잠깐 동안 과거로 돌아갔지만 그 순간이 지나자 과거 속으로 흠뻑 빠져드는 일은 더 이상 벌어지지 않았습니다. 이제 그는 과거의 느낌 자체보다는 그 느낌에 대한 느낌을 기억하는 듯 했습니다. 위의 두 예는 더는 기억을 돌이키지 못해도 기록된 기억은 그대로 보존된다는 펜필드의 이론을 증명해 주었습니다.

측두엽을 자극해 발생한 무의식적인 회상은 과거 경험을 고스란히 담고 있습니다. 따라서 환자가 의식 속에서 이러한 기억을 회상할 때 환자 자신도 모르게 온 관심이 거기에 쏠리기 때문에 과거 경험이 현재처럼 생생하게 느껴집니다. 그리고 이런 과정이 지나간 뒤에야 그는 이것이 현재가 아니라 과거의 생생한 기억일

아임 오케이 유어 오케이

뿐이라는 것을 깨닫게 됩니다.

펜필드의 관찰로 우리는 인간의 뇌가 고성능 녹음기 같아서 출생 시점, 심지어 엄마 뱃속에의 모든 경험도 기록한다는 것을 알 수 있습니다. (뇌의 정보저장 과정이 데이터 압축과 암호화 등을 실행하는 화학적인 과정이라는 데 의심할 여지가 없지만, 이는 거의 밝혀진 바가 없다. 지나치게 단순화했는지는 모르지만, 기억을 기록하는 과정을 테이프 레코더에 비유한 설명은 적절했다. 하지만 중요한 것은 뇌의 재생 능력이 상당히 고성능이라는 사실이다. —옮긴이)

일반 사람이 무언가에 의식적으로 집중할 때마다 동시에 좌우의 측두엽 중 한곳에 그 일을 기록한다.

이러한 기록은 일종의 순서에 따라 연속해서 재생됩니다.

기억 저장을 담당하는 측두엽에 전기 자극을 주면 과거 그림이 떠오른다. 하지만 이 그림은 정적인 그림이 아니다. 피실험자가 과거에 보았던 순서대로, 다시 말해 시선을 주었던 순서에 맞춰서 그림도 변한다. 피실험자가 과거에 몇 초 또는 몇 분 동안 겪었던 상황이 그때와 똑같은 순서대로 펼쳐진다. 대뇌피질이 자극을 받아서 만들어진 노래가 처음에는 음절에서 구절로, 그리고 전체적인 합창으로 조금씩 모양을 갖춰간다고 생각할 수 있다.

더 나아가 펜필드는 무의식적인 회상에 나름대로 순서를 정하는 요소는 시간이라고 말했습니다. 다시 말해 기억은 처음부터 시간 순으로 배열되어 있습니다.

자극에 따라 떠올려진 회상의 각 요소들은 서로 시간 순으로 이어져 있는 듯이 보인다. 또한 중추신경계에 영원히 흔적을 남기는 모든 감각자극이 아니라 개인이 의도적으로 집중했던 감각 요소만을 저장한다고 볼 수 있다.

복합적인 기억을 순서대로 떠올리는 이유는 우리가 과거 기억을 각각 다른 신경 경로에 저장하기 때문입니다. 인간이 측두엽을 이용해서 현재 경험을 해석한다는 사실은 과거가 현재에 미치는 영향을 이해하는 데 큰 도움이 됩니다.

측두엽을 자극하면 착각이 떠오르기도 한다. 그리고 이 때문에 발생하는 혼란은 현재의 경험이 익숙한 것인지, 낯선 것인지, 아니면 터무니없는 것인지를 판단하는 한 가지 잣대가 되기도 한다. 기억 속에 남아 있는 착각의 크기가 실제보다 훨씬 크다면 현재 경험이 더욱 무섭게 느껴질 수도 있다.

이런 것들은 인식 착각illusion of perception에 속한다. 이 인식 착각을 전제로 하면 새로운 경험을 하는 순간, 이것이 바로 과거의 비슷한 경험과 같은 범주로 분류, 기록되기 때문에 차이점과 유사점을 판단할 수 있다는 결론이 나온다. 예를 들어 몇 년 동안 못 본

친구의 모습을 세세하게 떠올리기는 힘들지 모른다. 하지만 우연히 그 친구를 만났을 때, 우리는 그 친구의 얼굴에 생긴 주름살과 희끗해진 머리, 축 처진 어깨 등 시간이 그 친구에게 가져온 변화를 한 눈에 알아본다.

지금까지 살펴본 펜필드의 논문을 정리하면 다음과 같습니다.

- 뇌는 고성능 테이프 레코더와 같은 기능을 발휘한다.
- 과거 사건뿐 아니라 사건을 경험하면서 느꼈던 감정도 기록된다. 따라서 과거 사건이 떠오르면 그때의 감정도 함께 떠오른다.
- 인간은 두 개의 상황을 동시에 경험할 수 있다. 펜필드의 피실험자는 자신이 수술대 위에서 펜필드와 대화를 나누고 있다는 사실을 잘 알고 있었지만, 동시에 '세븐업 보틀링 회사와 …… 해리슨 베이커리'가 보인다는 것도 알고 있었다. 마음속으로 경험을 겪으면서 동시에 외부 경험을 관찰하고 있다는 점에서 그는 양면적인 존재였다.
- 자극을 받을 때 뇌에 기록된 과거 경험과 '이 경험과 관련된 감정'은 생생하게 현재에 재생된다. 또한 이렇게 기록된 경험과 감정이라는 데이터로 현재의 교류 행동이 결정된다. '그때 내가 어떤 느낌이었는지 기억나. 게다가 그때와 똑같은 느낌이 드는 걸.' 이처럼 과거의 경험은 기억이 날 뿐 아니라 다시 체험되기도 한다. 말하자면 우리는 어떻게 느꼈는지 기억할

뿐 아니라, 지금도 같은 식으로 느끼고 있는 것이다.

과학적 연구를 위한 기본 단위: 교류

정신치료학은 비과학적인 학문이라는 비난을 면치 못하고 있습니다. 이 학문을 비판하는 주장 중에는 정신치료학이 연구와 관찰을 위한 기본 단위를 확립하지 못했다는 점을 근거로 들고 있습니다. 하지만 분자이론을 확립하기 전에는 물리학자들도 똑같은 어려움을 겪었고 내과의사들 역시 박테리아를 발견하기 전까지는 같은 어려움에 빠져 있었습니다.

정신치료학 연구를 위한 기본 단위를 처음으로 규명하고 정의한 사람이 바로 교류분석의 창시자인 에릭 번Eric Berne 입니다.

사회적 상호작용의 단위를 교류transaction라고 한다. 한 자리에 두 사람 이상이 모이면 빠르든 늦든 한쪽이 상대의 존재를 인정하려고 말문을 열거나 뭔가 신호를 보낸다. 이런 행동을 교류 자극transactional stimulus이라고 한다. 그러면 이 자극에 대해 상대방이 말이나 행동으로 반응을 보여준다. 이런 행동을 교류 반응transactional response이라고 한다.[2]

교류분석이란 '내가 어떤 행동을 보여주면 상대도 여기에 반응하는 행동을 보여주는' 교류를 분석한 뒤 인간의 다양한 본성 중

어떤 부분이 '등장하는지' 판단하는 방법입니다. 다음 장에서는 이러한 다양한 본성을 의미하는 세 가지 인격인 '부모자아Parent', '어른자아Adult', '어린이자아Child'를 정의하고 설명하겠습니다.

교류분석은 교류를 분석하면서 얻어낸 정보를 일반인들이 사용하기 쉬운 말로 체계 있게 정리하는 방법으로서 많은 관심을 받았습니다. 이해하기 쉬운 용어와 분석 단위의 통일이 인간에 대한 이해 즉 '사람들이 그렇게 행동하는 이유'를 설명하는 데 많은 도움이 된 것입니다.

1960년 2월, 나는 티모시 리어리Timothy Leary 박사의 강연을 들을 기회가 있었습니다. 하버드 대학 사회관계학부 교수인 리어리 박사는 내가 교육연수부장으로 일하던 캘리포니아 주 오번의 드위트 주립병원에서 강연을 했습니다. 그는 인간의 행동방식을 관찰하고 표준화할 용어를 알아내지 못했다는 점 때문에 정신치료 전문가로서 심각한 좌절감을 느낄 수 밖에 없다고 말했습니다.

리어리 박사는 많은 정신치료 전문가들이 겉으로 드러내지 않고 속으로만 품어왔던 의심을 용기 있게 인정했습니다. 그리고 그는 연구원들과 여러 가지 연구와 실험을 하고 범주를 정리하고 체계화하는 데 매달렸지만 이런 노력에도 불구하고 공통의 어휘와 공통의 관찰 단위가 없다는 문제에 빠져있었다고 했습니다. 그는 증권회사 직원, 자동차 영업사원, 심지어는 야구 선수들도 의사소통을 위한 공용어를 갖추고 있는데 인간 행동에 관한 어휘 기준은 없다는 사실을 한탄했습니다.

자동차 영업사원들 조차도 나름의 지침서를 마련하고 있는 데서 알 수 있듯이, 소위 전문가를 자처하는 우리 심리학자들보다 행동과학을 훨씬 잘 이해하고 있습니다. 야구에서 선수의 실력을 측정하고 기록할 때 타율이니, 타점이니 하는 공통기준을 사용합니다. 그렇기에 야구를 이해하고 경기 결과를 예측하는 것입니다. 가령 감독이 1루수 선수를 내주고 오른손잡이 투수를 영입하려 할 때, 그는 이 기준들을 이용합니다. 그들은 "이 타자는 희생타를 때린 뒤 사슴처럼 달린다"거나 "그는 강박적인 외야수"라는 시적인 말을 사용하지 않습니다. 그들은 행동 자체를, 다시 말해 선수의 실력을 직접 말하는 방법을 이용합니다.[3]

교류분석가들이 인간의 행동규칙을 몇 가지나마 밝힌 것은 사실입니다. 하지만 우리가 밝힌 것은 새로운 이론이나 규칙이 아니라, 리어리가 그 필요성을 절감했던 새로운 심리학 어휘입니다. 그리고 우리는 이를 통해 인간행동의 비밀에 전보다 훨씬 더 가까이 다가갔다고 자신합니다.

이번 장에서는 많은 사람들에게 실질적인 치료 효과를 제공해 준 기본적인 정보 일부를 소개했습니다. 이는 앞으로 우리가 인간 행동방식과 감정의 기본을 이해하기 위해 교류분석이라는 학문적 도구를 이용할 텐데 학문적 도구의 효과와 의미를 높이려면 그것을 어떻게 개발하고 다른 도구와 어떻게 다른지 이해하는 것이 중요합니다.

다음 장부터는 이런 도구를 설명할 텐데, 가장 먼저 [부모자아], [어른자아], [어린이자아]를 정의할 것입니다. 이 책 전체에서 자주 등장하는 [부모자아], [어른자아], [어린이자아]는 보통 사용하는 부모, 어른, 아이와 달리 구체적이면서도 포괄적인 의미를 담고 있습니다. [부모자아]는 엄마나 아빠가 아니며, [어른자아]는 다 자란 성인남녀를 의미하지 않고, [어린이자아]는 현실의 유아나 아동과는 전혀 다른 뜻입니다.

부모자아,
어른자아,

어린이자아

인간은 삶을 의미 있게 만드는 선택을 할 자유를 사용함으로써
삶에 의미를 부여하는 길을 택한다.

——

폴 틸리히

교류분석을 개발한 초기에 에릭 번은 상대방의 변화를 한눈에 알아차리려면 상대방을 주의 깊게 지켜보고, 귀를 기울이면 된다고 했습니다. 그것은 상대방의 전체적인 변화를 살펴보는 것입니다. 얼굴 표정, 말투, 몸짓, 자세, 신체 기능에서 동시다발로 변화가 일어나기 때문에 얼굴이 붉어지거나, 심장이 두근거리거나 호흡이 가빠지기도 합니다.

이런 갑작스러운 변화는 모든 사람에게서 나타날 수 있습니다. 갖고 놀던 장난감을 빼앗긴 어린 소년은 갑자기 울음을 터뜨리고, 초조해 어쩔 줄 모르던 십대 소녀는 기다리던 전화벨이 울리자 기쁨의 탄성을 지릅니다. 기업 부도 소식에 사업가는 얼굴이 새하얗게 질리면서 몸을 부들부들 떨고, 말을 듣지 않는 아들을 향해 아버지는 돌처럼 굳어버리기도 합니다. 이러한 변화에도 그 사람의 골격과 피부, 입고 있는 옷은 전혀 달라지지 않습니다. 몸 안에서는 어떤 일이 벌어지고 있는 걸까요? 무엇에서 무엇으로 변했을까요?

이 물음표가 교류분석 초기 발달에서 번을 매료시켰던 질문입니다. 그의 치료를 받던 35세 변호사는 "나는 실제로는 변호사가 아니라 어린 소년에 불과합니다."라고 말했습니다. 사실 이 환자는 밖에서는 성공한 변호사였지만 정신과 상담을 받을 때면 어린 아이처럼 느끼고 행동했습니다. 상담을 받는 동안 변호사는 번에게 "당신은 변호사와 이야기를 나누고 있습니까, 아니면 꼬마아이를 상대하고 있습니까?"라는 질문을 자주 했다고 합니다.

번과 변호사는 한 사람 안에 두 인격 또는 두 자아가 동시에 공존하고 드러난다는 사실에 흥미를 느끼면서 '어른자아'와 '어린이자아'에 대해 이야기했습니다. 치료 과정은 두 인격을 분리하는 데 중점을 두었습니다. 그런데 치료를 하면서 '어른자아'도 아니고 '어린이자아'도 아닌 별개의 존재가 드러나기 시작했습니다. 바로 '부모자아'였습니다. 환자는 어린 시절 보고 들었던 엄마, 아빠의 말과 행동을 그대로 따라하고 있었습니다.

한 인격에서 다른 인격 상태로 넘어가면 그 변화가 태도나 표정, 말, 몸짓에 고스란히 드러납니다. 한 35세 여성이 "내가 지금 아이들에게 어떻게 하고 있는 거지?" 라는 끊임없는 걱정과 지나친 긴장으로 잠을 자지 못한다며 상담을 받으러 온 적이 있습니다. 첫 상담에서 그녀는 갑자기 훌쩍거리더니 "선생님은 저를 세 살 아이처럼 만들어요."라고 말했습니다. 목소리와 태도마저 어린아이처럼 변해 있었습니다. 내가 "제 어떤 행동이 당신을 아이처럼 느끼게 만드나요?"라고 물었더니 "잘 모르겠어요."라고 대답하며 "갑자기 제가 낙오자처럼 느껴졌어요."라고 덧붙였습니다.

"좋습니다. 아이들과 가족 이야기를 해봅시다. 당신 내면을 들여다보면서 낙담과 좌절을 불러일으키는 원인이 무엇인지 알아내보죠."

한 시간 정도 지나자 그녀는 비판자이자 독설가로 목소리와 태도가 변해 있었습니다.

"어쨌든 부모한테는 그럴 권리가 있어요. 아이들에게 부모의 권위가 어떤 건지 보여줘야 해요."

이 여성은 한 시간 동안에도 세 가지 다른 인격을 나타냈습니다. 그녀는 감정에 휘둘리는 어린아이의 인격과 독선적인 부모 인격, 그리고 세 아이의 엄마이자 성인 여성으로서의 합리적이고 논리적인 인격을 번갈아 보여주었습니다.

우리는 지속적인 관찰을 통해 모든 사람 안에는 이 세 가지 인격이 함께 있다는 가설을 확인했습니다. 모든 사람 안에는 세 살 아이 같은 행동과 태도를 보이는 [어린이자아]가 존재합니다. 이와 함께 자신의 부모처럼 행동하려는 인격도 있습니다. 이 두 개의 인격에는 아이가 태어나고 처음 5년 동안 그리고 이후 계속 성장하면서 내면과 외부에서 벌어졌던 가장 중요한 사건들을 경험한 기록이 들어 있습니다. 그리고 이 두 인격과는 다른, 합리적이

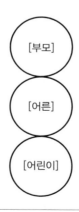

그림 1 인격

고 객관적인 인격도 있습니다. 앞의 두 인격이 [어린이자아]와 [부모자아]이고, 세 번째 인격이 [어른자아]입니다. (그림1 참조)

　이 세 인격은 특정한 역할 담당이 아니라 심리적 실체입니다. 번의 표현에 따르면 "[부모자아], [어른자아], [어린이자아]는 초자아, 자아, 이드와 같은 추상적 개념이 아니라, 실제 경험으로 이해될 수 있는 현상학적 실체이다"[1] 실제 사람, 실제 시간, 실제 장소, 실제 결정, 실제 감정 등이 과거 사건을 기록한 데이터와 함께 재생될 때 이 셋 중 한 인격이 겉으로 드러나게 됩니다.

[부모자아]

　[부모자아]는 생후 첫 5년 동안 아무런 의문 없이 또 의지와 상관없이 이 시기 양육자에 의해 받아들여지게 된 외부사건들의 방

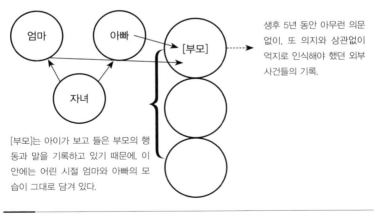

생후 5년 동안 아무런 의문 없이, 또 의지와 상관없이 억지로 인식해야 했던 외부 사건들의 기록.

[부모]는 아이가 보고 들은 부모의 행동과 말을 기록하고 있기 때문에, 이 안에는 어린 시절 엄마와 아빠의 모습이 그대로 담겨 있다.

그림 2 [부모]

대한 기록들입니다. 이 시기는 개인이 사회의 요구에 따라 집을 떠나 학교에 들어가는 사회적 탄생을 겪기 전입니다(그림 2).

　[부모자아]라고 이름 붙인 이유는 부모나 부모에 해당하는 사람들이 보인 행동이나 의견이 이 '기록 테이프'의 대부분을 차지하고 있기 때문입니다. [부모자아]에는 아이가 보고 들은 부모의 행동과 말이 고스란히 기록되어 있습니다. 처음 5년 동안 외부의 자극을 경험하지 않는 사람은 없기 때문에 [부모자아]는 누구에게나 존재합니다. 하지만 각 개인이 지닌 [부모자아]의 성격은 기록된 데이터의 내용에 따라서 조금씩 다릅니다.

　[부모자아]의 데이터는 아무 편집 없이 '그대로' 기록됩니다. 모든 것을 부모에게 의지해야 했고, 의미 있는 문장을 체계적으로 짜 맞출 능력이 없던 아기는 외부로부터 들어오는 데이터를 수정하거나 변경하거나 해석할 수 없습니다. 따라서 부모가 서로 으르렁대며 매일같이 싸웠다면 자신이 생존하는 데 꼭 필요한 엄마, 아빠가 서로 죽일 듯 싸우는 모습을 보면서 느낀 공포감이 그대로 아이 뇌에 기록됩니다. 하지만 이 기록에는 아빠가 술에 절어 사는 이유가 사업 도산 때문이거나 원치 않는 임신을 했기 때문에 엄마가 신경쇠약에 걸렸다는 기록은 빠져있습니다.

　[부모자아]에는 아이가 부모와 생활하면서 보고 들은 모든 훈계와 규율, 규칙이 기록돼 있습니다. 말을 알아듣지 못하는 갓난아기 시절에 비언어적으로 전달된 부모의 어조나 얼굴 표정, 포옹, 그 밖의 애정 표현 등을 통한 의사소통에서부터 말을 알아듣는 나이가 되어 부모한테 들었던 각종 훈계와 규칙에 이르기까지 모든

내용이 [부모자아]에 담겨져 있습니다. 이 기록 저장소에는 갓난 아기에게 말한 수천 번의 "안 돼!"와 융단폭격처럼 쏟아진 "하지 마!" 그리고 에텔 아줌마가 아끼는 골동품 꽃병이 아이의 잘못으로 깨어지자 미안함과 창피함에 어쩔 줄 몰라 하는 엄마의 표정이 저장되어 있습니다.

또한 [부모자아]에는 행복에 겨운 엄마가 내뱉은 즐거운 탄성과 자부심 가득한 아빠의 의기양양한 표정도 기록되어 있습니다. 테이프 레코더(녹음기)가 항상 켜져 있었다는 사실을 감안하면 [부모자아]의 엄청난 데이터 량은 놀랄 일은 아닙니다. 아이가 나이가 들면 좀 더 복잡한 말들이 입력됩니다.

"아들아, 세상에 나가 보면 감리교신자처럼 훌륭한 사람이 없다는 걸 알게 될 거다." "거짓말 하면 안 된다." "용돈을 아껴 써야지." "끼리끼리 노는 법이란다." "밥그릇을 깨끗이 비워야 착한 아이지." "낭비는 큰 죄야." "남자는 다 늑대란다." "여자란 못 믿을 족속이야." "그렇게 하면 큰일난다." "그렇게 안하면 큰 코 다쳐." "경찰을 믿지 마." "일이 많을수록 좋지." "사다리 밑을 지나가면 안돼!" "남들에게 받고 싶으면 너도 그만큼 해줘야지." "당하기 전에 먼저 선수를 쳐야지." ……

윤리적 · 논리적 타당성에 상관없이 아이에게 가장 든든한 울타리가 되어주는 거구의 어른들이 말한 규칙은 60센티미터에 불과한 아이에게는 항상 '진실'로 받아들여져 기록됩니다. 60센티미터에 불과한 아이가 세상에서 살아남으려면 어른들을 기쁘게 하고 그들의 말에 순종해야 합니다. 아이는 부모가 주는 모든 데이터를 저항 없이 받아들여 평생 동안 저장합니다. 지울 수 없지만 평생 동안 몇 번이고 재생될 수 있습니다.

[부모자아] 기록은 평생에 걸쳐 강력한 영향력을 발휘합니다. 아이는 살아가는 동안 가족을 시작으로 자신을 둘러싼 집단을 점차 확대합니다. 이때 [부모자아]에 내재화되어 있는 무수한 데이터(때로는 관대하지만 대체로 제한적이고 강제적이며 위협적인)는 아이가 집단 환경에서 살아남는 데 결정적인 역할을 합니다. 현실 세계에서 부모가 없으면 아이는 죽습니다. 내면의 [부모자아] 역시 아이의 생명을 위협하는 상황을 막아주는 보호막 역할을 합니다. [부모자아]에 "칼 만지지 마!"라는 기록이 있다면 이건 천둥과도 같은 명령입니다. 어린 아이는 칼을 보면서 저걸 만지면 엄마한테 맞을 수도 있고 꾸지람을 들을 수도 있다는 위기감을 느낍니다. 죽을 수 있다는 위험도 느낍니다. 어린아이의 머리로는 이것이 얼마나 큰 위험인지 인식할 수 없습니다. 칼을 만지는 것이 위험하다는 경험치도 없습니다. 아이가 신체적, 사회적으로 생존하는 데 꼭 필요한 도움을 제공해주는 것은 부모가 내렸던 지시와 기록뿐입니다.

[부모자아]의 또 다른 특징은 기록의 일관성이 부족하다는 겁니다. 왜냐하면 부모는 말과 행동이 다르기 때문입니다.

부모는 "거짓말을 하면 안돼!"라고 해놓고 거짓말을 합니다. 아이들에게 금연을 권하지만 자신들은 담배를 핍니다. 종교 윤리를 지켜야 한다고 강조하면서 자신들은 지키지 않습니다. 부모의 일관성 없는 행동에 이의를 제기하려면 자신의 안전을 담보로 걸어야 하기 때문에 아이는 혼란에 빠집니다. [부모자아]에 담긴 데이터가 혼란과 두려움을 일으키기 때문에 아이는 자신을 보호하려고 [부모자아]의 기록을 재생하지 않습니다.

[부모자아]에서 압도적 비중을 차지하는 건 엄마와 아빠, 그리고 부모와 아이 사이에서 벌어지는 교류 패턴에 대한 기록입니다. [부모자아]의 데이터는 스테레오 사운드를 녹음하는 것과 비슷하다고 생각하면 됩니다. 두 군데에서 나오는 소리가 조화를 이뤄야 아름다운 음악을 들을 수 있습니다. 하지만 조화를 이루지 못하면 불협화음 때문에 음악을 아예 듣지 않거나 아주 작은 소리로만 듣습니다. [부모자아]의 데이터가 불협화음을 낼 때에도 아이는 [부모자아]를 억제하거나, 극단적으로는 완전 차단하기도 합니다.

엄마가 '좋은' 엄마였고 아빠가 '나쁜' 아빠였을 수도 있습니다. 엄마(또는 아빠)가 훌륭한 모범을 보여주어서 [부모자아]에 유용한 데이터가 많이 저장돼 있을 수도 있습니다. 하지만 모순과 두려움의 상징인 아빠(또는 엄마)가 보여준 말이나 행동 역시 [부모자아]에 입력되어 있습니다. 그 결과 [부모자아] 전체가 약해지며 분열되기 시작합니다. 만약 아이가 [부모자아]의 데이터에서 일어나는 불협화음이 싫어 완전히 꺼버리면 [부모자아]는 그 아이의 삶에 큰 영향을 미치지 못합니다.

대수방정식과 비교하면 이런 현상을 설명할 수 있습니다. 대수방정식에서는 양수(+)와 음수(−)를 곱하면 음수가 나옵니다. 양수가 얼마나 크든 음수가 얼마나 작든 상관없습니다. 답은 항상 음수입니다. 다시 말해 약하고 분열된 [부모자아]가 탄생하는 겁니다. [부모자아]의 시시비비를 판단할 능력이 없는 아이는 나이 들어 모순과 불일치, 절망감에 빠지기도 합니다.

[부모자아]에 있는 많은 데이터는 일상생활을 살아가는 데 필요한 여러 '기술'들을 보여줍니다. 못 박는 방법, 침대 정리법, 음식 먹는 법, 코 푸는 방법, 파티 주인에게 고마움을 표하는 방법, 악수하는 방법, 자기 집처럼 편하게 구는 방법, 화장실 수건 접는 방법, 크리스마스트리 장식하는 방법 등등. 부모를 관찰하면서 얻어진 무수한 데이터가 이런 '방법'들로 이뤄진 범주를 구성합니다.

어린아이가 살아가는 방법을 익히게 해준다는 점에서 [부모자아]의 데이터는 대부분 매우 유용합니다. 어릴 때 익혔던 생활 방법들은 나중에([어른자아]가 [부모자아]의 데이터를 보다 능숙하고 자유롭게 판단하게 되면서) 보다 현실적이고 유용한 방법으로 갱신되거나 개선될 수 있습니다. 그러나 어린 시절 이 방법들을 강압적으로 익힌 사람은 "이것 외에 다른 방법은 없어"라는 강박관념에 사로잡혀서 몸에 밴 방식을 객관적으로 검토할 수 없게 됩니다. 그 사람은 어린 시절 익혔던 방식이 더 이상 유용한 방법이 아닌데도 계속 그 방법만을 고집합니다.

엄마가 10대 자녀에게 이렇게 저렇게 해야 한다며 잔소리를 늘어놓고 있습니다. 그녀 엄마(할머니)는 "절대 식탁 위에 모자를 올려놓지 마라, 침대 위에 코트를 두지 마라"고 입버릇처럼 말했습니다. 그래서 그녀는 평생 동안 식탁 위에 모자를 올려둔 적도 없고 침대 위에 코트를 던져 놓은 적도 없습니다. 어쩌다 남편이나 자녀가 이 오래된 규칙을 깨면 그녀는 지나치게 민감하게 반응합니다. 집안을 좀 어지럽힌 것치고는 과민한 반응입니다.

마침내 수십 년 동안이나 아무런 의문 없이 이 생활 규칙을 따랐던 그녀가 80대가 된 어머니에게 물었습니다. "엄마, 왜 식탁 위에 모자를 두거나 침대 위에 코트를 던져두면 안 되는 거죠?"

대답은 이랬습니다. 할머니가 어린 시절 살던 동네에 '지저분하기 짝이 없는' 아이들 몇 명에게 증조할머니가 모자를 식탁 위에 두거나 코트를 침대 위에 올려두면 절대 안 된다고 훈계했다는 것이 이유였습니다. 충분히 말이 되지요. 증조할머니의 초기의 훈계는 절박했을 것으로 이해가 됩니다. 펜필드의 연구에서도 왜 기록들은 감정과 같은 애초의 절박함이 함께 기록이 되는지 그 이유를 이해할 수 있습니다. 데이터가 입력된 이유를 이해할 수 있습니다. 우리 몸에 밴 많은 규칙이 이런 식으로 형성되곤 합니다.

어떤 데이터는 인생에 미묘한 영향을 미칩니다. 한 가정주부는 최신 생활용품이나 가전제품은 빠짐없이 갖추었지만 음식물 쓰레기 처리기계에는 별 관심이 없었습니다. 남편은 그 기계가 있으면 부엌일이 훨씬 쉬워질 거라며 하나 들여놓자고 말했습니다. 그녀는 남편 말이 옳다고 생각했지만, 매번 적당히 둘러대면서 차일피일 미뤘습니다. 남편은 아내가 자신의 말을 무시하면서 고의로 기계를 사지 않는다고 생각했고 남편은 아내에게 왜 기계를 사지 않느냐고 소릴 질렀습니다.

아내는 잠시 생각하더니 어릴 적부터 생각해온 음식물 쓰레기에 대한 이야기를 털어놓았습니다. 아내는 경제 불황 시절인 1930년대에 어린 시절을 보냈습니다. 그 시절엔 음식물 쓰레기를 돼지 먹이로 주었습니다. 돼지는 크리스마스에 잡아먹을 아주 중요한 식량이었습니다. 심지어는 설거지 할 때에도 세제를 쓰지 않았는데 음식찌꺼기가 있는 개숫물을 퇴비로 사용했기 때문입니다. 어린 시절 음식물 쓰레기는 주요한 자원이었기에 어른이 되어서도 음식물 쓰레기를 처리하는 새로운 기계를 선뜻 살 마음이 내키지 않았습니다(결국 그녀는 기계를 구입했고, 그 뒤로는 아무 문제없이 잘 사용했다.)

수천 개에 이르는 온갖 생활 규칙이 사람들 뇌에 기록되어 있다는 사실을 인정하면 [부모자아]에 담긴 데이터가 얼마나 종합적이고 광범위한지 알 수 있을 겁니다. 이러한 규칙의 대부분은 '절대' '항상' '그것을 잊지마'와 같은 추가 명령으로 강화되며 오늘날 교류에 대한 준비된 데이터를 제공하는 특정 기본 신경 경로를 선점할 수 있습니다.

이러한 규칙들로 나이가 들수록 강박적이고 기이하고 괴상한 습관이 생기는 것입니다. [부모자아] 데이터가 짐이 되는지 도움이 되는지, 현실에 맞는지 안 맞는지에 따라 유용성은 달라집니다. 다시 말해 조금 뒤에 논의할 또 다른 인격인 [어른자아]가 [부모자아]의 데이터를 얼마나 잘 수정하고 정정하는지에 따라 기억의 쓸모는 달라집니다. [부모자아]는 실제 부모 외에 다른 곳에서도 데이터를 얻습니다.

아이는 하루에 몇 시간씩 텔레비전을 보면서 자신이 본 것을 기록합니다. 텔레비전 프로그램이 아이에게 인생의 개념을 가르칩니다. 아이가 폭력물을 본다면 아이의 [부모자아]에 그대로 기록됩니다. "원래 저런 거야, 삶이란 게 다 그렇지 뭐!" 부모가 채널을 돌려서 폭력물을 보지 못하게 하지 않는 한 결과는 뻔합니다. 아이는 폭력물을 자주 시청하면서 사회와 사람들에게 이중 잣대를 적용합니다. 그간 받았던 부당한 처사를 되갚는 길은 폭력밖에 없다고 생각할 수 있습니다. 아이는 보안관도 총을 쏘는데 자신이 총을 쏘지 못할 이유는 없다고 생각하게 됩니다. 소도둑, 역마차 강도, 그리고 불쌍한 여인을 희롱하는 낯선 이방인이 아이의 삶에 아무 여과 없이 녹아듭니다.

형제자매나 다른 어른들과 함께 한 경험 역시 아이의 [부모자아]에 기록됩니다. 어린 아이는 자신을 둘러싼 외부 상황에 어떠한 이의나 의문을 제기하지 못하기 때문에, 이 외부 상황 데이터는 [부모자아]에 그대로 기록됩니다.(물론 아이가 겪는 외부 경험이 [부모자아]에 모두 기록되지는 않는다. 이는 [어른자아]를 설명할 때 살펴보기로 하자.)

[어린이자아]

외부사건 경험이 [부모자아]라는 데이터 저장소에 기록되는 동안 다른 기록도 만들어 집니다.아이의 내면 사건 다시 말해 아이

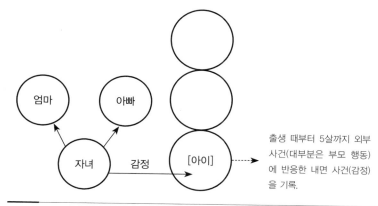

출생 때부터 5살까지 외부 사건(대부분은 부모 행동)에 반응한 내면 사건(감정)을 기록.

그림 3 [아이]

자신이 직접 보고 들으면서 느낀 반응도 기록되게 됩니다. (그림3)

이러한 맥락을 이해하려면 펜필드의 연구를 다시 확인해 보세요. 그의 실험에서 피실험자는 과거 상황에서 느꼈던 감정을 그대로 떠올렸으며 옳고 그름에 상관없이 처음 사건을 경험하면서 내렸던 해석을 현재에도 그대로 반복하고 있습니다. 다시 말해 환기된 기억은 사진이나 녹음기처럼 과거의 장면이나 사건을 있었던 그대로 재현하지 않습니다. 그것은 환자가 보고 듣고 느끼고 이해했던 대로 재현됩니다.[2]

이렇게 어린아이가 보고 듣고 느끼고 이해한 데이터는 [어린이자아]라는 저장소에 담겨집니다. 인생의 처음 몇 년은 가장 중요한 경험이 펼쳐지는 시기이지만 아직 언어 능력이 없는 아이가 보이는 반응은 단지 감정일 뿐입니다. 우리는 아이들을 이해해야 합니다. 아이는 작고, 의존적이며, 무능하고, 서투릅니다. 아이에게는 아직 의미를 전달할 언어가 없습니다.

에머슨은 '사람들의 못마땅한 표정을 가늠할 기술을 알아야 한다'고 말했지만 아이는 절대로 알 수 없습니다. 부모나 다른 사람이 못마땅한 표정을 지으면 아이는 저장소에 자신에 대한 부정적인 데이터를 추가할 뿐입니다. '내 잘못이야.' '또 그랬어.' '항상 그렇지.' '앞으로도 계속 그렇겠지.'

이렇게 혼자서는 아무것도 못하는 시기에 아이는 온갖 종류의 강압적인 요구에 시달립니다. 한편으로는 아이에게는 배설하고, 탐험하고, 알아내고, 부수고, 때리고, 감정을 표현하고, 움직임과 발견이 가져다주는 쾌감을 경험하고 싶은 본능적 욕구가 있습니다. 하지만 다른 한편에는 부모를 비롯해 주변 어른들의 인정을 받으려면 이런 기본적인 욕구가 생기자마자 포기해야 한다는 압력을 환경으로부터 지속적으로 받는 것이 아직 인과관계를 인지하지 못하는 아이에게는 이해할 수 없는 미스터리가 됩니다.

이 좌절스런 '문명화' 과정이 불러오는 심각한 부작용이 부정적 감정입니다. 부정적인 감정이 하나둘 쌓인 아이는 일찌감치 "내가 잘못되었다 I'm not ok"라는 결론을 내립니다. 우리는 이런 식의 종합적 자기 평가를 '자기부정 NOT OK' 또는 [자기부정 어린이 NOT OK Child]라고 부릅니다. 이 결론에 이르기까지 아이가 지속적으로 경험한 부정적 감정은 뇌에 기록되어 영원히 지워지지 않습니다. 어린 시절의 잔재인 이 영구적 기록은 어떤 아이나 가지고 있습니다.

다정하고 사려 깊고 신중한 부모를 둔 아이들도 예외가 아닙니다. 부모의 의도가 아닌 어린 시절의 상황이 문제를 일으키기 때문입니다.(이 문제는 다음 장에서 인생태도를 설명할 때 자세히 다루기로 하겠습니다.) 7살 난 내 딸 하이디가 던진 질문은 어린 시절에 부딪치는 딜레마의 예를 잘 보여준다. "아빠, 난 괜찮은 아빠와 괜찮은 엄마를 가졌는데, 왜 나만 괜찮지 않아?"

'훌륭한' 부모를 둔 아이들조차 자기부정이라는 짐을 지고 있는 현실을 생각하면 무시당하거나 학대당하고 잔혹하게 방치된 아이들의 짐이 얼마나 무겁고 아플지 상상하는 건 어렵지 않습니다.

[부모자아]와 마찬가지로 [어린이자아]도 다른 사람과 교류할 때 언제든 겉으로 드러날 수 있습니다. 현재의 상황 중 어린 시절과 비슷한 일이 생기면 과거와 비슷한 감정을 느끼게 되는 경우가 많습니다. 우리는 어찌할 수 없는 상황에 직면한 자신을 자주 발견합니다. 실제로 코너에 몰렸을 수도 있고 그냥 어려움에 빠졌다는 상상일 수도 있습니다. 어떤 상황이던 [어린이자아]는 떠올라 예전과 똑같은 상실감, 절망감, 거부감을 느끼게 만듭니다. 결국 우리는 어린 시절 느꼈던 좌절감을 어른이 되어서도 똑같이 느낍니다. 따라서 감정에 사로잡혔다면 [어린이자아]가 드러났다고 볼 수 있습니다. 분노가 이성을 지배할 때, 우리는 [어린이자아]가 통제권을 휘두른다고 말하기도 합니다.

하지만 밝은 면도 있습니다. [어린이자아]에는 긍정적인 데이터도 많이 있습니다. [어린이자아]에는 창의성과 호기심, 탐구심, 만지고 느끼고 경험하고 싶다는 욕구를 비롯해 무언가를 처음 알았을 때 느꼈던 순수한 기쁨 등의 모든 기록이 있습니다. 봄날의 정원에서 물장난 치던 기억, 새끼 고양이의 부드러운 털, 처음으로 엄마 젖꼭지를 힘차게 빨았던 일, 스위치를 올리고 내리면서 불을 켜고 꺼본 일, 비누방울 놀이 등. [어린이자아]에는 아이가 태어나 처음으로 느꼈던 신기하고 재미난 경험들이 모두 담겨 있습니다. 그리고 이런 경험에는 당시의 감정이 모두 담겨져 있습니다.

다시 말해 [어린이자아]에는 자기부정의 기록뿐 아니라 행복한 기록도 담겨 있습니다. 엄마가 따뜻하게 안아준 느낌, 좋아하는 담요의 부드러운 촉감, 우연히 경험한 긍정적인 반응 역시 (특히 사랑을 많이 받은 아이일 때) 미래에 이루어지는 교류 안에서 그대로 재연됩니다. 나비를 쫓던 아이, 입주위에 잔뜩 초콜릿이 묻은 아이, 기억하기 싫은 어린 시절도 있지만 이런 행복한 기억도 있기 마련입니다. 그리고 이런 행복감은 현재의 교류에서 그대로 재연됩니다.

하지만 다수의 아이들과 어른들을 두루 관찰한 결과 행복한 감정보다는 자기부정의 감정이 훨씬 많이 있다는 것을 알게 되었습니다. 그래서 사람에게는 누구나 자기부정의 [어린이자아]가 있다고 말하는 것입니다.

"[부모자아]와 [어린이자아]는 언제 기록을 멈출까?" "[부모자아]와 [어린이자아]는 5살까지의 경험만 기록하고 있을까?" 사람들은 이런 질문을 자주 합니다. 처음으로 집 바깥 사회를 혼자 경험할 때쯤이 되면(즉, 학교에 들어갈 때쯤), 아이가 보거나 듣지 못한 새로운 부모의 태도나 훈계는 거의 없습니다. 이때부터 아이가 보고 듣는 부모의 태도나 말은 그동안 입력된 데이터를 강화하는 역할만 할 뿐입니다. 또한 아이가 남들과 교류할 때 '[부모자아]를 이용하기' 시작한다는 사실도 입력된 데이터를 강화하는 데 일조합니다. [어린이자아]도 데이터 입력을 계속하긴 하지만 만 5살 정도가 되면 전에는 한 번도 느끼지 못했던 어떤 감정을 새로 느끼는 경우는 거의 없습니다. 이것은 거의 모든 정신분석 이론과 일맥상통하며 관찰 실험의 결과도 거의 비슷합니다.

그런데 어린 시절에 겪은 경험들이 [부모자아]와 [어린이자아]에 남김없이 기록되어 평생 지워지지 않는다면 우리는 어디에서 희망을 찾아야 할까요? 우리는 어떻게 해야 과거의 족쇄를 벗어던질 수 있을까요?

[어른자아]

아이가 10개월쯤 되면 놀라운 사건이 펼쳐지기 시작합니다. 그전까지는 자신의 의도와 상관없이 주위의 요구와 자극에 무기력한 반응을 보일 수밖에 없습니다. 이 시기의 아이에게는 이미 [어린이자아]가 존재하지만 자신의 반응을 선택하거나 주위를 통제할 능력은 전혀 없습니다. 아이는 자신이 직접 어떤 결정을 내리지 못하고 내 주위에서 요구하는 그대로 받아들이기만 합니다.

하지만 10개월이 되면 아이는 동작의 힘을 경험합니다. 이제 아이는 물건을 잡거나 흔들 수 있고, 자신을 꼼짝 못하게 가두었던 난간을 넘어 밖으로 기어나갈 수도 있습니다. 사실 아이는 8개월쯤부터 답답한 상태에서 벗어나게 해달라고 울면서 도움을 청하지만 자기 힘으로는 벗어나지는 못했습니다. 그러다가 10개월이 되면 아이는 장난감과 주변을 이리저리 탐색합니다. 게셀 Gesell과 일그Ilg는 다음과 같은 연구 결과를 발표했습니다.

10개월이 된 아이는 컵을 갖고 놀면서 물 마시는 시늉을 한다. 물건을 입에 넣고 깨물어도 보고, 일어나 앉아 놀기, 몸 앞으로 내밀기, 두 다리로 일어서 보기 같은 몸 전체를 움직이는 놀이를 좋아한다. 또 아이는 장난감을 꽉 움켜쥐거나, 발길질을 하거나, 무릎으로 기거나, 상체를 쭉 펴거나, 앞으로 숙이기도 한다. 까꿍놀이와 뽀뽀하기, 어른 손 잡고 걷기, 침대에서 바닥으로 구르기, 장난감 목마에 올라타기와 같은 사회적 활동도 즐긴다. 여자 아이들은 고개를 한쪽으로 돌려 웃으면서 수줍어하는 표정을 처음으로 보여준다.[3]

10개월쯤 되면 아이는 자기 뜻과 생각대로 뭔가를 할 수 있다는 사실을 깨닫게 됩니다. 이러한 자기실현이 시작되면서 [어른자아] 인격이 발달하기 시작합니다(그림 4).

[부모자아]에는 삶에 대해 '배운 개념'이 있고 [어린이자아]에는 '자신이 느낀 개념'이 존재합니다. 아이는 이 두 가지 삶의 개념과 실제 삶이 어떻게 다른지 알아낸 뒤 자신의 [어른자아]에 데이터

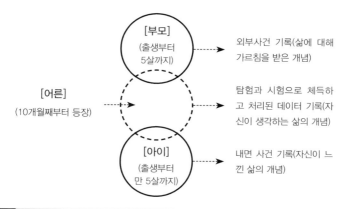

그림 4　10개월째부터 조금씩 등장하는 [어른]

를 축적합니다. [어른자아]는 데이터를 수집하고 처리합니다. 이
런 방식으로 '자신이 생각하는 삶의 개념'을 발전시킵니다.

　아이가 몸을 움직이기 시작하면서 생겨나는 [어른자아]는 훗날
개인이 고민스런 상황에 **빠졌을** 때 구원자 역할을 합니다. 그는
'마음을 정리하려고' 산책을 나가거나 실내에서 왔다갔다 하는 것
도 불안을 없애는 역할을 한다는 것을 경험으로 체득합니다. 뇌
속에는 몸을 움직이는 건 좋은 것이고 문제를 좀 더 명확하게 보
게 해준다는 기록이 남아있게 됩니다.

　처음의 [어른자아]는 연약하고 불확실합니다. [부모자아]의 압
력이 크거나 [어린이자아]의 두려움이 크면 [어른자아]는 쉽게 패
배합니다. 엄마가 유리잔을 만지려는 아이에게 "안돼! 건드리지
마!"라고 말하면 아이는 울음을 터뜨립니다. [어른자아]의 패배입
니다. 하지만 아이는 기회가 생기면 어떻게든 손을 **뻗어서** 유리

잔의 모든 것을 알아냅니다. [어른자아]를 가로막는 장애물이 많
긴 하지만 거의 모든 개인에게 [어른자아]는 끝까지 살아남아서
나이가 들수록 더욱 효과적인 기능을 발휘합니다.

'자극을 정보 조각들로 전환한 뒤 이 정보들을 예전 경험에 따
라 처리하고 취합하는' 것이 [어른자아]의 주된 역할입니다.[4] [어른
자아]는 '부모의 판단이 그대로 주입된 삶의 기준을 강화하는' [부
모자아]와 다릅니다. '논리도 없이 왜곡된 인식에 따라 충동적으
로 반응하는 [어린이자아]와도 다릅니다. 어린아이는 [어른자아]
를 통해 자신이 배운 삶([부모자아])과 자신이 느끼고 꿈꾼 삶([어린
이자아]), 그리고 혼자 힘으로 이해한 삶([어른자아])이 어떻게 다른
지 알게 됩니다. [어른자아]는 데이터를 처리하는 컴퓨터입니다.
다시 말해 [부모자아]와 [어린이자아], 그리고 [어른자아]가 수집한

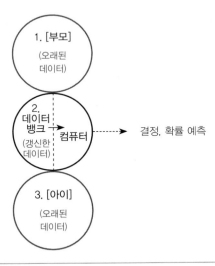

그림 5 세 가지 원천에서 데이터를 받는 [어른]

데이터를 처리해서 결정합니다(그림 5).

[어른자아]의 중요한 기능 중 하나는 [부모자아] 데이터를 검토해서 그것이 옳은지 틀린지 판단합니다. 이를 통해 수용여부를 결정합니다. 또한 [어린이자아]에게 존재하는 감정이 현재에도 적절한지 아니면 [부모자아] 데이터에 반응해서 보이는 어린 시절의 감정에 불과한지를 판단하는 것도 [어른자아]의 역할입니다. [어른자아]의 목표는 [부모자아]나 [어린이자아]를 없애는 것이 아니라 별개의 위치에서 이 두 데이터 저장소의 내용을 검토하는 것입니다. 에머슨Emerson의 표현대로, [어른자아]는 "선 이라는 명분에 휘둘리지 않고, 그것이 선한지 아닌지를 탐구한다." 또는 악하거나 어린 시절의 판단처럼 잘못된 건지를 분석하는 것입니다.

[어른자아]가 하는 [부모자아] 데이터에 대한 검토는 아주 어린 시절부터 시작됩니다. 사랑과 관심 속에서 자란 아이는 [부모자아]에 있는 데이터 대부분을 신뢰하며 "엄마 아빠의 말이 맞았어!"라는 결론을 내립니다. 거리에서 애완견이 차에 치이는 장면을 본 어린아이는 "차는 위험하다"는 [부모자아]의 데이터 결론을 따르게 됩니다.

친구인 바비가 아끼는 장난감을 나눠주는 모습을 본 아이는 "내 장난감을 바비한테 나눠주면 더 좋은 일이 생겨"라는 생각을 합니다. 혼자서 화장실 가는 법을 배운 여자아이는 "팬티가 축축하지 않은 게 더 좋다"는 결론을 내리게 됩니다.

부모의 명령과 훈계가 현실에 맞을 때 아이는 [어른자아]로 보더라도 그것이 옳다는 사실을 깨닫습니다. 아이는 이리저리 시험

해본 뒤 입력되어 있는 부모가 한 말을 뒤집어 봅니다. 이렇게 실험과 검토를 거치면서 아이는 수집한 데이터를 바탕으로 타당한 기준을 만들기 시작합니다.

하지만 [부모자아]의 데이터가 타당하다 해도 애초에 억지로 입력된 데이터였다면 [어린이자아]에 생긴 부정적인 기록은 없어지지 않습니다. 엄마는 세 살배기 조니가 길거리에 함부로 나가지 않게 하려고 회초리를 들었습니다. 그러나 조니는 거리가 위험하다고 생각지 않습니다. 조니는 자신을 사랑하고 걱정해서 부모가 매를 든다는 사실을 모르기 때문에 이 상황을 두려움과 분노, 좌절감으로 반응합니다. 이 두려움과 분노, 좌절감은 [어린이자아]에 입력됩니다. 훗날 엄마의 행동이 옳았다는 사실을 이해한다 해도 [어린이자아]에 기록된 감정은 지워지지 않습니다. 하지만 어린 시절 처음 겪은 상황 때문에 수많은 부정적인 기록이 만들어졌다는 사실을 이해한다면 이런 두려움이나 좌절감이 현재에 반복되는 것을 막을 수 있습니다. 우리가 부정적인 기록을 지우지는 못하지만 이를 공급하는 전원을 차단할 수 있습니다.

[어른자아]는 [부모자아]의 데이터가 옳은지 그른지 판단해서 이를 갱신합니다. 또한 [어린이자아]에 들어 있는 감정을 표현해도 좋은지 아닌지 판단해서 [어린이자아] 데이터도 갱신합니다. 신부가 결혼식에서 눈물을 보이면 그럴 수 있는 일이라 여기지만 피로연에서 서로 고함치는 신랑·신부는 잘못되었다고 생각합니다. 사실 울음도 고함도 [어린이자아]에 들어 있는 감정일 뿐입니다. 하지만 [어른자아]가 있기에 우리는 적절한 감정 표현을 유지할

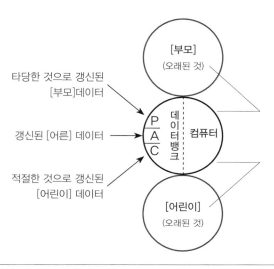

타당한 것으로 갱신된
[부모]데이터

갱신된 [어른] 데이터

적절한 것으로 갱신된
[어린이] 데이터

그림 6 현실 테스트를 통한 [어른]의 갱신 기능

수 있습니다.

그림6은 [어른자아]가 어떻게 [부모자아]와 [어린이자아]를 갱신하는지 보여주고 있습니다. 이 그림에서 [어른자아]는 현실에 맞게 갱신한 데이터를 의미합니다.(과거의 증거에서 보면 우주여행도 공상과학에 불과하지만 지금의 나는 그것이 현실임을 압니다.)

[어른자아]의 또 다른 기능은 확률 예측probability estimating입니다. 이 기능은 천천히 발달하기 때문에 성인이 되기까지 좀처럼 삶의 속도를 따라잡지 못합니다. 어린아이는 계속해서 불쾌한 선택(시금치를 먹을 것인가, 아이스크림을 포기할 것인가)에 부딪치기 때문에 굳이 확률을 예측해야 할 이유가 없습니다. 그런데 확률을 예측하지 못하면 여러 면에서 잘못된 교류가 발생할 수 있습니다. 예상한 위험보다는 예상하지 못한 위험 때문에 [어른자아]의 '퇴

행’, 다시 말해 발달 지연이 일어날 가능성이 큽니다.

퇴행이 일어나면 주식시세가 지금 거래되는 주가가 아니라 몇 십분 또는 몇 시간 전의 주가를 알려주는 것과 비슷한 상황이 벌어집니다. 우리는 이런 지연을 ‘컴퓨터 렉’이라고 부르는데, 이런 심리적 컴퓨터 렉은 ‘10까지 세기’라는 오래되고 친숙한 방법으로 치료할 수 있습니다.

의식적인 노력을 기울이면 [어른자아]의 확률예측 기능을 향상시킬 수 있습니다. [어른자아]도 근육처럼 꾸준히 연습하고 사용하면 용량이 커지고 성능도 좋아집니다. 확률예측으로 [어른자아]가 문제발생 소지를 예상하고 한 걸음 더 나가 이에 대비한 해결책을 생각해낼 수도 있습니다.

하지만 극심한 스트레스로 [어른자아]가 손상되면 감정이 지배적인 힘을 휘두르게 됩니다. [부모자아], [어른자아], [어린이자아]의 경계선이 약하고 불분명해집니다. 이 때문에 무기력하고 의존적이던 어린 시절에 겪은 경험이 똑같이 재현될 것 같다는 의심이 들면 경계선이 무너질 수 있습니다. 이런 ‘나쁜 신호’가 밀려오면 [어른자아]는 통제능력을 잃고 교류에서 ‘구경꾼’으로 전락해버립니다. 이런 상황에 처한 사람은 이렇게 말합니다. “내가 잘못했다는 건 잘 알아. 하지만 나도 어쩔 수가 없었어.”

비현실적이고 비논리적이며 반 [어른자아]적 반응은 외상성신경중(사고나 자연재해로 충격 등, 외상을 크게 입었을 때 나타나는 신경장애-옮긴이)에 걸린 사람에게서 흔히 나타납니다. 위험 신호나 ‘나쁜 소식’ 조짐은 [어른자아]는 물론이고 [부모자아]와 [어린이자아]에게도 타격을 줍니다. 부정적인 감정에 사로잡힌 [어린이자아]는 어린 시절과 똑같은 반응을 보입니다. 그러다 과거로 완전히 퇴행해 버리기도 합니다. 자신이 작고 연약하고 의존적인 어린아이로 돌아갔다고 생각할 수 있습니다.

이럴 때 가장 심각한 현상이 사고 차단입니다. 사고 차단은 외부와 단절된 정신병원에서 쉽게 발견됩니다. 환자가 폐쇄된 곳에 갇히면 어린 시절로의 퇴행은 시간문제입니다. 바로 이런 이유 때문에 감옥이나 다름없는 환경에서 환자를 치료하는 방법에 반대하고 있습니다. 인간이 무기력한 [어린이자아]에 휘둘리면 관리기능을 회복하려는 [어른자아]의 재건 과정도 그만큼 오래 걸릴 수밖에 없습니다.

이상적인 정신병원은 안락한 호텔같아야 합니다. [어린이자아]가 '뛰어 놀 놀이터'이자 [어른자아]의 자율성 회복을 도와주는 병원이어야 합니다. 간호사는 유니폼을 입지 말아야 하고 환자에게 부모처럼 굴어서는 안 됩니다. 대신 사복 차림의 간호사들이 그동안 훈련받은 능력을 최대한 발휘해서 환자가 [부모자아], [어른자아], [어린이자아] 각각을 구별하도록 도와줘야 합니다.

병원에서 치료받는 환자가 감정에 휘둘릴 때 "당신의 [어른자아]를 되찾는 것이 어떨까요?" 또는 "원래 교류는 무엇이었습니까?" 라는 다소 딱딱한 전문용어를 써서 주의를 돌려야 합니다. 이렇게 하는 이유는 불안과 공포를 불러오는 현재의 상황과 어린 시절 교류에서 느낀 불안과 공포 사이에 어떤 유사성이 있는지 분석할 수 있도록 '[어른자아]의 전원을 다시 켜는'데 있습니다.

[어른자아]는 옛 데이터들을 체크하고 타당성 여부를 검토한 뒤 나중에 재사용할 수 있도록 끊임없이 재정리합니다. 이 일이 원만히 이루어지고 과거에 주입받은 삶과 현재 삶 사이에 모순점이 거의 없으면 [어른자아] 컴퓨터는 창의성이라는 중요한 일을 시작합니다. 창의성은 [어린이자아]가 호기심을 발휘할 때 생기듯 [어른자아]의 경우도 마찬가지입니다. 다른 점은 [어린이자아]는 '하고 싶은' 마음을 제공하지만 [어른자아]는 '하는 방법'을 공급한다는 데 있습니다.

창의성이 생기기 위한 필수적인 전제조건은 [어른자아] 컴퓨터 타임입니다. [어른자아] 컴퓨터가 기존의 일을 처리하느라 정신이 없으면 새로운 일을 할 시간을 거의 낼 수 없습니다. 일단 검토가 끝난 [부모자아]의 여러 지시들은 자동으로 컴퓨터 처리되어 창의성을 자유롭게 활용할 수 있습니다.

일상적인 교류 행동에서 의사결정의 대부분은 자동으로 처리됩니다. 예를 들어 일방통행 화살표를 보면 우리는 반대방향에서 진입하지 말아야겠다고 자동으로 결정합니다. 우리의 컴퓨터는 고속도로 교통법규나 도로표지판의 색과 선의 의미 등을 알아내려고 복잡한 데이터 처리를 하지 않습니다. 어떤 행동을 할 때마다 [부모자아]의 데이터 없이 처음부터 일일이 복잡한 결정을 내려야 한다면 우리의 컴퓨터는 창의적 프로세스를 처리할 시간이 거의 없을 겁니다.

부모로부터 어떤 훈계나 제지도 받지 않고 지나치게 자유롭게 성장한 아이들이 그렇지 않은 아이들보다 더 창의적이라고 주장하는 사람들이 있습니다. 나는 그렇지 않다고 생각합니다. 오히려 부모의 훈육을 통해서 축적한 충분한 데이터로 무언가를 결정하는 아이들이 탐험하고 발명하고 분해하고 조립하는 등의 창의적 활동을 할 시간을 더 많이 가질 수 있다는 게 내 생각입니다.

털 부츠를 신지 않겠다고 엄마와 실랑이를 벌이지 않는 아이가 눈사람 만들 시간을 더 많이 갖습니다. 구두약으로 현관 벽을 도배했는데도 훈계를 받지 않은 아이는 조만간 이웃집에도 같은 짓을 하다가 크게 혼쭐이 날 것이 뻔합니다. 고통스러운 결과는 자기긍정의 감정을 만들어내지 않습니다. 어떤 결과는 단순히 꾸중을 듣는 것으로 끝나지 않고 회복하는 데 한참 시간이 걸리기도 합니다. 가령 도로를 달리는 차의 위험성에 대해 훈계 받지 못한 아이는 함부로 길을 건너다가 병원에서 몇 달을 보내야 할 수도 있습니다. 이런 일에서 회복하려면 [어른자아] 컴퓨터 타임이 많이 필요합니다.

그런데 문제는 컴퓨터에 에너지를 많이 소모한다는 것입니다. 특히 부모의 말이 틀렸을 때 [어른자아]는 모순을 처리하는 데 아주 많은 시간을 허비합니다. [부모자아]의 데이터가 현실에 타당하다는 사실을 확인한 아이일수록 창의성이 높을 수 있습니다. 아이는 타당한 정보만을 모은 데이터 파일을 [어른자아]에 저장한 다음 이를 믿기도 하고 잊어버리기도 하면서 연 날리기나 모래성 쌓기, 미분 공식 등과 같은 새로운 정보를 받아들입니다.

하지만 대다수 어린아이들은 [부모자아]의 데이터와 자신이 현실이라고 여기는 상황 사이의 모순을 처리하는 데 많은 시간을 할

애합니다. 이런 아이들의 가장 큰 문제는 [부모자아]가 자신을 지배하는 이유를 전혀 이해하지 못하고 자칫 [어른자아]를 오염시킨다는 것입니다. 아빠가 유치장에 있고 엄마가 도둑질로 생계를 유지한다면 아이의 [부모자아]에는 "절대로 경찰을 믿어선 안 된다"는 정보가 비언어적으로 축적되고 그렇게 결론짓게 됩니다. 그러다가 아이는 친절한 경찰을 만납니다. 그 사람은 아이와 함께 동네 공터에서 야구 게임을 하고 팝콘을 사 주며 아이를 상냥하게 대합니다. 아이의 [어른자아]는 그 경찰의 일거수일투족에 대한 모든 데이터를 입력합니다. 이제 이 어린아이에게는 모순이 발생합니다. 아이가 경험한 현실이 부모가 가르친 것과 달라진 것이다. 다시 말해 [부모자아]의 말과 [어른자아]의 말이 어긋난 것입니다.

하지만 아이가 자신의 안전을 부모에게 전적으로 의존하는 동안에는 있으나 마나 한 안전이라 해도 아이는 경찰은 나쁜 사람이라는 부모의 판단을 곧이곧대로 받아들일 확률이 큽니다. 이렇게 해서 편견은 강화됩니다. 어린아이에게는 아직 불확실한 자신의 눈과 귀를 믿기보다는 돌봄의 질을 떠나서 자신을 돌봐주는 사람의 거짓말을 믿는 쪽이 더 안전할 수 있기 때문입니다. [부모자아]는 [어린이자아]와 내면 대화를 이어가면서 [어른자아]가 모순에 의문을 품지 말고 백기를 들어야 한다고 [어린이자아]를 위협합니다. 결국 "경찰은 나쁜 사람이다"는 진실로 자리 잡습니다. 이것이 바로 [어른자아]의 '오염'입니다. 여기에 대해서는 6장에서 자세히 살펴보기로 하겠습니다.

사실 우리가 정말 원하는 것은 자기 존재에 대한 긍정입니다. 그렇지만 대
부분은 자기 부정에 빠지고 맙니다. 결국 우리 마음 속은 늘 시끄러울 수
밖에 없습니다.

삶의
네 가지

태도

다른 사람이 내가 원하는 대로 되지 않는다고 분노하지 말자!
나 자신 조차도 내가 원하는 존재가 되기 힘들다.

———

윌리엄 해즐럿

아주 어린 시절부터 아이들은 "난 괜찮지 않아(자기부정)" 라고 결론짓습니다. 반면 부모에 대해서는 "당신들은 괜찮아(타인긍정)"라고 결론짓습니다. 이것이 바로 아이가 자신과 주위 세상을 이해하면서 내리는 첫 번째 결론입니다. 이런 자기부정-타인긍정I'M NOT OK-YOU'RE OK의 태도는 평생 동안 아이를 따라다니는 가장 결정론적인 결론입니다. 이 결론은 영원히 지워지지 않으며 아이가 하는 모든 말과 행동에 영향을 미칩니다.

물론 이것도 하나의 결정이라는 점에서 새로운 결정이 내려지면 바뀌기도 합니다. 하지만 왜 이런 결정을 내리게 되었는지 이해한 다음에야 가능합니다.

이 주장을 입증하려고 우선 신생아기, 유아기, 아동기, 다시 말해 말을 익히기 전후 기간 동안 아이들이 처하게 되는 상황을 자세히 검토했습니다. 많은 사람들이 자신은 '행복한 어린 시절'을 보냈으며 자기부정-타인긍정 같은 결정은 내린 적이 없다고 주장합니다. 하지만 나는 아무리 '행복한 어린 시절'을 보냈어도 모든 아이가 자기부정-타인긍정의 결정을 내리는 단계를 거친다고 확신합니다.

먼저 나는 어린 시절의 상황을 자세히 검토한 뒤, 자신은 기억하지 못해도 태어날 때와 유아기에 겪었던 사건이 뇌리에 그대로

기록돼 있다는 증거를 제시하겠습니다. 이런 맥락에서 뇌가 ①
기록 ② 회상 ③ 재체험이라는 세 가지 기능을 수행한다는 펜필드
의 주장을 다시 새겨볼 필요가 있습니다.

처음 태어난 순간을 그대로 '회상'하기는 불가능하지만 그 시점
의 감정 상태로 되돌아간다는 사실에서 우리는 인간이 신생아 경
험을 '재연'한다는 증거를 찾을 수 있었습니다. 말을 못하는 아기
로서는 순간적인 흥분이나 감정, 흐릿하면서도 아직 구체적이지
않은 상상 등의 반응이 고작입니다. 아기는 울거나 손발 짓으로
불만이나 만족을 표현합니다. 이런 흥분이나 상상은 말을 못하는
시기에 기록됐기에 말로는 설명이 불가능하지만 훗날 그 아이의
꿈에 자주 등장합니다.

한 환자의 예입니다. 그녀는 지금까지 살아오면서 똑같은 꿈을
반복해서 꾼다고 했습니다. 그 꿈을 꿀 때마다 그녀는 극도의 공
포를 느끼며 잠에서 깨곤 했습니다. 심장이 두근거렸고 숨쉬기도
힘들었습니다. 그녀는 꿈의 내용을 설명하려고 애썼지만 어떻게
설명해야 할지 감을 잡지 못하거나 단편적으로만 설명했습니다.

"나 자신이 아주 작고 보잘것없는 먼지가 되었어요. 그리고 동
그랗고 우주만큼이나 커다란 무언가가 내 주위를 둘러싸고 있었
고요. 그런데 거대한 소용돌이 같은 그것이 점점 커지면서 나를
삼킬 듯이 위협했어요. 마치 그 거대하고 엄청난 존재에 둘러싸여
서 내가 흔적도 없이 사려져버릴 것만 같았어요." 이 극단적인 공
포감의 본질은 죽음에 대한 두려움을 암시합니다. 다시 말해 그녀
는 죽음의 위협에 원초적이고 생물학적인 반응을 보인 겁니다.

한참 뒤에 그녀는 같은 꿈을 또 꾸었다고 했습니다. 거의 1년 만의 일이었습니다. 부부 동반 여행이었는데 두 사람은 평소에는 가지 못하는 고급스러운 분위기의 비싼 레스토랑에서 식사를 했습니다. 그런데 호텔에 돌아와 속이 더부룩해진 그녀는 낮잠을 자려고 누웠고 이내 곧 깊은 잠에 빠졌습니다. 그런데 전에 꾸었던 꿈을 다시 꾸었고 공포감에 잠이 깼습니다. 이번에는 극심한 위경련까지 겹쳐지면서 고통도 두 배가 되었습니다. 최근에 두려움을 불러일으킬 만한 사건은 없었습니다. 하지만 이 무서운 꿈은 창자가 뒤틀린 것 같은 극심한 고통과 직접 관련이 있는 듯했습니다. 여전히 꿈의 내용은 설명하지 못했지만 이번에는 다른 감각을 느꼈습니다. 바로 질식할 것 같은 느낌이었습니다.

우리는 환자 어머니에 관한 몇 가지 정보를 듣고 꿈의 원인을 유추해냈습니다. 환자 어머니는 풍채가 좋았으며 모유를 먹여 아이들을 키웠습니다. 어머니는 잘 먹는 것을 건강의 기초라고 생각한 사람입니다. 따라서 아이를 잘 키우려면 무조건 잘 먹여야 한다고 생각했습니다. 게다가 어머니의 성격이 약간 드세고 마구잡이식이었습니다. 우리는 환자가 자신의 꿈을 설명하지 못하는 점을 미루어 꿈의 원인이 그녀가 말을 배우기 전에 일어난 사건이라고 유추했습니다.

꿈과 함께 온 위경련도 환자가 아주 어린 시절에 겪는 경험과 관련이 있음을 암시했습니다. 아마도 환자가 갓난아기였을 때 젖을 충분히 먹고 포만감을 느껴 그만 먹어도 되는데 어머니는 더 먹길 강요했을 겁니다. 꿈인지 생시인지 헷갈리는 느낌과 질식할 것 같은 느낌, 위경련은 과거 경험과 이어져 있을 가능성이 높았습니다. 꿈의 내용(우주처럼 거대한 존재에 집어 삼켜지는 작은 존재)은 아기 때 겪었던 상황을 그대로 재연하는 것인지도 모릅니다. 작고 보잘것없는 존재가 환자 자신이라면 이를 삼키려 드는 거대하고 둥근 존재는 어머니의 젖가슴이거나 거대한 몸집을 말해줍니다.

이러한 꿈은 아주 어린 시절의 경험을 말로 설명하진 못하지만 기록은 지금까지 남아서 언제든 재생된다는 가설을 뒷받침해줍니다. 또한 태어났을 때부터 겪은 모든 경험이 기록돼 있다는 사실은 과거에 입력된 데이터가 어디엔가 그대로 남아있음을 보여주고 있습니다. 갓 태어난 상태에서 아기가 외부 자극에 본능적인 반응을 보일 뿐이지만 얼마 안가 학습된(또는 기록된) 경험에 따른 반응을 보입니다. 그리하여 아이는 엄마의 일거수일투족에 의미를 부여하고 반응하는 방법을 더욱 체득해 나갑니다.

이처럼 경험과 감정이 빠짐없이 전부 기록된다면 현재의 특정 상황에서 느끼는 극도의 공포, 분노, 두려움도 재연이라고 이해할 수 있습니다. 다시 말해 처음 경험에서 녹화되었던 기록은 현재에도 재생될 수 있다는 것입니다.

이런 가설이 어떤 의미인지 이해하려면 유아기의 상황을 좀 더 자세히 살펴볼 필요가 있습니다. 그림 7에서 가로선은 임신 시점부터 만5세까지의 기간을 가리킵니다. 첫 번째 구간에 해당하는 9개월은 임신 시점부터 생물학적 탄생까지의 기간입니다. 이 9개월 동안 인간이 누릴 수 있는 최고의 환경에서 새로운 생명이 시

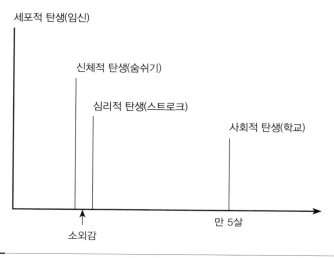

세포적 탄생(임신)

신체적 탄생(숨쉬기)

심리적 탄생(스트로크)

사회적 탄생(학교)

소외감

만 5살

그림 7 임신부터 만 5살까지 개인이 경험하는 네 번의 탄생

작됩니다. 이 기간 동안 태아는 엄마와 분리된 느낌을 전혀 갖지 않습니다.

그러다 생물학적 탄생biological birth이 일어납니다. 이 짧은 몇 시간 동안 아기는 안락하던 안쪽 세상과는 완전히 정반대인 재앙과도 같은 바깥세상으로 밀려나오게 됩니다. 이 낯설고 무서운 세상에서 아기는 차가움, 딱딱함, 소음, 압박감, 불안정함, 눈부심, 분리, 버려짐을 처음으로 맛봅니다. 이 짧은 시간동안 아기는 자기 몸이 잘려나가고 분리되고 단절되는 경험을 겪습니다. 출생의 충격을 말하는 이론들은 하나같이 태어날 때 겪었던 감정이 뇌에 그대로 기록되어 있다고 추정하고 있습니다.

형태는 조금씩 다르지만 많은 사람들이 스트레스가 심해지면 '하수관'으로 쓸려 내려가는 꿈을 자주 꾼다는 사실도 이런 가정을 뒷받침해줍니다. 환자들의 설명에 따르면 조용하고 평온한 물에서 둥둥 떠다니다가 갑자기 하수관으로 휩쓸려 내려가는 꿈을 꿉니다. 꿈 속 하수도의 유속과 압력은 대단합니다. 폐쇄공포증을 겪는 환자도 같은 감정을 경험합니다. 프로이트에 따르면 도저히 저항할 수 없는 불쾌한 자극이 갓 태어난 아기를 엄습하는데 이때 아기가 겪는 감정이 훗날 성장했을 때 겪는 모든 두려움의 밑바탕이 된다고 합니다.[1]

하지만 얼마 안가 구원자가 나타나 아기에게 손길을 내밀게 됩니다. 누군가가 아기를 따뜻한 담요로 포근하게 안아 줍니다. 아기의 몸과 마음을 어루만져주는 스트로크stroke(존재인정자극)가 시작되었습니다. 이것이 바로 심리적 탄생psychological birth 입니다. 이때 아기에게는 '바깥세상'이 모두 나쁘지만은 않다는 데이터가 처음으로 입력됩니다. 타협의 여지가 있을 수 있고 안락하고 안전한 느낌을 되찾을 수 있다는 데이터가 입력됩니다. 이 데이터가 아기에게 살아갈 의지를 준 것입니다.

따라서 아기가 세상에서 살아남으려면 누군가 반복해서 아기의 몸과 마음을 어루만져 줘야 합니다. 스트로크가 필요합니다. 스트로크가 없으면 아기는 죽습니다. 신체적으로는 살아남아도 심리적으로는 죽은 것과 다름없습니다. 과거 아기들을 토닥여주는 일이 거의 없는 고아원에서 아기들이 소모증(영양 부족이 아닌 애정 결핍 등으로 아이가 정서적, 신체적으로 쇠약해지는 상태)으로 사망하는 일이 빈번했습니다. 생존에 꼭 필요한 기본적인 자극이 없다는 것 말고는 아기들의 죽음을 설명할 만한 뚜렷한 이유가 없었습니다.

신생아는 이렇게 고통스러운 상황을 간헐적으로 반복하면서 계속 불안정한 상태에 놓입니다. 처음 2년 동안 아기에게는 '언어'라는 개념적 '사고' 도구가 없기 때문에 세상에 자신의 불안정을 구체적으로 알릴 능력이 없습니다. 하지만 엄마를 비롯한 타인들과의 관계에서 생겨나는 감정은 계속해서 기록됩니다. 그리고 이런 감정은 스트로크 경험과 직접 연관되어 있습니다. 누가 제공하든 어떤 스트로크든 좋습니다. 하지만 긍정적인 감정은 순간적인 데다 언제든 자기부정의 감정으로 대체되기 때문에 아기는 계속 불안정한 상태에 있습니다. 이런 불확실성 때문에 결국 아이는 '나는 괜찮지 않아 I'm not ok'라고 확신합니다. 그렇다면 아기는 어떤 시점에서 최종적으로 자기긍정-타인부정의 결정을 내릴까요?

유소년기 아이들을 세밀하게 관찰한 삐아제Piaget[2]는 인과관계의 개념 (어떤 일이 발생한 다음에는 무슨 일이 발생하는가)이 생후 몇 개월부터 발달하기 시작해 만 두 살 때 완성된다는 결론을 내렸습니다. 다시 말해 뒤죽박죽 입력된 데이터가 일정한 순서와 패턴을 형성하면서 울음, 옹알이, 몸짓, 표정 등이 가능한 상태에 이르게 됩니다.

삐아제는 "생후 첫 2년 동안 감각운동 지능이 발달하고 규범 등의 상호작용을 어느 정도 이해하기 시작하면서 아기는 이성적 사고에 근접하는 평형 상태에 이른다"고 했는데, 나는 만 두 살이나 늦어도 세 살 중반에 뚜렷해지는 이런 평형 상태가 아이가 자신의 인생 태도를 결정했을 때 나타나는 현상이라고 생각합니다.

일단 자신이 머물 상태를 결정한 뒤 아기는 이런 상태를 확실하게 유지하려고 예측 가능한 기준을 마련하는 등의 조치를 취합니다. 삐아제의 말에 따르면 아기들한테 발생하는 이런 정신 과정은 아는 것, 혹은 진실을 진술하는 능력이 아니라 자신의 바람을 현실에 적용하는 능력에 지나지 않습니다. 그래서 다음과 같은 심리기제가 형성됩니다. '만약 내가 틀리다면 당신이 맞다. 그렇다면 내가 어떻게 행동해야 옳은 당신이 틀린 나를 보살펴주게 만들 수 있을까?'

이런 상태는 바람직하지 않습니다. 하지만 이런 일들이 아이들에게 실제로 벌어지고 있으며 이로써 (아이들의 생존에 대한 욕구심리가) 평형상태를 유지할 수 있기 때문에 아무런 처리과정도 벌어지지 않는 것보다는 훨씬 도움이 됩니다. 아이 안에 존재하기 시작한 [어른자아]는 아들러$_{Adler}$가 말한 "삶의 중요한 문제"(타인에 대한 태도)와 설리반$_{Sullivan}$이 말한 "개인이 죽을 때까지 짊어지고 갈 자신에 대한 태도"를 해결하면서, "삶을 이해하려고" 이뤄낸 첫 번째 업적입니다.

퀴비에$_{Kubie}$는 이런 태도 발달에 가장 명쾌한 설명을 내렸습니다.

한 가지 확실한 결론은, 거의 모든 아기들이 아주 어린 시절에, 때로는 생후 몇 개월이나 그보다 조금 늦게, (핵심) 감정태도$_{central}$ $_{emotional position}$를 확정한다는 사실이다. 인간이 어린 시절에 중심적(핵심) 감정태도를 확립한 뒤, 남은 생애 동안 이 감정태도로 자동 복귀하려는 경향을 보이는 것은 임상으로도 증명된 바 있다.

아임 오케이 유어 오케이

이 감정태도는 그의 삶에 주요 버팀목이 될 수도 있고 주요 약점이 될 수도 있다. 사실 (핵심) 감정태도 확정은 인간의 신경 프로세스가 발달할 때 맨 먼저 나타나는 보편 특성 중 하나이기도 한데, 왜냐하면 아이가 말을 하거나 어떤 상징을 이용하기 전부터 시작되기 때문이다. …… (핵심) 감정태도가 고통만을 불러일으키면, 그 사람은 온 생애를 다 바쳐 이것에서 자신을 보호하려 한다. 그는 고통만을 불러일으키는 이런 감정 태도를 피하려고 의식, 전의식(의식과 무의식의 중간 단계), 무의식 수단을 총동원한다.[3]

퀴비에는 이런 감정태도가 훗날 바뀌는지에 대해 의문을 가졌지만 나는 그렇다고 믿고 있습니다. 비록 이런 감정 태도가 자리 잡은 근본 원인인 어린 시절 경험을 완전히 지우지는 못하지만 초기의 감정태도는 얼마든지 바꿀 수 있습니다. 다시 말해 과거에 내려진 결정이라도 번복될 수 있습니다.

교류분석에 따르면 개인은 삶에 대한 다음 네 가지 태도 중 하나에 머무르며 자신과 타인의 관계를 결정합니다.

1. 자기부정-타인긍정 I'M NOT OK–YOU'RE OK
2. 자기부정-타인부정 I'M NOT OK–YOU'RE NOT OK
3. 자기긍정-타인부정 I'M OK–YOU'RE NOT OK
4. 자기긍정-타인긍정 I'M OK–YOU'RE OK

각각의 태도를 자세히 설명하기에 앞서 일반적인 관찰 결과를 먼저 설명하고자 합니다. 아이가 만 두 살이나 세 살 중반 정도가 되면 처음 세 가지 태도 중 하나를 자기 감정태도로 정합니다. 자기부정—타인긍정 태도는 아이가 처음으로 시험 삼아 내리는 결정으로 생후 1년 동안 겪은 경험을 바탕으로 합니다.

만 2세가 되면 아이는 처음 태도를 강화하면서 여기에 머물기도 하고 아니면 자기부정—타인부정의 태도나 자기긍정—타인부정의 태도로 결정을 바꾸기도 합니다. 아이는 나중에 선택한 결정에 계속 머물러 있게 되는데 이때 선택한 태도가 아이가 하는 모든 말과 행동에 영향을 미칩니다. 아이가 의도적으로 노력하여 마지막 4번 태도로 바꾸지 않는 이상, 아이는 1, 2, 3 의 태도를 평생 동안 유지합니다.

사람들은 웬만해서는 자신의 감정태도를 바꾸지 않습니다. 아이는 스트로크를 얼마나 많이 받느냐에 따라 이 세 가지 중 한 가지를 고릅니다. 이 세 가지는 비언어적 결정입니다. 그것은 세상과 자신을 해석한 데서 나온 판단이 아닌 단순한 결정에 불과합니다. 하지만 이것들은 조건 반응 이상의 의미가 있습니다. 삐아제가 말했듯 이 세 가지 태도는 아이가 인과관계의 개념을 구축하려고 기울인 지적 노력의 산물입니다. 다시 말해 이 작은 인간의 내부에서 [어른자아]가 행한 데이터 처리의 결과입니다.

자기부정-타인긍정

태어나서부터 영아기까지 겪은 상황을 토대로 하여 내린 결정이라는 점에서 자기부정-타인긍정은 모든 아이들에게 보편적으로 존재하는 태도입니다. 이 태도의 긍정성$_{Ok-ness}$은 아이들이 받는 스트로크에서 찾을 수 있습니다. 어떤 아이든 태어나서 첫 1년 동안은 자주 스트로크를 받습니다. 가령 누군가 두 손으로 일으켜서 안아주어도 스트로크가 됩니다. 이런 최소한의 접촉마저 없다면 아기는 살아남지 못합니다.

반면에 이 자기부정-타인긍정의 태도에는 부정성$_{NOT-OK-ness}$도 있습니다. 그것은 아이가 자신에 대해 내린 결론 때문입니다. 나는 여러 가지 증거로 미루어 아이 안에 부정적인 감정이 쌓이면 아이가(아이가 수집한 증거를 토대로) 자신에게 부정적인 결론을 내린다고 봅니다. 환자와 그 밖의 사람들에게 교류분석을 설명해주면 많은 사람들이 부정적인 [어린이자아]가 생기는 원인에 대해 '바로 그거였어!'라는 반응을 보입니다.

자신 안에 있는 부정적인 [어린이자아]의 존재를 인정할 때 우리는 '게임'을 더 심도 있게 분석하고 자신을 치료할 수 있게 됩니다. 인간들이 벌이는 심리게임의 보편성을 생각한다면 자기부정의 태도 역시 보편적으로 볼 수 있습니다. 왜냐하면 심리게임과 자기부정의 태도는 밀접한 관계가 있기 때문입니다.

아들러$_{Adler}$는 이 부분을 토대로 프로이트의 견해에 제동을 걸었습니다. 아들러의 견해에 따르면 심리성적 에너지는 투쟁의식의 산물이 아니라 자기부정의 감정, 다시 말해 모든 인간에게 보편적으로 존재하는 열등감의 산물이라는 것입니다. 또한 그는 아이들은 혼자서는 살 수 없는 연약한 존재이기 때문에 아이들은 당연하게 자신을 주위 어른들보다 열등한 존재로 여길 수밖에 없다고 주장했습니다.

아들러는 해리 스톡 설리반_{Harry stack sullivan}에게 많은 영향을 미쳤고 나는 설리반이 죽기 전 5년 동안 함께 연구하면서 그에게서 많은 영향을 받았습니다. 교류 개념의 하나인 "대인관계론_{interpersonal relationship}" 정립은 설리반이 정신분석학 분야에 끼친 가장 큰 공헌입니다. 설리반은 아이가 자긍심을 기를 수 있는가 없는가는 주위 사람들이 아이에게 내리는 평가에 전적으로 달려 있다고 주장합니다.

아이는 자신을 정확히 그려내는 데 필요한 도구나 경험이 부족하기 때문에, 타인의 반응을 토대로 자신을 그릴 수밖에 없다. 아이는 주위 사람들의 평가에 의문을 품을 이유가 거의 없다. 있다 해도 너무 연약한 존재인 아이는 어른들에게 이의를 제기하거나 반박하지 못한다. 이 때문에 처음에는 주로 감정적으로 전달되다가, 좀 더 지나서는 어휘와 몸짓, 행동으로 전달되는 타인의 판단을 아이는 수동적으로 수용할 수밖에 없다. 훗날 특정한 환경의 영향을 받고 특정한 경험을 하면서 조금씩 수정되긴 하지만, 개인이 아이 때 학습한 자기태도는 유지된다.[4]

이 첫 번째 태도에서 아이의 감정을 좌우하는 건 타인의 반응입니다. 아이에게는 신체적 스트로크는 물론이고 심리적 스트로크라 할 수 있는 인정recoginition이 필요합니다. 이 태도(타인긍정)가 희망이 아주 없지 않은 건 아이가 항상은 아니지만 그래도 어느 정도 스트로크를 받기 때문입니다. 아이 안에 존재하는 [어른자아]는 사람들한테 스트로크와 인정을 받으려면 어떻게 해야 할지를 계속 궁리합니다. 사람들이 이 태도를 평생 동안 유지하려고 할 때에는 두 가지 방법을 이용합니다.

첫 번째 방법은 자기부정 상태를 확인시켜주는 '인생각본Life script[5]에 맞춰 살아가기'입니다. 인생각본은 [어린이자아]가 무의식적으로 만듭니다. 대단한 사람들과 같이 있기가 너무 고통스럽기 때문에 인생각본은 계속 움츠러든 상태로 지낼 것을 지시합니다. 이런 사람들은 한편에서 거짓 스트로크라도 계속 바라지만 다른 한편에서는 '혹시 내가', 또는 '언젠가 내가'를 꿈꾸며 평생을 보내기도 합니다.

어떤 인생각본은 타인을 화나게 할 것을 요구하기도 합니다. 왜냐하면 이 때문에 받게 되는 부정적 스트로크가 자기부정의 태도를 증명해 주기 때문입니다.

이런 인생 각본에는 나쁜 아이가 있습니다. "나더러 나쁜 아이라고 했으니까 계속 못되게 굴 테야!" 이런 무의식적 결의에 따라 아이는 평생 못된 짓을 거듭하면서 스스로에게 생채기를 냅니다. 이렇게 해서 아이는 자신의 유일한 감정 토대인 자기부정-타인긍정 태도에 충성하게 됩니다. 이 태도의 궁극적 해결법은 포기

(정신병원행)나 자살뿐입니다.

평생 동안 자기부정-타인긍정의 태도를 지키려 할 때 많이 쓰는 두 번째 방법은 [부모자아] 데이터에서 (무의식적으로) 빌려온 '부모명령 각본counterscript에 맞춰 살아가기'입니다. 그의 마음속에는 '만약 내가 …… 한다면 당신은 나에게 긍정적일 거야YOU CAN BE OK, IF'라는 태도가 자리 잡고 있습니다. 이런 사람은 스트로크를 많이 갈망하기 때문에 [부모자아] 인격이 큰 친구나 동료를 원합니다. [부모자아]가 큰 사람일수록 긍정적인 스트로크를 더 많이 해주기 때문입니다. (긍정적인 사람만 긍정적인 스트로크를 해준다. 그리고 아이에게 [부모자아]는 애초에 그랬던 것처럼 긍정적이다.) 이런 사람들은 다른 사람들의 요구에 맞추기 위해 열심히 노력하고 삽니다.

'아주 훌륭한 사람들' 중에는 타인에게 인정받으려는 이런 노력의 결실로 이뤄진 경우도 많습니다. 그들은 높고 험난한 산을 오르는데 평생을 바치지만 문제는 정상에 오르고 보니 또 다른 산이 앞에 기다리고 있다는 겁니다. 그리하여 그들은 인정을 받기 위해 또 산을 오릅니다.

자기부정의 태도가 인생각본을 만든다면, 타인긍정의 태도('당신처럼 되고 싶어')는 부모의 지시, 메시지를 늘 따르는 부모명령 각본을 만듭니다. 하지만 어느 쪽 각본에 따르던 자기부정-타인긍정의 태도가 바뀌지는 않기 때문에 행복감이나 지속적인 자긍심은 얻지 못합니다. 결국 그는 '어떻게 하든 내가 잘못된 또는 부족한 사람이란 점에는 변함이 없어'라고 생각합니다.

하지만 이런 태도의 문제점을 깨닫고 변화하고자 할 때는 부모 명령 각본으로 이룬 성취이면서 있는 것들(열등감, 인정욕구, 불행 감 등)에 대해 [어른자아]를 사용하여 평가한 다음 새로운 인생계 획을 짜야 합니다.

자기부정-타인부정

처음에 자기부정-타인긍정의 결론을 내렸던 유아들이 두 번째 태도인 자기부정-타인부정의 결정으로 옮아가는 계기는 무엇일 까요? 타인긍정에 무슨 일이 일어난 것일까요? 아기에게 스트로 크를 주던 이들은 어떻게 된 것일까요?

아이가 만 한 살쯤 되면 중대 사건이 일어납니다. 아기는 이제 혼자 힘으로 일어설 수 있습니다. 엄마가 무심한 성격이어서 스 트로크를 잘 주지 않았거나 의무감으로 마지못해 안아주었다면 걸음마를 배우기 시작한 순간부터 그 아이의 '갓난아기'시절은 사 라지고 맙니다. 아기에게 주어지던 스트로크가 뚝 끊어집니다. 게다가 아기가 침대 밖으로 기어나가고 손에 잡히는 대로 물건을 입에 넣거나 얌전히 있지 않아 처벌의 강도는 점점 높아만 갑니 다. 또한 온 집안을 헤매고 다니다가 장애물에 걸려 넘어지고 계 단 아래로 구르는 등 스스로 자초하는 부상도 잦아집니다.

이로써 어느 정도의 안락함이 보장되던 첫 한 해 동안의 삶은 끝나고 말았습니다. 스트로크도 완전히 사라지고 말았습니다. 뒤

이은 한 해 동안 어떤 구원의 손길도 없는 고난의 삶이 이어지면 아기는 자기부정-타인부정의 태도를 가질 수밖에 없습니다. 이런 태도에서는 [어른자아]의 주된 기능 중 하나가 위축되기 때문에 [어른자아]의 발달도 멈춰버립니다. 스트로크의 원천 자체가 사라졌기 때문에 [어른자아]가 제 기능을 발휘할 수가 없습니다. 자기부정-타인부정의 태도에 빠진 사람은 모든 것을 포기합니다. 아무 희망도 없습니다. 그냥 견뎌낼 뿐입니다. 스트로크를 받았던 시기는 태어나서 첫 해뿐입니다. 어른들이 자신을 안아주고 먹여주던 아기 시절로 돌아가기를 갈망하면서 퇴행적인 행동을 보입니다. 그러다가 결국 극도의 위축 상태에 빠져서 정신병원에서 생을 마감하기도 합니다.

하지만 실제로 스트로크를 전혀 받지 않고 살았던 아기는 없습니다. 엄마가 스트로크를 해주지 않았더라도 아기를 불쌍히 여기는 누군가 스트로크를 해주었을 겁니다. 하지만 한 번 자기부정-타인부정의 태도가 정해지고 나면 아기는 어떤 경험이든 이 태도를 옹호하는 쪽으로 해석하고 맙니다. 타인부정을 결심한 사람은 모든 사람에게 이 태도를 적용하면서 아무리 진심 어린 것이라 해도 스트로크 자체를 의심하고 거부하게 됩니다.

아이는 자신의 어린 시절 결정(자기부정-타인부정)에서 어느 정도의 통합성 혹은 의미를 이미 찾아낸 바 있습니다. 따라서 웬만한 새로운 경험으로는 이 결론을 무너뜨릴 수 없습니다. 이것이 바로 인생 태도의 결정론적 특징입니다. 또한 자기부정-타인부정의 태도를 취하는 사람은 타인과의 관계에서도 [어른자아]를 활용하지 않습니다. 심지어는 정신과 치료를 해봐도 [어른자아]를 쉽게 발휘하지 못합니다. 정신과 의사에게도 '타인부정'의 태도를 보이면서 치료 자체를 거부하기 때문입니다. 아기가 한 살이 지나가기도 전에 자기부정-타인부정의 태도를 보이는 경우도 있습니다. 바로 자폐아가 그렇습니다. 자폐아는 아직 심리적 탄생이 일어나지 않은 상태입니다. 유아 자폐증은 외부 세상의 재앙과도 같은 스트레스에 미성숙한 기관이 보이는 반응이자 '아무도 스트로크를 해주지 않는' 세상에 아기가 보이는 반응입니다. 생후 몇 주 동안 아무도 자신에게 구제의 손길을 내밀어주지 않았다고 생각하기 때문에 아기는 자폐증에 빠져듭니다. 달갑지 않은 세상에 억지로 끌려 나왔는데 '아무도 자신을 도와주지' 않았던 것입니다.

쇼플러Schopler[6]는 모종의 심리 요소가 불충분한 스트로크와 결합할 때 자폐증이 발생한다고 했습니다. 그의 주장에 따르면 이 심리 요소가 자극을 가로막는 높은 장벽이 되어 외부에서 들어오는 모든 스트로크를 차단해버립니다. 부족하지만 스트로크가 들어와도 아이는 이를 느끼거나 축적하지 않습니다. 부모는 아기가 아무 반응도 보이지 않는 것을 보고 (우리 아이는 안기는 걸 좋아하지 않아. 가만히 누워 있기만 해, 다른 아이와는 달라), '아기가 안기기를 좋아하지 않는다'고 판단하고 스트로크를 끊어버립니다. 하지만 연구자들의 생각은 다릅니다. 오히려 보통 아이들보다 훨씬 적극적으로 스트로크를 해줄 때만 자폐 아이들이 높은 장벽을 극복할 수 있다고 합니다.

자기긍정-타인부정

부모가 오랜 기간 아이를 제대로 돌보지 않으면 아이가 최초에 가졌던 긍정의 태도는 세 번째 태도이자 범죄형 태도인 자기긍정-타인부정으로 옮겨갑니다. 이러한 자기긍정 태도는 어디에서 생겼을까요? 타인부정의 태도를 갖는 아이는 스트로크를 어떻게 받을까요?

이 태도는 생후 2년이나 3년째에 결정된다는 사실을 감안하면 위의 질문에 답을 하기 쉽지 않습니다. 두 살배기 아이가 자기긍정의 태도를 보이기로 결심하면 이 긍정은 '자기 스트로크self-stroke'의 결과물일까요? 정말로 그렇다면 아이는 어떤 방법으로 자신에게 스트로크를 줄까요?

이런 자기 스트로크의 예는 '심하게 매 맞는 아이'에게서 찾을 수 있습니다. 아이는 자신이 당한 끔찍하고 고통스러운 상처에서 벗어나려고 자신을 어루만집니다. 아이는 뼈가 부러지고 피부가 찢어질 정도로 심한 매질을 당했습니다. 골절상이나 심한 타박상을 입어본 사람들은 그것이 얼마나 고통스러운지 잘 알고 있습니다. 심하게 매 맞는 아이들은 갈비뼈 골절이나 신장 파열, 두개골 균열 등 끔찍하고 고통스러운 부상을 입기도 합니다. 부러진 갈비뼈 때문에 숨을 쉴 때마다 아프고, 뇌척수에 피가 고여 머리가 깨질 듯이 아플 때, 아이는 무슨 생각을 할까요? 미국에서도 한 시간당 다섯 명의 아이들이 부모한테 이런 심각한 아동학대를 당하고 있습니다.

아이는 엎드려 혼자 상처를 핥습니다. 아이에게는 주변에 아무도 없는 것이 오히려 마음 편합니다. 바로 이런 이유에서 그런 끔찍한 경험을 했다고는 믿기지 않을 만큼 아이는 빨리 회복합니다. 아이는 '나 혼자 내버려두기만 하면 난 괜찮아질 거야.' '혼자인 것이 더 나아'라고 생각합니다. 그러다 야만스런 부모가 곁에 오면 아이는 또 매를 맞을까 봐 무서움에 움츠러들게 됩니다. 당신이 나를 때렸어! 당신이 나빠! 자기긍정－타인부정의 태도가 결정되는 순간입니다. 이런 태도를 가진 정신질환 범죄자들 중 다수가 어린 시절에 심각한 신체적 학대를 경험한 적이 있습니다.

어떤 아이는 끔찍한 폭력을 경험하고 사망 직전까지 가기도 합니다. 한 번 벌어졌던 일은 언제라도 다시 벌어질 수 있어, 난 살아남았어, 앞으로도 살아남을 거야! 아이는 포기하지 않습니다. 나이가 들면서 아이는 당한 만큼 때리기 시작합니다. 폭력을 직접 경험한 아이는 폭력을 어떻게 사용해야 하는지 잘 알고 있습니다. 아이의 [부모자아] 역시 잔인하고 포악하게 굴어도 제지하지 않습니다. 증오는 그를 지탱해주는 힘입니다. 게다가 아이는 정중함이라는 가면으로 증오를 감추는 방법을 배웠습니다. 카릴 체스먼Caryl Chessman이 말했듯, "증오만큼 당신을 지탱해주는 것은 없다. 두려움보다는 차라리 증오가 낫다."는 것입니다.

매 맞는 아이에게 자기긍정－타인부정은 자기 생존의 결정입니다. 그리고 지독한 경험을 통해 내린 결정이라 두 번 다시 자신의 내면을 들여다보지 않습니다. 아이와 사회 양쪽 모두에게 비극이 시작되는 것입니다. 범죄를 저지르고도 자신의 잘못을 객관적으로 바라보지 못합니다. 항상 '남 탓'입니다. '나를 뺀 모두'의 잘못입니다. 자신의 잘못을 뉘우치지 않는 범죄자들 대부분이 이런 태도를 보입니다. 이 속칭 '양심 없는' 사람들은 어떤 짓을 해도 자신이 하는 행동은 다 옳고 잘못은 다른 사람에게 있다고 확신합니다.

한때 '도덕 불감증'이라고 불렸던 이런 증상은 개인이 타인긍정의 데이터를 모두 차단했을 때 발생합니다. 그렇기 때문에 이 태도는 치료가 힘듭니다. 정신과의사 역시 다른 사람들처럼 틀린 사람의 범주에 들어가기 때문입니다. 자기긍정-타인부정의 태도가 극단적인 형태로 드러난 것이 바로 살인입니다. 처음 이 태도를 결정할 때 그랬던 것처럼 살인자는 자신의 살인 행위가 지극히 정당했다고 느낍니다.

자기긍정-타인부정 태도인 사람은 스트로크 결핍에 시달립니다. 스트로크를 해주는 사람이 긍정적이어야만 긍정적인 스트로크가 생기는데 이들에게는 자신을 제외한 모두가 잘못되었기 때문에 긍정적인 스트로크를 받을 이유가 없습니다. 자신을 떠받들고 과도하게 자신에게 스트로크를 해주는 '예스맨'들을 주위에 거느리지만 애초에 어쩔 수 없이 셀프 스트로크를 해야 했듯 타인의 스트로크를 전혀 신뢰하지 않습니다. 그들이 자신을 떠받들수록 그들을 의심하고 경멸하는 마음만 커집니다. 그러다 마침내 자신이 거느리고 있던 예스맨들을 거부하고 새로운 예스맨을 찾아 나섭니다. "가까이 다가와, 내가 너를 거부할 수 있게 말이야"라며

이들은 처음부터 끝까지 이 낡은 기록에 따라 움직입니다.

자기긍정-타인긍정

네 번째 태도인 자기긍정-타인긍정이야말로 희망입니다. 앞의 세 가지 태도와 이 네 번째 태도 사이에는 아주 큰 차이가 있습니다. 앞의 세 가지는 무의식적으로 만들어진 태도들입니다. 많은 사람들이 삶의 아주 초기에 자기부정-타인긍정의 태도를 결정한 뒤 평생 이 태도에서 벗어나지 못하고 있습니다. 그중 대단히 불행한 환경에서 자란 아이들은 처음 태도를 벗어나 두 번째나 세 번째 태도로 바뀝니다. 생후 3년째가 되면 모든 사람들이 이 세 가지 중 하나를 자신의 태도로 확정합니다.

아기의 [어른자아]가 세상을 이해하려고 하는 주된 이유 중 하나는 자신의 태도를 결정하기 위해서입니다. 아기는 이 태도 결정을 통해 세상의 혼란스러운 자극과 감정을 예측할 방도를 어느 정도 마련합니다. 이 세 가지 태도는 [부모자아] 데이터와 [어린이자아] 데이터를 토대로 하여 만들어지는데 순수하게 감정과 느낌으로만 결정되며 이를 수정해주는 외부 데이터는 전혀 개입하지 않습니다.

반면에 자기긍정-타인긍정 태도는 의식적이고 언어적인 결정입니다. 따라서 이 태도는 끊임없이 쏟아져 들어오는 자신과 타인 관련 정보뿐만 아니라 철학이나 종교 같은 추상적인 정보도 포함하고 있습니다. 앞의 세 가지 태도가 정해지는 토대는 감정이지만 네 번째 태도는 사고와 믿음, 그리고 행동 결과가 그 바탕입니다.

우리는 새로운 태도를 향해 저절로 나아가지 않습니다. 그것은 우리가 의식적으로 내리는 결정입니다. 종교에서 말하는 회심체험experience of conversion 즉, 어떤 계기에 의해 정신적 변화가 생기고 종전과는 전혀 다른 신앙의 세계로 접어드는 것과 비슷합니다. 네 번째 태도를 결정하려면 아주 많은 정보가 있어야 합니다. 자기부정이든 타인부정이든 주위 상황을 둘러보면 어린 시절에 그런 부정적인 태도를 결정한 원인이 무엇인지 등 눈에 보이는 것보다 훨씬 많은 정보를 수집해야 합니다. 운 좋게 주위의 적극적인 도움으로 이른 나이에 자신과 타인의 가치를 여러 번 반복해서 스스로에게 증명해 보였던 아이는 자타 모두에 대해 긍정적인 태도를 기를 수 있습니다.

그런데 불행하게도 '성공한' 사람도 '성공 못한' 사람도 가장 일반적으로 갖는 태도는 자기부정−타인긍정입니다. 그리고 이런 감정태도를 다루는 가장 흔한 방법이 심리 게임입니다.

에릭 번은 게임을 이렇게 정의했습니다.

미리 정해져 있으며 예측 가능한 결과로 나아가는, 일련의 이면적이고 상호보완적 교류, 다시 말해 진정한 동기는 감춘 채 겉으로만 그럴듯하게 포장한 상태로 반복해서 벌이는 교류를 의미한다. 좀 더 쉽게 설명하자면, 어떤 함정이나, '속임수'가 있는 일련

의 행동을 말한다.[7]

이런 심리 게임의 기원은 아이들의 단순한 놀이에서 쉽게 찾을 수 있습니다. 가령 세 살배기 아이가 또래 아이에게 '내 것이 네 것보다 더 좋아'라고 말하는 장면과 흡사한 이런 게임을 하면서 인간은 자기부정이라는 무거운 짐을 잠시나마 내려놓습니다. 이 경우 자기부정-타인긍정의 태도가 세 살배기 아이에게 어떤 의미가 있는지 잊지 말아야 합니다.

자기부정은 이런 뜻입니다. "내 키는 60센티미터밖에 안 돼. 나는 약해서 나 자신을 보호할 수 없어. 나는 지저분한 데다 워낙 어설퍼서 제대로 하는 게 없어. 그게 어떤 기분인지 설명하고 싶지만 난 말을 할 줄 몰라." 반면에 타인긍정은 이런 의미입니다. "키 180센티미터인 당신은 강해. 당신은 항상 옳고, 또 항상 답을 알고 있어. 또 당신은 똑똑해. 나를 살리거나 죽일 수도 있고, 나를 때리거나 상처 입힐 수도 있어. 하지만 그래도 당신이 옳아."

그렇지만 아이는 이런 부당한 상황(자기비하와 열등감 등)에서 벗어날 기회를 놓치지 않습니다. 더 큰 아이스크림 접시를 차지하고, 새치기를 하며, 누나의 실수를 비웃고, 어린 동생을 때리며, 고양이를 걷어차고, 장난감을 더 많이 차지합니다. 잠시 뒤면 누나한테 꿀밤 한 대를 맞고, 동생이 맞받아치고, 고양이가 얼굴에 생채기를 내고 그리고, 장난감을 더 많이 가진 아이가 등장하는 등 끔찍한 상황이 다시 재연되지만 그래도 아이는 잠깐 동안의 구원을 결코 놓치지 않습니다.

더 복잡하게 변형돼 있지만 어른들 역시 '내 것이 네 것보다 더 좋아' 게임을 합니다. 어떤 사람들은 돈을 많이 벌거나, 존스네 가족보다 더 크고 멋진 집에서 사는 것으로 일시적이지만 안도합니다. 또는 '내가 너보다 더 겸손해'를 과시하고 자신의 검소한 삶을 한껏 자랑합니다. 실제로는 과도한 담보 부채 청구서에 시달리며 지옥 같은 나날을 보내고 있지만 아들러가 "허울뿐인 삶"이라고 부른 방식은 어른들에게 잠시나마 위안을 줍니다.

게임이 어떤 식으로든 비참한 결과를 낳는 '잘못된 해결책'이 되어 원래 입력되어 있던 비참함을 더욱 자극하고 자기부정의 상태를 강화하는지는 7장에서 자세히 살펴보기로 하겠습니다.

부정적 태도를 극복하고 긍정적 태도로 나아갈 유일한 방법은 앞의 세 가지 태도를 만든 원인인 어린 시절의 비극적 경험을 파헤치고 현재의 행동이 어떤 식으로 이런 태도를 더욱 고착하는지 입증하는 것입니다. 그리고 이것이 바로 이 책의 목적입니다.

마지막으로, 자기긍정-타인긍정은 느낌이 아니라 태도임을 이해해야 합니다. 지금 아무리 결심한다 해도 [어린이자아]에 존재하는 부정적 기록은 지워지지 않습니다. 따라서 과제는 부정적 기록을 지우는 것이 아니라 우리가 교류할 때 과거의 긍정적 결과들이 끌어올려질 수 있도록 기록 저장소를 운용하는 법을 알아내는 것입니다.

긍정적 결과란 확률 예측에 성공했던 기록 즉 [부모자아]나 [어린이자아]가 아니라 [어른자아]의 데이터에 따라 적절하게 행동해서 성취를 했던 경험; 이성적으로 타당한 윤리 개념에 따라 행동했던 기록 등을 의미합니다. [어른자아]가 제대로 기능하여 이것이 내리는 결정에 따라 상당 기간 살아온 사람에게는 과거의 긍정적 경험을 담은 데이터가 많이 존재합니다.

자기긍정-타인긍정이 지속적인 효과를 발휘하는 이유는 순간적인 기쁨이나 마음의 위안에 기대지 않기 때문입니다. 하루는 우리 치료집단에 속한 젊은 이혼녀가 화가 나서 이렇게 불평했습니다. "당신도, 당신이 말하는 빌어먹을 긍정도 다 꺼지라고 해요! 어젯밤 모처럼 파티에 갔죠. 최대한 친절하게 굴겠다고, 모인 사람들은 다 괜찮은 사람들이라고 마음을 다잡은 상태로요. 그래서 안면 있는 여자한테 다가가서 '언제 시간 나면 우리 집에 와서 커피나 한잔 하실래요?'라고 말했어요. 그랬더니 그 여자가 저를 꼬맹이 취급하면서 '그러고 싶긴 한데, 모든 사람들이 당신처럼 시간이 남아 한가하게 잡담이나 하고 있지는 않아요'라고 하더군요. 비아냥거림만 잔뜩 들었다고요. 아무 소용도 없잖아요!"

우리가 새로운 태도를 결심한다 해도 개인적, 혹은 사회적 저항은 쉽게 수그러들지 않습니다. [어린이자아]는 인스턴트 커피, 30초 만에 후딱 구워지는 와플, 속 쓰림을 신속하게 덜어주는 위장약 같은 그런 즉각적인 결과만 원합니다. 반면에 [어른자아]는 인내와 믿음이 필요하다는 걸 알고 있습니다.

자기긍정-타인긍정의 입장에 서기로 결심했다고 해서 곧바로 긍정적인 감정 태도가 자리잡기를 기대하는 건 무리입니다. 우리는 어린 시절에 새겨진 기록을 무시하지 말아야 합니다. 하지만 마음만 먹으면 우리가 선택하려는 삶의 방식을 방해하는 낡은 기록의 재활용은 막을 수 있습니다. [어른자아]는 [어린이자아]의 반응을 미리 예견 할 수 있고 미리 막을 수 있기 때문입니다. 그리고 이렇게 꾸준히 노력하다 보면 '언젠가는' 완전히 새로운 결과, 새로운 행복이 우리 앞에 펼쳐질 것입니다.

　이제부터 이런 태도 변화가 어떤 결과를 불러일으키는지, 그리고 어떻게 해야 태도를 바꿀 수 있는지 살펴보기로 하겠습니다.

인간이 서로 연결된 존재인가를 증명하기란 어렵습니다. 그럼에도, 인간

에게 연결을 위한 욕구가 있다는 것은 매우 명백한 사실입니다.

우리는
바뀔 수

있다

인간이 생각을 하면 생각하지 않았더라면
일어나지 않았을 뭔가가 일어난다.

———

트루블러드

'우리 모두 문제가 있어'라는 말은 위로가 되지 못합니다. 사실 우리는 하루하루 결정을 내리는 데 엄청난 에너지를 소진합니다. "결정을 못하겠어요, 어떻게 해야 할지 알려주세요, 잘못된 결정을 내릴까 봐 걱정돼요."라고 환자들은 자주 말합니다. 아니면 결정을 내리지 못하고 좌절해서 "머리가 깨질 것 같아요, 나 자신이 싫어요, 제대로 하는 게 하나도 없어요, 내 삶은 실패의 연속이에요."라고 말하기도 합니다. 그들은 자신의 문제를 알리려고 이런 하소연을 하지만 문제는 결정을 못 내린다는 겁니다. 때로는 우유부단하고 불안정한 성향을 변명하기라도 하듯 그들은 '어떻게 해도 다 마찬가지야'라고 한탄만 할 뿐입니다.

환자들을 치료하면서 나는 그들이 결정을 내리기 힘들어하는 두 가지 이유를 발견했습니다. 첫째 이유는 '난 항상 잘못된 결정만 내려'라고 되뇌면서 결심하고 행동해봤자 잘 될 리 없다는 생각입니다. 둘째 이유는 '난 항상 다람쥐 쳇바퀴처럼 돌고 있어'라는 자책입니다. 이것은 그들의 컴퓨터 속에 아직 끝내지 못한 일과 결정하지 못한 일이 무수히 쌓여 있음을 보여줍니다.

의사 결정을 어렵게 하는 이런 두 가지 원인 중 하나라도 해결하려면 결정을 내릴 때마다 세 가지 데이터 처리가 필요하다는 사실을 먼저 인정해야 합니다. 세 가지 데이터란 [부모자아], [어린이자아], [어른자아]에서 오는 정보를 뜻합니다. [부모자아]와 [어린이자아]의 데이터는 과거입니다. 반면에 [어른자아]의 데이터는 외부 현실을 반영합니다. 그것은 현실에 대한 데이터이자 과거 상황을 겪으며 [부모자아]나 [어린이자아]와는 별도로 수집해 놓은 방대한 양의 사실에 관한 데이터들을 의미합니다.

교류 자극이 주어지면 자극에 반응하여 세 종류의 데이터가 컴퓨터로 쏟아져 들어옵니다. 그렇다면 교류 자극에 반응을 보이는 건 [부모자아], [어린이자아], [어른자아] 중 어느 것일까요?

예를 들어보겠습니다. 중년의 사업가가 있습니다. 그는 훌륭한 아버지이며 자상한 남편이고, 책임감 있는 시민입니다. 지금 그는 지방 신문에 실릴 성명서에 서명을 할지 말지를 결정해야 합니다. 성명서는 공정주택법을 하루 빨리 통과시켜 인종에 상관없이 모든 사람이 원하는 지역에 살 수 있게 해야 한다는 주장을 담고 있습니다. 그런데 서명을 부탁하는 전화를 받은 그의 심기는 대단히 불편해졌고 소화도 잘 안되었습니다. 완벽하게 좋았던 하루가 전화 한 통화로 엉망이 되고 말았습니다. 이런 갈등을 일으키는 데이터는 어디에서 올까요?

하나는 그의 [부모자아]입니다. 기록의 전원이 켜지면 [부모자아]데이터가 돌아가기 시작합니다.

"집안을 창피하게 하는 짓은 하지 말아야 한다." " 위험을 자초하지 마라." "가족과 아이들을 먼저 생각해!" [부모자아]는 심지어 남부의 소도시에서 보낸 어린 시절까지 떠올리며 "흑인은 흑인들끼리 살아야지"라는 더 강력한 메시지를 보냅니다. 실제로 [부모자아]데이터는 흑인을 '깜둥이'라고 불러도 아무 거리낌이 없습니다. "그건 물어볼 필요도 없는 문제야." "왜냐고? 그들은 깜둥이니까." "그 문제는 다시 입도 뻥긋 하지 마!" 부모의 단호한 지시까지 포함해 어린 시절에 새겨진 이런 데이터는 어른이 되어도 전혀 사라지지 않았습니다.

어려서부터 부모에게서 흑인이 말썽의 근원이라는 부모의 말과 증거들을 보면서(예를 들어, 리틀록이나 셀마, 와츠, 디트로이트에서 발생한 흑인 폭동이나 시위) 어린 시절의 기록은 강화되어 갔습니다. 그리고 지금 중년 남성의 의사결정에 강한 영향력을 발휘하고 있는 것입니다.

[부모자아]의 강력한 영향력으로 [어린이자아]는 다시 두려움을 느끼고 있습니다. '180센티미터'의 [부모자아]가 '60센티미터'의 [어린이자아]에게 다시금 권력을 휘두르며 복종하라고 강요합니다. 결국 [어린이자아]에서 두 번째 데이터가 옵니다.

이 데이터는 두려움입니다. '그들이' 뭐라고 할까? 내 딸이 흑인 놈이랑 '결혼하면' 어떻게 하지? 집값이 떨어지지는 않을까? 물론 이런 어른들의 걱정 때문일 수 있지만 그의 가장 큰 두려움은 어린 시절 자신의 안전이 전적으로 부모에게 달렸다는 사실과 깊은 관련이 있습니다. 그래서 긴장도 되고 소화도 안 되는 겁니다. 심한 갈등을 겪게 된 남자는 [부모자아]의 괴롭힘에서 벗어나려고 술병을 찾거나 또 다른 회피 행동을 합니다.

컴퓨터에 다른 데이터가 공급되지 않으면 이런 갈등은 단기전으로 그치기도 합니다. [어른자아]는 외부 현실을 통해 입력되는 데이터가 가장 넓은 공간을 차지하고 있습니다. '단순'하거나, '심각함을 싫어하는' 사람들은 현실을 크게 고민하지 않고 [부모자아]에게 백기를 듭니다. ([어린이자아]를 위한) '화목함이 최고'가 그들의 슬로건입니다. '하던 대로 하는 게 좋아. 그게 인간의 본성인 걸, 역사는 반복되는 거야. 어려운 일은 조지 워싱턴에게나 맡겨버리라고.'

[어른자아]가 발달한 사람만이 인종차별이 행복에 큰 위협이 되는지 진지하게 생각합니다. 새로운 생각을 받아들이는 건 [어른자아]뿐입니다. [어른자아]만 노예제도가 잘못된 것이고 리틀록이나 셀마, 와츠, 디트로이트에서 일어난 흑인 시위는 인간적인 굴욕감과 절망감에서 시작되었다는 사실을 받아들입니다. [어른자아]만 "이미 죽어버린 과거의 원칙으로는 현재의 분란을 잠재우지 못한다"는 링컨의 말에 공감할 수 있습니다. '모든' 데이터를 객관적으로 검토하고 더 많은 데이터를 찾아보는 건 [어른자아]뿐 입니다.

이 세 가지 데이터를 구분하는 일은 두려움과 불확실성이라는 혼란 속에서 질서를 이끌어내는 일입니다. 그리고 [어른자아]가 세 종류 데이터의 타당성을 파악하는 건 데이터를 분리한 다음의 일입니다.

앞에서의 중년 사업가로 돌아가 그의 [부모자아]데이터를 검토하려면 몇 가지 질문을 던져 봐야 합니다. 어째서 그의 부모는 그렇게 확신했을까요? 그들의 [부모자아]는 어떤 성향일까요? 그들의 [어린이자아]는 왜 위협을 받았을까요? 그들의 생각은 지금도 타당할까요? 백인이 흑인보다 우월한 존재인가요? 이유가 뭘까요? 위험을 초래하지 않는 행동이 잘못된 건가요? 인종차별에 반대하면 '가족이 창피'한 일인가요? 오히려 가족의 영예가 되지 않을까요? 지역사회의 인종차별 문제 해결에 아무 도움도 주지 못하는 것이 가족과 아이들의 행복을 위하는 행동일까요? 부모님들에게 지금은 어떻게 생각하고 있는지 물어보는 건 어떨까요? 어쩌면 지금은 생각이 많이 변하지 않았을까요?

이 사업가의 [어른자아]는 [어린이자아]에서 오는 데이터도 검토해야 합니다. 왜 그렇게 두려울까요? 왜 속이 거북한가요? 정말로 현실적인 위협이 존재하는가요? [어린이자아]의 두려움은 현재도 계속되나요? 아니면 세 살배기였을 때만 느끼는 적절한 두려움이었는가요? 그가 폭동과 시위에서 현실적인 두려움을 느꼈을 수도 있습니다. 살해당할지 모른다는 두려움이 있었을 수도 있습니다.

하지만 사업가는 현재 사건으로 일어난 두려움과 세 살 때 느낀 두려움을 구분해야 합니다. 아마도 '세 살배기'의 두려움이 훨씬 클 것 입니다. 세 살배기는 현실을 바꿀 수 없습니다. 하지만 43살인 지금은 할 수 있습니다. 현실을 바꾸고 위험 원인을 제거하는 조치를 취할 수 있습니다. [어른자아]가 데이터들을 자유롭게 처리하려면 먼저 '세 살배기'의 두려움이 얼마나 절대적인지 이해해야 합니다. 이것은 막강한 힘을 가진 [부모자아]에 대해 [어린이자아]가 느끼는 해묵은 두려움입니다. 이런 두려움 때문에 인간은 '미리 정해 놓은 판단'을 내립니다. 편견에 사로잡히는 것입니다.

2장에 나왔던 '경찰은 나쁜 사람이다'를 최종 진실로 받아들인 아이는 이런 사람의 예를 잘 보여줍니다. 아이는 다른 생각 자체가 겁이 납니다. 이런 행동은 아이의 [어른자아]를 오염시킵니다.

그리고 오염된 [어른자아] 때문에 검토되지 않은 [부모자아]의 데이터가 진실이 되어 버립니다.

"검토하지 않은 인생은 살 가치가 없다"는 소크라테스 말처럼 면밀히 검사하지 않은 [부모자아]에 맞춰서 살아가는 건 아무 가치가 없습니다. [부모자아]가 처음부터 틀렸을 지도 모르기 때문입니다.

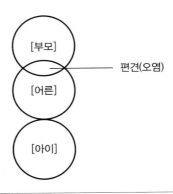

그림 8 편견

자유롭게 해방된 [어른자아]

교류분석의 목적은 자신이 선택하며 자신이 마음먹은 대로 달라지기를 되풀이하면서 자극과 새 자극에 대해 다르게 반응할 자유를 갖는데 있습니다. 하지만 퀴비에Kubie가 말한 "신경중적 프로세스"가 가동하기 시작하면서 이런 자유 대부분이 어린 시절에 없어지고 맙니다. 신경중적 프로세스는 해묵은 문제 처리에 계속

참견하는 것으로 지금의 현실을 효과적으로 다루지 못하게 방해합니다.

신경증적 프로세스의 기원은 아기 때와 아동기 초기에 발생하는 현상에서 찾을 수 있다. 이때가 되면 아기들은 '고착', 다시 말해 고정적인 행동 패턴을 보이기 시작한다. 이런 고착에는 여러 정서적 행동을 포함한다. 울기, 소리 지르기, 밤을 무서워하는 것 같은 본능적 행동패턴, 먹기, 먹다 뱉어내기, 토하기, 되씹기, 음식 거부, 한 가지 음식에만 집착하기처럼 배설이나 식습관과 관련된 행동 패턴, 숨 참기 같은 호흡 관련 행동 패턴, 몸 떨기, 머리찧기, 몸 흔들기, 빨기 같은 일반적인 행동 패턴 등이 이런 고착에 포함된다. 이런 행동 패턴은 그 자체만 놓고 보면 전혀 비정상적인 행동이 아니다. 내부와 외부의 신호에 맞춰서 본인이 자유롭게 바꿔 가는 한, 이런 행동 패턴은 지극히 정상이다. 하지만 신경증적 프로세스를 가동하는 순간, 변화할 자유는 사라지고 만다.[1]

교류분석의 치료 목적은 변화할 자유를 되찾는 것입니다. 변화의 자유는 [부모자아]와 [어린이자아]에 든 데이터를 파악하고 이 데이터가 현재의 교류에 미치는 영향을 정확하게 파악할 때 되찾을 수 있습니다. 또한 변화의 자유를 회복하려면 인간 세상의 진실, 다시 말해 '증거'를 얻어야 합니다. 자신뿐 아니라 모든 사람에게 [부모자아], [어른자아], [어린이자아]가 있다는 사실을 알아야 하고 "아는" 분야는 물론이고 확정되지 않은 분야도 끊임없이 탐구해야 합니다. 그리고 [어른자아]의 또 다른 기능인 확률 예측을 적절히 이용해야 탐구에 대한 결실을 맺습니다.

현실에서 인간이 처하는 어려움 중 하나는 사실을 다 알기도 전에 결정을 내려야 한다는 것입니다. 이것은 모든 생활에 해당됩니다. 결혼도 그렇고 투표도 마찬가지입니다. 탄원서 서명도 같습니다. 우선순위를 정하거나 [어른자아]를 통해 새로운 가치관을 받아들일 때도 우리가 모든 걸 알고 있는 것은 아닙니다.

반면에 우리 안의 [어린이자아]는 확실한 답을 요구합니다. [어린이자아]는 태양이 매일 아침 떠오르고 엄마가 항상 옆에 있고 결국 '악당'은 쓰러진다는 내용을 확인하고 싶어 합니다. 하지만 [어른자아]는 항상 확실성이 존재할 수 없다는 걸 받아들입니다. 이와 관련하여 철학자 엘튼 트루블러드Elton Trueblood는 말합니다.

인간이 내린 결론 중에서 절대로 확실한 것은 없다. 하지만 그렇다고 해서 탐구 활동 자체가 의미 없는 건 아니다. 사실 우리는 언제나 개연성을 근거로 나아갈 수밖에 없다. 하지만 개연성이 하찮은 건 결코 아니다. 어차피 인간 사고의 영역에서 우리가 추구하는 건 절대적 확실성이 아니다. 그것은 인간이 얻을 수 없는 것이기 때문이다. 그저 우리는 그럴듯한 여러 길 가운데 가장 믿을 만한 길을 택하는 정도의, 좀 더 소박한 방법에 만족해야 한다.[2]

철학이나 종교 등의 탐구 영역에 대해서는 제 11장의 'P-A-C

([부모자아]-[어른자아]-[어린이자아])와 도덕적 가치관'에서 자세히 살펴보기로 하고 탄원서 서명 때문에 갈등하는 중년 사업가의 예로 다시 돌아가 보겠습니다.

그의 [어른자아]는 서명의 결과가 불확실하다는 사실을 받아들입니다. 서명하면 주위의 조롱을 살지도 모릅니다. 그의 자기긍정-타인긍정의 입장이 인종이나 종교에 상관없이 모든 사람을 포괄하면 편견을 가진 사람들의 공격으로 그의 수입이 줄거나 골프클럽 회원자격을 빼앗기거나 아내와의 관계가 이간질 당할 수 있습니다. 하지만 동시에 자신의 서명이 지역사회의 인종 문제에 도움이 될 수도 있습니다. 장기적 관점에서 보면 서명은 그의 [어린이자아]에 숭고한 정신과 용기가 있는 남자라는 평가를 받는 스트로크로 작용할 수 있습니다.

[부모자아]나 [어린이자아]가 지배적일 경우에 결과는 너무 뻔합니다. 이것은 심리게임의 기본 특징 중 하나입니다. 심리게임에는 어떤 예측가능성이 있습니다. 고통이라는 예측가능한 결과가 뻔히 예상됨에도 심리게임 참가자들은 그것을 기꺼이 감내합니다. 하지만 [어른자아]가 교류 주체가 되면 결과예측은 불분명합니다. 실패할 가능성도 있고 성공할 가능성도 있습니다. 더 중요한 점은 변화의 가능성도 농후하다는 것입니다.

왜 인간은 변화를 원하는가?

인간이 변하고 싶어 하는 세 가지 경우가 있습니다. 첫째, 너무 많이 상처 입은 사람, 같은 자리에 대고 오랫동안 머리를 쿵쿵 박던 사람은 이제 그만하기로 결정합니다. 한 푼도 따지 못하고 계속해서 똑같은 슬롯머신에 돈을 집어넣던 사람도 도박을 끝내거나 다른 기계로 자리를 옮깁니다. 술에 빠져 살다 보니 편두통에다 위궤양 출혈까지 생겨 삶의 바닥까지 내려간 이들도 구제를 갈망하고 변화를 기대합니다.

또한 사람들은 서서히 다가오는 무력감, 다시 말해 권태감이나 따분함을 느낄 때 변화를 원합니다. 사람들은 '그래서 어쩌라고?' 하면서 아무 생각 없이 살아가다가 결국 따분함을 못 견디고 폭발하면서 외칩니다. '도대체 어쩔 거야?'

마지막으로 자신이 할 수 있다는 사실을 돌연 깨달을 때 사람들도 변화를 원합니다. 이것이 그동안 교류분석에서 관찰 가능했던 결과입니다. 교류분석을 접한 사람들 다수는 처음에는 변화에 그다지 의지를 보이지 않습니다. 그러다가 강의를 듣거나 책을 읽어 교류분석을 더 많이 알게 되면 앎이 새로운 가능성에 불을 지핍니다. 교류분석으로 자신을 더 잘 이해하게 된 그들은 자신감이 생기고 변화 의지를 키워갑니다.

어떤 환자들은 자기부정의 늪에 빠져 허우적대고 있어도 변화에 대한 마음이 전혀 없습니다. 그들은 '딱히 내가 회복해야 할 이유가 있는 건 아니지만, 당신이 도와주면 받긴 하겠다.'라는 태도로 치료를 시작합니다. 하지만 다른 식으로 살 방법이 있다는 사실을 이해하기 시작한 환자는 조금씩 자기부정의 태도에서 벗어납니다. [어른자아]가 P-A-C의 작용 원리를 이해하여 새롭고 흥미진진한 자세로 삶을 탐구하는 겁니다. 자기부정과 타인부정의 늪에 파묻혀 드러나지 않았던 변화의 욕구라는 싹이 마침내 틔어오릅니다.

인간에게는 자유의지가 있는가?

인간은 자신이 원할 때 변할 수 있을까요? 변할 수 있다면 그 변화는 과거의 산물까지도 바꿀 수 있을까요? 인간은 의지를 갖게 될까요? 프로이트 책에서도 가장 어려운 문제의 하나가 결정론 vs. 자유의지의 문제입니다. 프로이트를 비롯한 행동주의 심리학자들은 우주에서 드러나는 인과관계 현상은 인간에게도 그대로 적용된다고 주장했습니다. 다시 말해 현재 벌어지는 모든 일은 과거에 일어난 사건을 토대로 발생한다는 겁니다.

프로이트식 사고에 젖은 우리는 어떤 사람이 살인을 하면 범인의 과거 이력에서 살인 동기를 찾으려 합니다. 이런 이론들은 어떤 행동이든 하나 이상의 원인이 존재하며 그 원인은 과거에서 찾을 수 있다고 가정합니다. 순수 결정론자들은 인간의 행동은 자유롭지 않으며 과거의 산물일 뿐이라고 주장합니다. 이런 주장을 그대로 받아들이면 인간에게는 자유의지가 없기 때문에 자기의 행동에 아무 책임이 없다는 결론이 나옵니다.

법정은 이러한 철학적 갈등이 가장 극적으로 펼쳐지는 장소입니다. 사법적으로 범인에게 살인 책임을 묻는 건 당연하지만 결정론적 견해, 특히 정신과 의사의 의견은 살인자는 과거의 아픔 때문에 살인을 했을 뿐 책임은 없다고 할 수 있습니다.

물론 인과관계를 무시할 수는 없습니다. 당구공을 치면 공이 자신의 의지와 상관없이 이리저리 구르다가 다른 공에 부딪치듯 우리는 인과관계의 사슬을 인정해야 합니다. 일원론(우주의 본체는 오직 하나라고 하는 견해나 학설-옮긴이)에 따르면 모든 자연계는 같은 법칙에 따라 움직입니다. 하지만 인간은 인과관계의 드라마에 잡혀 있어 정해진 길에서 못 벗어나는 당구공과는 다릅니다. 인간이 정해진 길을 벗어나 행동한다는 사실은 역사가 증명하고 있습니다.

윌 듀런트Will Durant는 19세기 프랑스 철학자인 앙리 베르그송Henri Bergson이 터무니없을 정도로 결정론을 과대 포장한다고 주장했습니다.

결국 결정론이 자유의지보다 더 탁월한 힘을 발휘한다는 것인가? 지금 이 순간의 행동이나 상황이 현재의 창의적인 선택에 따른 것이 아니라 오로지 과거 사건이나 행동의 산물에 불과할 뿐이라면, 그 과거 사건이나 행동은 어디에서 원인을 찾아야 하는가? 더 먼 과거로 거슬러 올라가야 하는가? 이런 식으로 거슬러 올라

가다 보면 아마도 태초의 구름이 훗날 벌어지는 모든 사건을 결정했다는 결론이 나올 것이다. 셰익스피어의 희곡에 나오는 그 모든 대사들도, 그리고 등장인물들의 고통 받는 영혼도 결국 먼 과거에서 원인을 찾아야 한다는 말이 된다. 햄릿과 오셀로, 맥베드, 리어왕의 모든 구절과 모든 문장은 이미 수십억 년 전 저 높은 하늘에 적혀 있었고 극의 체계와 내용 역시 태초의 구름 속에 새겨져 있었다는 결론이 나올 것이다. 참으로 고지식한 생각이라 하지 않을 수 없다.⋯⋯이것만으로도 결정론에 반기를 들기에 충분하다.[3]

하지만 해답은 우주나 인간행동의 인과관계적 특성을 단순히 반박하는 데 있지 않고 과거가 아닌 다른 곳에 원인이 있음을 밝히는 것이 더 확실한 방법입니다. 사람은 특정한 이유가 있어서 그렇게 행동합니다. 원인이 과거에만 있는 건 아닙니다. 방송 인터뷰에서 나는 찰스 휘트먼Charles Whitman이 텍사스 대학 옥탑에 올라가 그 아래를 지나가는 수십 명의 사람들에게 총을 쏜 이유를 설명해 달라는 질문을 받은 적이 있습니다.

있을 법한 이유들을 그의 과거사에만 국한시키지 않고 설명하자 사회자가 다시 질문했습니다. "같은 상황일지라도 다른 사람들의 선택과는 달랐던 휘트먼의 행동에는 어떤 이유가 있는게 아닐까요?" 당연히 나올 수밖에 없는 질문입니다. 그 사람의 과거사를 자세히 알지는 못하지만 그래도 그의 '과거 어딘가'에 해답이 있으리란 생각을 우리가 버리지 못하기 때문입니다.

하지만 인간과 당구공 사이에는 중대한 차이가 있습니다. 인간은 생각하고 미래를 고려합니다. 말하자면 인간은 과거만이 아니라 찰스 하트숀Charles Harteshone이 "창의적 인과"라고 부른 또 다른 이유에도 영향을 받습니다.[4] 엘튼 트루블러드Elton Trueblood는 인간 행동의 원인은 과거만이 아니라 미래를 내다보고 확률을 예측하는 능력에서도 찾을 수 있다고 했습니다.

> 인간의 정신은 상당 정도 최종 결과를 마음에 두고 작동한다. 이것은 너무나 분명한 사실이라 반박의 여지가 거의 없다. 하지만 당구공을 예로 들어 인과관계를 설명하면서 자유의지를 부인하는 사람들은 이런 측면을 무시한다. 물론 당구공의 움직임은 인과법칙을 따른다는 건 분명하다. 하지만 인간은 당구공과는 전혀 다르게 움직인다.
>
> 인간은 창의적 동물이다. 미래는 존재하지 않지만 강력한 힘으로 인간의 현재 행동을 좌우한다. 결국 존재하지 않는 것이 존재하는 것에 영향을 미치는 셈이다. 나에게 어떤 어려운 문제가 닥쳤을 때 단순히 과거의 요소들을 기계적으로 조합해 특정한 결과를 빚어내려고 움직이지는 않는다. 대신 나는 어떤 결과를 만들어내고 싶은지 곰곰이 생각한 뒤, 원하는 결과를 얻어내려고 적극적으로 노력할 것이다.[5]

오르테가Ortega는 인간을 "지금 벌어지는 사건이 아니라 앞으로 벌어질 사건 속에서 살아가는 존재"라고 정의했습니다.[6] 트루블러드Trueblood는 이렇게 지적했습니다.

그 사람의 예전 성향이 현재의 결과를 결정한다고 말하는 것으로는 충분하지 않다. 우리가 함께하는 현실에서는 생각이라는 바로 그 행위가 완전히 새로운 상황을 전개하기 때문이다. 실제로 우리가 경험하는 생각은 부수현상론(의식은 단순히 뇌의 생리적 현상에 부수된 것이라는 이론-옮긴이)이 주장하듯 그것은 단순히 행동만을 인식하는 것이 아니다. 생각은 진정한 창조의 원인이기도 하다. 인간이 생각을 하면 생각하지 않았더라면 일어나지 않았을 뭔가가 일어난다. 이것이 바로 우리의 오래된 딜레마를 풀 수 있는 세 번째 가능성으로 자기 스스로 원인과 결과를 아는 것이다. 즉 인간은 스스로 행동의 인과적 맥락을 알아차려 또 다른 행동을 만들어 낸다. 스스로의 작용(self-causation)이 뜻하는 바이다.[7]

그렇기에 우리는 [어른자아]를, 행동을 하는, 희망을 갖는, 변화가 가능한 지점으로 보는 것이다.

교류분석

표면상 당신에게 악담을 퍼붓는 똑같은 부모자아가
내면에서는 그를 때리고 있는 것이다.

———

존 스타인백

지금까지 교류분석에 대한 용어와 기초적인 내용을 알려드렸습니다. 이제 이 어휘들(P·A·C)을 사용해서 교류를 분석하는 방법을 알아보겠습니다. 교류란 한쪽이 자극을 보내고 상대방이 이에 반응할 때 발생합니다. 상대방의 반응은 새로운 자극이 되어 또 다른 반응을 이끌어냅니다. 교류분석의 목적은 이런 자극과 반응에서 각각의 인격([부모자아], [어른자아], [어린이자아])이 어떤 역할을 하는지를 알아내는 것입니다.

몇 가지 단서로 자극이나 반응의 주체가 [부모자아], [어른자아], [어린이자아] 중 어느 것인지 알아낼 수 있습니다. 사용하는 단어 말고도 어조나 몸짓, 얼굴 표정도 단서가 될 수 있습니다. 단서를 포착하는 기술이 늘수록 교류분석에 사용할 유용한 데이터를 더 많이 수집할 수 있습니다. 과거 사건들을 시시콜콜 들춰내지 않아도 [부모자아], [어른자아], [어린이자아]에 기록된 데이터가 무엇인지 확인할 수 있는 겁니다. 지금 이 순간에도 [부모자아]와 [어른자아], [어린이자아]가 보내는 신체와 어휘의 단서들이 우리 자신을 드러내고 있습니다.

[부모자아]의 신체 반응

찡그린 이마, 꽉 다문 입술, 손가락질하기, 머리 절레절레 흔들기. '경악한 얼굴', 발로 쿵쿵 구르기, 허리에 손 얹기, 팔짱끼기,

주먹 불끈 쥐기, 쯧쯧 혀 차기, 한숨 쉬기, 상대방 머리 톡톡 때리기 – 이런 것들이 [부모자아]의 전형적인 몸짓입니다.

하지만 일반적인 유형에서 벗어난 독특한 [부모자아] 신호도 있습니다. 예를 들어 아버지가 아들의 잘못된 행동을 나무랄 때 얼굴을 위로 치켜들고 목청을 가다듬는 습관은 보통의 [부모자아]에는 거의 없는 몸짓입니다. 훗날 그 아들이 이런 동작을 따라 하면 그건 곧이어 [부모자아]가 행동을 개시할 것이라는 명백한 신호가 됩니다. 그리고 [부모자아]의 신호에는 문화적 차이도 있습니다. 가령 미국 사람들은 숨을 내뱉으며 한숨을 쉬지만, 스웨덴 사람들은 들이마시면서 한숨을 쉽니다.

[부모자아]의 어휘

"이번 한 번만 봐준다." "나라면 그렇게 안 살지." "언제나 기억해야 해." ('언제나'와 '절대'는 [부모자아]가 '거의 언제나' 사용하는 단어로, 해묵은 시스템이 새로운 데이터를 차단하고 있음을 말해준다.) "한두 번 말한 게 아니잖아?" "내가 너라면……."

비난이든 칭찬이든 이렇게 상대방을 평가하는 단어들은 [어른자아]의 평가가 아니라 구태의연한 '자동'반응에 따라 상대방을 판단하는 [부모자아]에서 나옵니다. '어리석기는!, 못됐어, 바보같이, 역겨워, 충격이야, 미련스럽긴, 게을러 터졌군, 말도 안 돼!, 어처구니가 없네!, 형편없어, 쓸모없는 놈, 안 돼!, 꼬맹아, 감히 네가!. 아유, 귀여워, 그래 그래, 그래서 뭐?, 다신 안 돼!' 등등. 그런데 이런 말들은 '단서'이지 판단이 아님을 명심해야 합니다. 반면에 [어른자아]는 자신의 윤리 시스템을 동원해서 진지하게 고민한 뒤에 그것이 '정말로' 어리석은지 판단합니다.

'해야 한다'라는 말은 [부모자아]가 움직이고 있다는 신호이기도 하지만 [어른자아]도 이 용어를 사용합니다. 다만 이 용어가 '아무 생각 없이 습관처럼 저절로 나온다면' 이는 [부모자아]가 활동하고 있다는 신호입니다. 우리는 몸짓이나, 소통 문맥과 함께 이런 용어들의 사용 여부로 [부모자아]를 확인할 수 있습니다.

[어린이자아]의 신체 반응

[어린이자아]는 비언어적인 방식으로 외부 세상에 반응을 전달합니다. 따라서 [어린이자아]의 단서를 파악하는 가장 좋은 방법은 신체 움직임을 관찰하는 것입니다. 눈물, 떨리는 입술, 뾰루퉁한 입술, 갑작스러운 짜증, 앳된 목소리, 칭얼거리는 듯한 목소리, 불안한 눈빛, 처진 어깨, 시선 떨구기, 매달리고 앵기기, 환한 얼굴, 웃음, 발표하려고 손들기, 손톱 물어뜯기, 손가락을 볼에 대고 놀리기, 깔깔 웃기 등은 모두 [어린이자아]가 교류에 개입하고 있다는 신호입니다.

[어린이자아]의 어휘

[어린이자아]를 나타내는 신호에 아이 같은 말투 말고도 여러 용어들이 있습니다. 하고 싶어, 해 달라구!, 몰라, 할 거야! 신경 안 써, 글쎄, 나이 들면, 더 큰 것, 제일 큰 것, 더 좋은 것, 제일 좋은 것 (과장된 어투는 [어린이자아]가 "내 것이 더 좋아" 게임에 '참여'하

고 있다는 것을 의미한다)과 같은 말들이 [어린이자아]의 어휘 단서에 속합니다. 또 "이것 봐, 엄마. 손 안 잡고도 잘 하지?" 같은 말은 [부모자아]에게 깊은 인상을 주고 부정적인 [어린이자아]를 극복하려는 신호입니다.

이 밖에도 어린아이들이 자주 쓰는 여러 가지 용어들이 있지만 (생각이나 문제해결을 위한 질문) 이런 용어들은 [어린이자아]라기보다는 어린아이 안에서 자라고 있던 [어른자아]를 나타냅니다. 왜? 뭐가? 어디에? 누구야? 언제? 어떻게? 등이 여기에 속합니다.

[어른자아]의 신체 반응

겉으로 드러나는 [어른자아]는 어떨까요? [부모자아]와 [어린이자아]에 기록된 영상을 차단했을 때 나오는 얼굴표정은 어떨까요? 공허한 얼굴? 상냥한 얼굴? 멍한 표정? 무미건조한 얼굴? 언스트Earnst는 멍한 표정은 [어른자아]의 표정이 아니라고 말했습니다.[1] 그는 [어른자아]에서 귀를 기울일 때 보면 3~5초에 한 번씩 눈을 깜빡이면서 얼굴과 눈, 몸에서 계속 움직임이 관찰된다고 했습니다. 움직이지 않는 건 듣지 않고 있는 것입니다. 언스트Earnst는 [어른자아]의 얼굴은 꾸밈이 없다고 말했습니다. 고개를 살짝 기울이고 있다면 그 사람은 무언가 다른 생각을 하면서 듣고 있다는 뜻입니다. 또한 [어른자아]는 호기심과 열정에 찬 [어린이자아]가 얼굴에 드러나게도 합니다.

[어른자아]의 어휘

[어른자아]의 기본적 어휘는 '왜, 무엇이, 어디에서, 누가, 언제, 어떻게'입니다. 그 밖에도 '얼마나, 어떤 식으로, 비교적, 참, 거짓, 십중팔구, 가능하면, 밝혀지지 않은, 객관적으로, 내 생각에는, 알겠다, 내 입장에서는' 등도 [어른자아]의 어휘 단서에 속합니다. 이런 어휘들을 사용할 때는 [어른자아]가 데이터를 처리하고 있다는 이야기입니다. "그게 내 생각이야"라고 할 때 그 생각 자체는 [부모자아]에서 온 것일 수 있지만 사실이 아니라 '의견'임을 분명히 인식하고 있다는 점에서 보면 이런 말은 [어른자아]에서 나오는 것입니다. '나는 고등학생도 투표권을 가져야 한다고 생각해'와 '고등학생도 투표권을 가져야지'는 절대 같은 말이 아닙니다.

자신과 타인이 벌이는 교류에서 이런 단서들을 활용하면 [부모자아]와 [어른자아], [어린이자아]를 각각 식별할 수 있습니다. 여러 가지 유형의 교류 사례를 파악하기는 그다지 어렵지 않습니다.

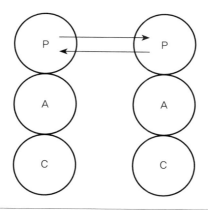

그림 9 [부모]–[부모] 교류

몇 년 전 어느 가을날 나는 버클리로 가려고 그레이하운드 고속버스를 탔습니다. 그 버스 안에서 내가 첫 번째로 목격한 사례는 맞은편에 앉은 불만투성이의 두 여자 사이에서 벌어지는 [부모자아]와 [부모자아] 간의 대화였습니다. 그들은 버스가 버클리에 정시에 도착할지를 놓고 장황하게 대화를 주고받았습니다. 그들은 다 안다는 듯 동감이라는 듯 고개를 연신 끄덕이면서 긴 대화를 나누었습니다.

여자1: (손목시계를 만지작거리더니 옆에 앉은 여자의 눈을 바라보며 질린다는 듯 한숨을 쉰다.)

여자2: (마주 한숨을 쉬면서 몸을 이리저리 뒤척이다가 시계를 본다.)

여자1: 이번에도 늦을 거 같아.

여자2: 뻔하지 뭐.

여자1: 이 버스는 도대체 정각에 도착한 적이 없지 않아?

여자2: 말해서 뭐해.

여자1: 오늘 아침에 허버트한테도 한 말이긴 한데, 제대로 된 서비스는 이제 기대하기 힘들다니까.

여자2: 정말 그래. 옛날이 더 좋았다니까.

여자1: 그런데 차비는 올랐잖아. 오른 만큼 값을 해야지!

이것이 [부모자아] – [부모자아] 교류입니다. 두 여자는 현실 데이터는 전혀 처리하지 않고 똑같은 판단만 반복해서 내리고 있습니다. 어린 시절 전차를 갈아타면서 엄마와 옆집 아줌마가 했던 대화를 그들도 그대로 따라하고 있습니다. 여자1과 여자2는 사실 수집보다는 '진저리나는 것'들에 관한 열띤 대화를 훨씬 좋아합니다. 누군가를 비난하고 트집 잡는 게 일종의 기분전환이 되기 때문입니다.

무엇인가 비난하고 트집 잡는 순간 어린 시절 [부모자아]에 입력했던 비난하기와 트집 잡기가 재생됩니다. 그리고 [부모자아]는 항상 옳기 때문에 기분 역시 좋아집니다. 결국 [부모자아]에 기대어 교류를 벌이는 것입니다. 게다가 자신과 게임하는 상대방이 계속해서 맞장구를 쳐준다면 하늘에라도 날아오를 만큼 기분이 좋아집니다.

먼저 시작한 사람은 여자1이었다. 하지만 아래처럼 여자2가 [어른자아] 반응을 보였다면 두 사람의 트집 잡기 게임은 중단되었을 것입니다.

여자1: (손목시계를 만지작거리더니 옆에 앉은 여자의 눈을 바라보며 질린다는 듯 한숨을 쉰다.)

여자2의 [어른자아]가 보일 수 있는 반응들

1. 맞장구쳐 주지 않고 고개를 옆으로 돌린다.

2. 그냥 웃어주기만 한다.

3. (여자1이 심하게 짜증내면): "괜찮아?"라고 묻는다.

여자1: 이번에도 늦을 것 같아.

여자2의 [어른자아]가 보일 수 있는 반응들

1. 지금 몇 시야?

2. 이 버스는 대부분 정시에 도착해.

3. 전에도 늦게 도착한 적 있어?

4. 몇 시에 도착하는지 물어볼게.

여자1: 이 버스는 도대체 정각에 도착한 적이 없지 않아?

여자2의 [어른자아]가 보일 수 있는 반응들

1. 그렇진 않아.

2. 자주 타는 버스가 아니라서 잘 모르겠어.

3. 그렇게 생각한 적 없는데.

여자1: 오늘 아침에 허버트한테도 한 말이긴 한데, 제대로 된 서비스
는 이제 기대하기 힘들다니까.

여자2의 [어른자아]가 보일 수 있는 반응들

1. 난 그렇게 생각하지 않는데.

2. 어떤 서비스 말이야?

3. 그래도 삶의 수준은 예전보다 높아진 것 같아.

4. 난 별로 불만 없어.

위의 반응들이 상대방의 자극에 맞장구쳐주는 반응이 아닌 [어
른자아]의 반응입니다. "정말 끔찍하지 않아?" 게임을 즐기는 사
람은 '사실이 개입하는 것'을 좋아하지 않습니다. 동네 여자들이

매일 아침 모여서 "우리 남편은 정말 바보 같아"를 주제로 수다를 떤다면 입에 침이 마르게 남편을 칭찬하는 여자는 이 무리에서 환영받지 못할 것입니다.

상호 보완적 교류

여기서 우리는 교류분석의 첫 번째 의사소통 규칙을 얻습니다. P−A−C 교류에서 자극과 반응이 평행을 유지하면 이 교류는 끊임없이 상호 보완이 되어 이어집니다. 두 개의 화살표 방향이 서로 ([부모자아]-[부모자아], [어른자아]-[어른자아], [어린이자아]-[어린이자아]) 평행을 이루는 것이 중요합니다. 여자1과 여자2는 사실을 완전히 무시했어도 둘의 대화는 상호 보완적이었으며 10분 동안이나 계속되었습니다. (상호 보완적 교류를 상보교류, 평행교류라고도함)

두 여자 승객의 '헐뜯기의 즐거움'은 앞자리 남자가 운전기사에게 정시에 도착하느냐고 물어본 뒤에야 막을 내렸습니다. 운전기

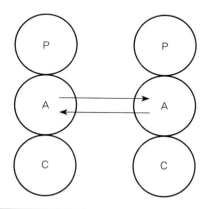

그림 10 [어른]−[어른] 교류

사는 "그럼요, 정확히 11시 15분에 도착합니다."라고 대답했습니다. 운전기사와 남자승객 사이에서 벌어진 대화도 [어른자아]−[어른자아]의 상호 보완적인 교류였습니다. 정보를 묻는 질문에 정보로 대답해주었기 때문입니다. [부모자아](버클리에서 제 시간에 환승하는 게 가능하겠소?)는 전혀 없었으며 [어린이자아]의 모습도 (도대체 내가 어쩌자고 이 느러터진 버스를 또 탔는지 모르겠네) 없었습니다. 그것은 감정이 섞이지 않은 대화였습니다.

두 여인의 뒷좌석에는 십대 청소년 두 명이 앉아 앞좌석의 여자들과는 다른 [어린이자아]−[어린이자아]의 교류를 보여줬습니다. 한 명은 조금 꾀죄죄한 얼굴에 이리저리 지저분하게 뻗친 머리의 뚱한 표정에 먼지투성이 검은 바지와 검은 가죽 재킷을 입고 있었습니다. 다른 아이 역시 비슷한 차림이었으며 억지로 꾸며낸 듯 반항적인 표정이었습니다. 두 남자 아이 모두《고문의 비밀》이라는 페이퍼백 단행본을 열심히 읽고 있었습니다. 두 열성 신도가 같은 책을 열심히 읽고 있는 모습을 보면 [어른자아]는 이 이상한 주제에 대한 데이터를 얻고 있는 중이라고 생각하기 십상이지만 그들의 행동을 유심히 관찰하니 사실 이 사춘기 아이들은 [어린이자아]−[어린이자아]의 교류를 벌이고 있었습니다.

이들의 모습은 같은 비디오 게임에 각각 열중하고 있으면서 말이 필요 없는 교감상태의 청소년들과 흡사했습니다. 그들은 파리 날개를 잡아 뜯는 방법을 알게 된 다섯 살짜리 사내아이의 잔인한 즐거움을 그대로 보여주고 있었습니다. 그들이 새로 익힌 지식을 실습하려고 누군가를 고문하는 장면을 상상해보세요. 그들의 행

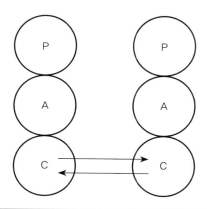

그림 11 [아이]-[아이] 관계맺기

동에는 [어른자아] 데이터(무익한 결과란 평가)나 [부모자아] 데이터
("그런 짓을 하는 건 끔찍한 일이야")가 전혀 없습니다. 훗날 이런 교
류로 그들이 경찰에 체포되는 불행한 결과가 벌어질지는 몰라도
(다섯 살배기 아이가 파리 날개를 잡아 뜯다가 엄마한테 혼날 때처럼),
그 자리에서는 서로의 의견에 완전히 동의하고 있었습니다. 따라
서 그것은 [어린이자아]-[어린이자아]의 교류였습니다.

그 밖의 상호 보완적 교류의 예

[부모자아] - [부모자아] 교류 (그림9 참조)

자극: 그 여자가 할 일은 집에서 애들을 보는 거야. 애들 돌보는 것이
　　　제일 중요한 일인데 말이야.
반응: 확실히 그 여자는 책임감이 없어.

자극: 사회에 아무 도움도 안 되는 사람들 먹여 살리느라고 세금만 계속 올리고 말이야. 이 정부는 정말 무능해!

반응: 정말 끝없이 오르지 않아?

자극: 요새 아이들은 게을러 터졌어.

반응: 우리 때는 안 그랬는데 말이야.

자극: 이번에는 기필코 끝까지 가볼 거야.

반응: 당연히 그래야지! 진작에 그래야 했어.

자극: 하여간 자기 멋대로라니까! 시키면 시키는 대로 하면 될 일이지.

반응: 그러게나 말이야. 정말 말도 안돼!

자극: 존이 해고됐다고? 회사에서 너무 한 거 아니야?

반응: 그러게 말이야. 존이 왜 그런 이상한 회사에서 일했는지 도무지 모르겠어.

자극: 그 여잔 돈 때문에 그 남자랑 결혼한 거야.

반응: 그렇겠지. 달리 무슨 이유가 있겠어?

자극: 저런 사람들은 절대 믿어선 안돼.

반응: 맞아! 저런 놈들은 다 똑같아.

[어른자아] - [어른자아] 교류 (그림10 참조)

자극: 지금 몇시야?

반응: 4시 30분.

자극: (사실 중심으로 감정은 단순하고 부드럽게) 양복 잘 어울리네.

반응: 고마워.

자극: 새로 산 잉크 아주 빨리 잘 마르네.

반응: 저번에 쓰던 것보다 비싼 거야?

자극: 버터 좀 건네줘.

반응: 여기 있어.

자극: (사실 중심으로 감정은 단순하고 부드럽게) 와, 이 맛있는 냄새
      는 뭐야?

반응: 계피 빵 굽고 있거든……. 거의 다 됐어!

자극: 어떻게 해야 할지 모르겠어. 어느 쪽이 더 나을지 판단이 안 서.

반응: 그렇게 피곤한데 중요한 결정을 하면 안 되지. 한숨 자고 내일
      아침에 다시 의논하는 게 더 좋지 않을까?

자극: (사실 중심으로 감정은 단순하고 부드럽게) 비가 올 것 같아.

반응: 일기예보에서도 그렇게 말했어?

자극: (사실 중심으로 감정은 단순하고 부드럽게) 홍보는 경영진이
　　　직접 챙겨야지.
반응: 홍보 대행사에 맡기지 말고 직접 해야 한다고 생각해?

자극: 루라인 호가 금요일 1시에 출항한대.
반응: 그럼 우리가 몇 시까지 가야 되지?

자극: 요새 존에게 고민이 있는 것 같던데.
반응: 저녁이나 같이 먹으면서 무슨 고민이 있는지 물어볼까?

자극: (사실 중심으로 감정은 단순하고 부드럽게) 피곤해.
반응: 가서 눈 좀 붙여.

자극: (사실 중심으로 감정은 단순하고 부드럽게) 내년에도 세금이
　　　또 오를 것 같아.
반응: 별로 반가운 소식은 아니네. 지금 씀씀이를 유지하려면 뭔가
　　　다른 소득원을 찾아야겠네.

[어린이자아] – [어린이자아] 교류 (그림11 참조)

상호 보완적인 [어린이자아]–[어린이자아] 교류에서는 대체로

게임이 개입합니다. [어린이자아]는 스트로크를 주기보다는 스트로크를 받는 존재이기 때문입니다. 사람들은 스트로크를 받으려고 교류를 합니다.

버트런드 러셀Bertrand Russell도 "그냥 의무감만으로는 충실할 수 없다. 내 활력의 근원은 이따금 거두는 소소한 성공들"이라고 말했습니다.[2] [어른자아]가 교류에 참여하지 않으면 어느 쪽에서도 스트로크가 일어나지 않습니다. 그러다 보면 결국 보완적이지 못한 관계로 발전하거나 지루함 때문에 관계 자체가 사라지고 맙니다.

사회적으로 히피 운동에서 이런 현상이 가장 잘 나타납니다. 히피족은 [어린이자아]-[어린이자아] 방식의 교류를 선호했습니다.

하지만 교류에 참여한 사람들의 관심이 오로지 자신만을 향해 있기 때문에 상대방의 일에는 흥미를 보이지 않는다는 달갑지 않은 진실이 드러나기 시작했습니다. 기성 사회를 거부하면서 그들은 [부모자아](반대 의견)는 물론이고 [어른자아](평범한 현실)도 거부했습니다. 하지만 반대 의견에 귀를 막는 순간 칭찬을 들을 수 있는 환경에서도 등을 돌리게 되었습니다.(네 살짜리 꼬맹이들도 가출을 결심할 수 있다. 하지만 집에서 엄마랑 같이 아이스크림을 먹는 것이 더 낫다고 생각하면 결심을 포기한다.)

히피족은 서로 스트로크를 원했지만 스트로크의 근원을 차단한 까닭에 그들 사이의 관계는 점점 더 삭막하고 무의미하게 변질되고 말았습니다. 이건 남자가 여자에게 "물론 난 너를 사랑해. 난 모두를 사랑하니까!"라고 말하는 것과 같습니다. 그들은 자신도 모르는 사이에 상상 속의 스트로크(약물을 이용한 현실 도피)와 무분별한 성관계 등 본능적 스트로크에서 위안을 구했습니다.

성적 충동도 다른 본능적인 충동처럼 [어린이자아]에 기록된 유전 데이터입니다. 이 점에서 섹스를 [어린이자아]와 [어린이자아]의 교류 활동이라고 보기도 합니다. 하지만 가장 큰 성적 기쁨은 [어른자아]가 사려 깊게 행동하면서 상대방의 기분을 최대한 부드럽게 맞춰줄 때 찾아옵니다. 물론 히피족이라고 해서 모두가 이런 성적 가치관이 부족하다거나, [부모자아]와 [어른자아]가 없다고 단정하기는 힘듭니다. 하지만 많은 히피족들이 자기중심적인 삶을 살고 어떤 면에서는 감각적 자극을 얻으려고 서로를 '이용'하는 것도 사실입니다.

히피족으로서 아이들처럼 행복한 인간관계를 누리려면, [어린이자아]-[어린이자아]의 교류에만 의존하지 말고, [어른자아]의 데이터 처리 과정과 [부모자아]의 가치관을 받아들여야만 합니다. 여자아이 두 명이 소꿉놀이하는 예를 보겠습니다.

여자아이1[어린이자아]: 내가 엄마 할 테니까 네가 딸 해.

여자아이2[어린이자아]: 왜 나만 항상 딸이야?

여자아이1[어른자아]: 그럼 바꾸면 되지 뭐. 처음엔 네가 엄마 해. 다음에는 내가 엄마 할게.

마지막 부분에서 [어른자아](문제해결)가 개입했기 때문에 이 대화는 [어린이자아]-[어린이자아]의 교류가 아닙니다. 그리고 아이들은 데이터가 부족하기 때문에 겉보기에는 '유치해' 보이지만, 아이들도 실제로는 자주 [어른자아]-[어른자아]로 관계를 맺습니다.

동생: 큰일났어. 큰일났어! 네꼬(고양이 이름)가 이빨이 빠졌어.

언니: 이빨 요정이 고양이 이빨도 사간 거야?

두 아이 모두 자신이 알고 있는 데이터를 이용해서 현실 상황에 관한 대화를 나누고 있습니다. 그런 점에서 이때의 자극과 반응은 [어른자아]에 속합니다. 데이터 내용이 틀렸을 뿐 데이터 처리 자체는 나무랄 데가 없습니다.

상호 보완적인 [어린이자아]-[어린이자아] 상호교류 예는 서로 대화를 나눌 때보다는 뭔가를 함께할 때 더 쉽게 관찰할 수 있습니다. 어린이들을 상상하면 더 쉽게 이해가 될 것입니다. 롤러코스터에서 서로 팔을 꼭 잡고 목이 터질 듯한 고함을 지르는 건 [어린이자아]-[어린이자아] 교류입니다. 〈메피스토펠레스 Mefistofele〉(괴테의 희곡-옮긴이) 3막에서 탈리아비니와 타시나리가 듀엣으로 노래하는 모습은 [어린이자아]-[어린이자아] 교류의 가장 극적인 예로 볼 수 있습니다. 해변을 맨발로 걷는 할머니와 할아버지도 [어린이자아]-[어린이자아] 교류에 속합니다. 하지만 이런 행복한 경험을 하기까지는 [어른자아]의 노력이 필요합니다. 롤러코스터를 타려면 돈을 내야 했고, 탈리아비니와 타시나리는 최상의 노래를 부르려고 수 년 동안 실력을 갈고 닦았습니다. 할아버지와 할머니가 함께 즐겁게 해변을 거닌다는 것은 평생 서로 배려하며 보살펴주었기 때문에 가능한 것입니다.

[어른자아]가 없는 인간관계는 오래 유지할 수 없습니다. [어른자아]의 허락과 감독 아래에서만 [어린이자아]-[어린이자아] 교류는 상호 보완적일 수 있습니다. [어른자아]가 데이터를 처리해주지 않으면 [어린이자아]는 교차 교류crossed transaction에 휘말리기 쉽습니다. 여기에 대해서는 조금 뒤에 자세히 살펴보기로 하겠습니다.

[부모자아] – [어린이자아] 교류

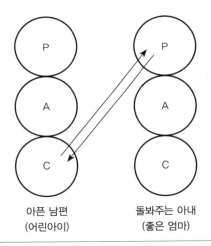

아픈 남편
(어린아이)

돌봐주는 아내
(좋은 엄마)

그림 12 [어린이]–[부모] 관계 맺기

또 다른 상호 보완적 교류의 예로는 [부모자아]와 [어린이자아] 사이의 교류가 있습니다. 남편([어린이자아])이 감기에 걸려 간호가 필요합니다. 남편이 힘들어한다는 사실을 잘 알기에 아내([부모자아])는 기꺼이 엄마 역할을 해줍니다. 아내가 아무 거리낌 없이 엄마 역할을 맡아주는 한 이 부부는 상호 보완적 교류를 끝까지 만족스럽게 이어갈 수 있습니다. 남편이 '어린아이'의 역할을 맡고 아내가 부모 역할을 기꺼이 하면서 모든 일을 책임지고 남편을 돌봐주면서 유지되는 결혼생활도 있습니다. 두 사람이 역할을 만족한다면 결혼생활을 유지할 수 있습니다. 하지만 어느 한쪽이 싫증난다면 평행관계가 무너지고 문제가 발생하기 시작합니다.

[어린이자아] – [어른자아] 교류

[어린이자아]와 [어른자아] 사이에서도 상호 보완적 교류가 일어납니다. 자기부정의 감정에 사로잡힌 사람은 현실적인 확신을 얻으려고 다른 사람에게 의지합니다. 예를 들면 이번 거래의 성사 여부에 남편의 승진이 달렸습니다. 그는 모든 면에서 승진 자격이 충분하지만 [어린이자아]가 그의 컴퓨터로 '난 못할지도 몰라!'라는 데이터를 끊임없이 보내고 있습니다. 그래서 아내에게 '이번 거래는 성사가 안 될지 몰라'라고 말합니다. 하지만 내심으로는 아내가 당신은 해낼 수 있다고 사실에 근거하여 이성적(합리적)으로 위로하고 용기를 주기를 바라고 있습니다. 부정적인 [어린이자아] 때문에 승진 기회를 놓치는 일이 없기를 바라고 있습니다.

남편은 아내에게 훌륭한 [어른자아]가 있어 자신의 [어른자아]가 손상되었을 때 기꺼이 '빌려주리란' 걸 잘 알고 있습니다. 아내는 [부모자아]가 아닌 [어른자아]의 반응을 빌려줍니다. 현실적인

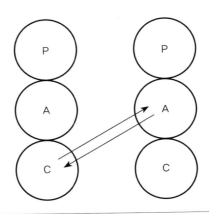

그림 13 [아이]-[어른] 관계맺기

데이터는 없지만 아내의 [어른자아]는 [어린이자아]의 불안에 휘둘리지 않고 남편에게 확신을 불어넣어줍니다.

'물론 당신은 해낼 거예요. 거래실적이 있잖아요. 걱정 말아요!'

[어른자아] – [부모자아] 교류

[어른자아]-[부모자아] 사이에도 상호 보완적 교류가 있습니다. 가령 어떤 대학생이 조별 과제를 수행하다 같은 조원의 수동적 참여로 갈등 상황이 생겨 해결하고 싶어한다면 이 학생의 [어른자아]에서는 이 상황을 그냥 방치하면 자신과 다른 조원 나아가 조별 과제가 원만히 잘 수행되지 못할 거라는 데이터가 많이 쌓여 있습니다. 하지만 혼자 힘으로 이 문제를 해결하기가 쉽지 않아 이 학생은 교수님이 도와주는 부모역할을 해 주길 기대합니다.

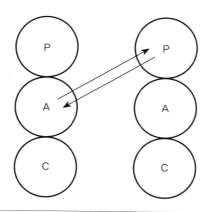

그림 14 [어른자아]–[부모자아] 교류

대학생: 조별 과제를 조원들끼리 잘 하려고 하지만 다소 소극적인 조원과 갈등이 있어 이를 어떻게 하면 잘 해결하여 과제를 잘 수행할 수 있을지 좀 가르쳐 주시겠습니까?

교수: 조별 과제는 늘 그러한 문제가 있고 힘이 들 수 있지. 내가 볼 때 너라면 솔직하게 이야기를 나눠서 잘 해결할 수 있을 것 같구나. 그래도 잘 해결이 안되면 방법을 같이 찾아보자꾸나.

*[어른자아]와 [부모자아] 간의 상호 보완적 교류는 상담, 충고를 구하는 관계 등에서 많이 이루어짐.

갈등 교류 또는 교차 교류

문제의 소지는 교차 교류가 벌어질 때 커집니다. (그림 16) 에릭 번은 전형적인 예로 남편과 아내 사이의 교차 교류를 들었습니다.

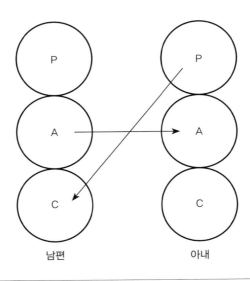

그림 15 교차 교류

남편이 "여보, 내 커프스단추 어디 있어?"라고 묻습니다(정보를 구하는 [어른자아]의 자극.) 아내가 "왼쪽 서랍장 제일 윗 칸에 있어요." 또는 "나도 못 봤는데 같이 찾아봐요"라고 대답하면 이는 상호 보완적 교류입니다. 하지만 무슨 일엔가 화가 난 아내는 애 나무라듯이 "당신 물건이니 당신이 잘 알잖아요!" 한다면 교차 교류입니다. [어른자아]가 자극을 주었지만 아내는 [부모자아]로 반응을 보인 것입니다.

　P-A-C 교류도에서 자극과 반응을 나타내는 화살표가 서로 엇갈리면(교차하면), 의사소통은 끊어진다는, 교류분석의 두 번째 규칙이 나타납니다. 이제 부부는 단순히 커프스단추가 아니라 왜 물건을 제자리에 두지 않느냐고 입씨름을 합니다.

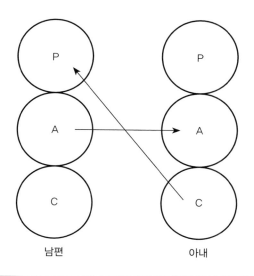

그림 16 교차 교류

남편: 아까 당신에게 큰 애가 한 말은 '방과 후 수업 대신 개인 과외를
　　　받으면 안될까'라고 말하는 것으로 난 생각해.

아내: 어차피 나같은 것은 큰 애로부터 무식한 엄마로 취급받고 있으
　　　니까요.

　　남편은 큰 애가 말한 사실(fact)을 들어 서로 이야기하려고 어른
자아에서 자극을 보냈는데, 아내는 조금 비꼬는(응석의 변형, 비관,
비틀어짐, 위로 받고자 하는 마음 등을 포함) 어린이자아의 태도로 남
편의 부모자아에 반응하고 있다.

　　교차 교류 때문에 두 사람은 한바탕 말다툼을 벌이다가 어느 순
간 한 쪽이 폭발해서 '정말 멍청하기는!' 같은 하지 말아야 할 말을

내뱉고 맙니다. 이런 배려 없는 말들이 반복되다보면 결국 "당신이 원래 그렇지", "당신만 없으면 할 수 있어", "고함치기", "딱 걸렸어, 이 못된 놈!" 같은 심리 게임들이 벌어집니다.

[어른자아]가 반응을 보이지 못한 건 [어린이자아]의 부정성이 그 사람을 지배하고 있기 때문입니다. 자기 부정에 사로잡힌 사람은 상대방이 하는 말을 '전혀 다른 방향으로' 해석해버립니다.

"이 고기 어디서 샀어?" → "왜? 맛이 이상해?"

"머리 모양 바꾼 게 훨씬 낫다!" → "긴 머리 좋아한 적도 없으면서."

"당신이 가기로 하지 않았나?" → "이웃 때문에 시끄러워 죽겠는데 돈이 없으니까 이사도 못 가잖아요."

"감자 이리 건네줘, 여보." → "당신, 나 또 뚱보라고 놀리는 거지?"

내 환자 한 명은 이렇게 말했다. "제 남편은 제가 요리책도 다른 식으로 해석할 거라고 말하더군요."

그 밖의 교차 교류의 예

환자[어른자아]: 나도 이런 병원에서 근무하고 싶어요,
간호사[부모자아]: 빨리 병부터 나으세요. (그림 17)

엄마[부모자아]: 얼른 가서 방 정리해라!
딸[부모자아]: 나한테 이거 해라 저거 해라 하지 마! 엄마가 대장이 아

니잖아. 우리 집 대장은 아빠야! (그림 18)

심리치료사[어른자아]: 여태까지 살면서 가장 큰 고민거리가 무엇이 었죠?

환자[어린이자아]: (징징거리며) 빨강 테이프, 빨강 테이프(테이블을 쿵쿵치며), 빌어먹을! 빨강 테이프 내놔! (그림 19)

아들[어른자아]: 내일 리포트 내려면 오늘 밤에 써야 해요.

아빠[부모자아]: 왜 미리미리 못하고 꼭 닥쳐서야 하는 거니? (그림 20)

남자[어른자아]: (친구와 함께 서서) 차 문을 열려고 하다가 범퍼 뒤로 열쇠를 빠뜨려 버렸어요. 꺼내는 것 좀 도와주실래요?

주유소 직원[부모자아]: 그러니까 조심하지. (그림 21)

어린 딸[어른자아]: 입던 셔츠가 더 따뜻한 거 같아, 엄마.

엄마[부모자아]: 옷투정하지 말고 가서 목욕이나 해라. (그림 22)

어린 딸[어린이자아]: 수프 싫어. 안 먹을래. 엄마 음식 맛없어.

엄마[어린이자아]: 먹지 마. 이제 엄마도 요리 안 할 거야. 너 먹을 건 네가 직접 해 먹어. (그림 23)

배빗의 딸, 베로나[어른자아]: "나도 알아요, 아빠. 하지만 저도 사회에 도움을 주고 싶어요. 복지관에서 봉사활동을 하고 싶어요. 제

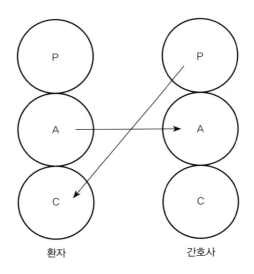

환자　　　　　　간호사

그림 17

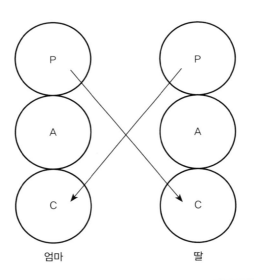

엄마　　　　　　　딸

그림 18

아임 오케이 유어 오케이

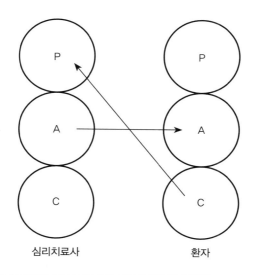

심리치료사   환자

그림 19

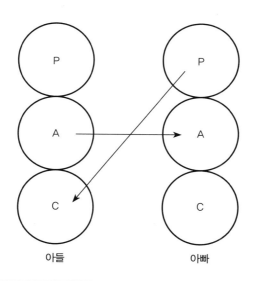

아들   아빠

그림 20

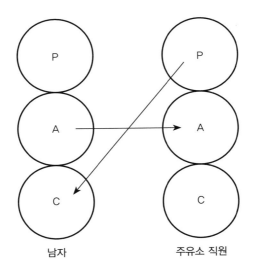

남자   주유소 직원

그림 21

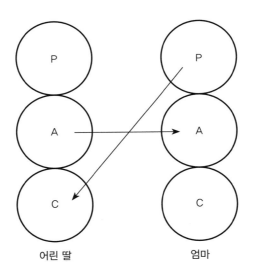

어린 딸   엄마

그림 22

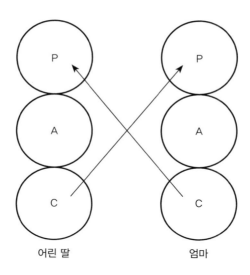

어린 딸　　　　　　엄마

그림 23

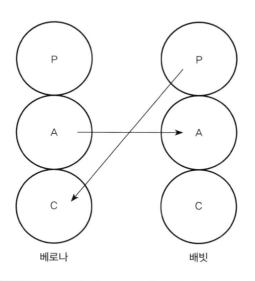

베로나　　　　　　배빗

그림 24

가 일하게 될 복지관의 화장실이 더럽고, 커튼이나 의자도 지저분하지만, 그래도 일하고 싶어요."

배빗[부모자아]: "왜 그렇게 세상을 모르니! 사회에 봉사한답시고 갑자기 살던 곳을 떠나서 사는 것은 신의 뜻이 아니라 사회주의로 향하는 지름길이라는 걸 알아야지. 모름지기 사람은 이 세상에 공짜가 없다는 걸 알아야 해. 스스로 돈을 벌지 않으면 먹을 것도 없고, 아이들을 학교에 보낼 수도 없고, 신발이나 옷가지도 못 구한다는 걸 알아야 해. 그래야 하루 빨리 생산적인 일을 하지. 암, 그래야 하고 말고! 그게 국가가 원하는 거다. 막연한 이상주의는 아무 도움이 안돼. 오히려 노동자들을 나태하게 만들고 자식들한테도 그런 나태한 사상을 고스란히 물려줄 뿐이야. 그리고 네 할 일이나 똑바로 챙겨! 그따위 멍청한 일에 매달리지 말고, 뭘 할지 분명히 정하란 말이야. 네 나이였을 때 나는 무슨 일을 할지 진작에 정해 놓았다. 그리고 아무리 어려운 일이 있어도 결코 포기하지 않았어. 그러니까 이만큼 성공을 거둔 거지." (그림 24)[3]

배빗의 반응에서도 보듯이 [부모자아]의 반응은 [어린이자아]에 있는 부정적 감정에서 시작됩니다. 배빗은 아이들이 자기를 인정하지 않으며 자기가 얼마나 힘들게 살아 왔는지 전혀 이해하지 못한다고 생각합니다. 그의 [어린이자아]는 여전히 자기가 틀리고 주위 사람들이 옳다고 생각합니다. 그래서 [어린이자아]를 솔직히 드러내면 상처 입을지 모른다고 생각합니다. 그래서 그는 더 안전한 길을 선택합니다. 자기 정당성을 갖추고, 항상 옳으며, '모든 답을 알고 있는' [부모자아]에게 교류의 책임을 떠넘긴 것입니다.

항상 부정적인 [어린이자아]에 사로잡혀 있는 사람은 현실에 맞는 적절한 교류를 하지 못합니다. 아직 끝나지 않은 과거에 계속 연연하기 때문에 다른 사람의 칭찬도 곧이곧대로 받아들이지 않습니다. 자신은 그런 칭찬을 받을 자격이 없으며 칭찬 속에 가시가 있을지도 모른다고 조심합니다. 그는 어린 시절 경험으로 굳어진 태도를 계속 유지하려고 부단히 노력합니다. 항상 [어린이자아]를 내세워 교류하는 사람은 실제로는 '그것 봐, 내가 틀리잖아'라고 말하는 셈입니다. 반면에 항상 [부모자아]를 내세워 교류하는 사람은 '그것 봐, 네가 틀리잖아(그러니까 내가 더 옳잖아)'라고 말합니다. 하지만 어떤 쪽 인격을 내세우든 부정적인 태도를 표현하고 있다는 것은 똑같고 이런 태도가 절망감을 깊어지게 합니다.

이면 교류

부정적 태도는 반응뿐만 아니라 자극에서도 드러납니다. 남편은 아내에게 못마땅한 표정과 비난투로 "뚜껑 오프너 어디 감춰뒀어?"라며 어른자아처럼 정보를 구하지만 실제로는 다른 뜻이 숨어 있습니다. ("당신, 살림을 왜 이렇게 엉망으로 하는 거야? 그나마 나라도 정신 바짝 차리고 있으니 우리가 안 망하고 있는 거지. 도대체 물건을 제자리에 두는 적이 없어"와 같은) 이것은 [부모자아]입니다. 남편의 물음 속에는 희미하지만 비난이 숨어 있습니다. 이런 식의 자극은 이중 이면 교류_duplex transaction_를 불러 올 수 있습니다(그림 25).

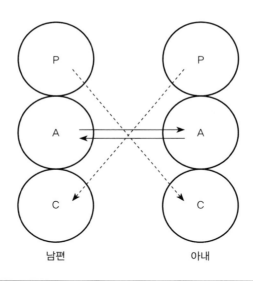

남편   아내

그림 25 이중 이면 교류

아내가 남편의 자극에 어떤 식으로 반응하느냐에 따라 두 사람
의 교류 방향도 달라집니다. 아내가 남편의 자극에 아무 위협도
느끼지 않고 계속 긍정적인 태도를 유지하면 "수저통 옆에 감춰뒀
는데요."라고 서슴없이 대답할 겁니다. 이것은 상호 보완적 반응
입니다. 남편이 원하는 정보를 주는 동시에 남편의 '숨은 비난'을
대수롭지 않게 여기기 때문입니다. 나아가 그녀의 [어른자아]가
남편의 은근한 비난을 새겨듣는 것이 부부관계를 유지하는 데 필
요하다고 판단하면 아내는 숨은 뜻을 파악하고 물건을 제대로 정
리하려고 더 노력할 겁니다. 교류에서 [어른자아]가 책임을 담당
할 때 이런 일이 일어납니다.

하지만 그녀가 부정적인 [어린이자아]에 빠져 있으면 그녀는

'감춰뒀어?'라는 말에 민감하게 반응하면서 "수저통 옆에 있잖아!, 당신은 왜 그렇게 물건을 못 찾아?"라고 사납게 대답할 수 있습니다. 병따개가 어디 있는지는 중요하지 않습니다. 부부는 정리정돈을 못하느니, 물건을 못 찾는다느니, 바보 같다는 등 하면서 일대 설전을 벌입니다. 맥주병은 여전히 따지 못한 채, '고함지르기'만 주고 받는 것입니다.

이런 이중 교류에서 [부모자아], [어른자아], [어린이자아] 모두가 자극과 반응에 관여합니다. 한 남자가 퇴근해서 먼지 쌓인 거실 테이블 위에 "사랑해"라고 씁니다. 이 자극은 [어른자아]가 주도하지만 [부모자아]와 [어린이자아] 역시 개입되어 있습니다. (그림 26)

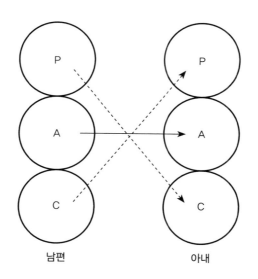

남편   아내

그림 26

[부모자아]는 "거실 테이블이 왜 이렇게 더러워?"라고 말하는 반면, [어린이자아]는 "내가 비난해도 화내지는 마"라고 말하고 있습니다. 하지만 이 교류에서 주도적인 책임은 [어른자아]가 맡고 있습니다. "우리 결혼에는 사랑이 중요해, 그러니까 [부모자아]나 [어린이자아]를 겉으로 드러내면 안 돼. 사랑한다고 적으면 아내가 화내지 않겠지. 하지만 나처럼 사회적 지위가 있는 사람한테는 집이 깔끔한 것이 중요하다는 사실도 아내가 알아줬으면 좋겠어."

상호 보완적 교류가 이루어지면 아내는 긍정적인 태도로 남편의 애교 있는 비난을 기꺼이 받아들입니다. 그 후 집안을 깨끗이 청소한 아내가 퇴근한 남편에게 시원한 음료수를 내놓거나, 남편의 융통성을 칭찬해주면 부부의 교류는 해피엔딩으로 마무리됩니다. 아내의 적절한 반응이 행복한 결말로 이끈 것입니다. 하지만 반대의 경우에는 아내의 [부모자아]가 바로 반응을 보입니다. "당신도 차고 청소한 지 한참이나 지났잖아?" 아니면 [어린이자아]에 사로잡혀 이 스트레스를 쇼핑으로 풀지도 모릅니다. 결론은 이면 교류에서 [부모자아]와 [어린이자아]가 끼어들어도 [어른자아]가 주도권을 놓치지만 않으면 두 사람의 교류는 해피엔딩에 이를 수 있습니다.

[어른자아]는 자극을 받았을 때 자신과 상대방을 보호하려고 상호 보완적인 방법을 선택하곤 합니다. 이를 위해 매우 신속한(본능적인) 데이터 처리가 필요할 때도 있습니다.

칵테일 파티의 한 장면. 한 남자([어린이자아])가 어떤 여성의 엉덩이를 만지면서 교류를 시작합니다. 그녀([어른자아])는 이렇게 반응합니다. "우리 엄마는 다른 쪽 뺨도 내밀라고 가르쳤지." 이 반응이 [어른자아]에서 나왔다고 하면 그 이유는 무엇일까요?

그녀는 "이 파렴치범 같으니!"라고 하거나 뺨을 때리는 등의 [부모자아] 반응을 보일 수도 있고 아니면 당황하면서 울거나 화를 내며 몸을 파르르 떠는 등 [어린이자아]에서 나오는 반응을 할 수도 있습니다. 하지만 [어른자아]에서 나왔음을 아래의 정보를 보고 알 수 있습니다.

- 내게는 나를 지켜주는 엄마가 있어. 그러니까 조심해!
- "다른 쪽 뺨도 내밀어라." – 나는 성경도 잘 알아. 그러니까 나는 당신이 생각하는 그런 여자가 아니야.
- 익살스러운 태도 – "이 정도는 나도 장난으로 받아들일게."
- 머쓱해진 상대방이 더 이상 접근하지 않게 만들기.

언제나 '장미꽃처럼 주위를 환하게 밝히는' 사람은 우연히 만들어지지 않았습니다. [어른자아]가 신속하게 반응한 덕분에 빛날 수 있는 것입니다. 위의 사건은 파티에서 벌어졌기 때문에 집 안에서보다 덜 심각할 수 있습니다. 싫으면 파티에서 빠져나오면 그만이니까요. 하지만 집에서는 교류에 문제가 생기면 도망갈 곳이 없습니다.

이 예에서 나오는 의문은 다음과 같습니다. 신속하고 효과적으로 [어른자아]를 작동시키려면 어떻게 해야 할까요? 누군가 당신에게 접근할 때 가장 먼저 반응하는 인격은 어느 것입니까?

[어른자아]에 머무는 방법

[어른자아]는 [부모자아]나 [어린이자아]보다 늦게 완성되어 가기에 삶의 속도를 따라잡기가 힘든 편입니다. 주요 회로를 [부모자아]와 [어린이자아]가 장악하고 있기 때문에 이 두 인격이 자동으로 자극에 반응합니다. 따라서 [어른자아]의 힘을 기르려면 무엇보다 [부모자아]와 [어린이자아]의 신호에 민감해야 합니다.

어떤 감정이 느껴지는 건 [어린이자아]가 반응을 준비하는 신호입니다. 자신의 [어린이자아]를 이해해서 자기 부정의 감정이 내보내는 신호를 민감하고 정확하게 파악해야 [어른자아]가 데이터를 적절히 처리할 수 있습니다. '이것이 바로 내게 있는 부정적인 [어린이자아]'라는 걸 깨달으면 부정적인 감정이 행동으로 드러나는 것을 막을 수 있습니다. 이런 데이터를 처리하려면 시간이 필요합니다. 이때 가장 효과적인 방법이 속으로 열까지 숫자를 세는 것입니다. 그렇게 해서 감정 반응이 자동으로 나오는 것을 막고 [어른자아]가 교류의 주도권을 잡는것입니다. '의심스러우면 잠시 내버려 두는 것'도 감정적이고 파괴적인 [어린이자아]의 반응을 줄이는 좋은 방법입니다.

아리스토텔레스는 진정한 힘은 자제하는 데 있다고 말했습니다. 마찬가지로 [어른자아]의 힘은 [부모자아]와 [어린이자아]의 반응을 막는 데 있습니다. [부모자아]와 [어린이자아]의 틀에 박힌 자동반응을 막아야 [어른자아]가 적절한 반응을 보일 시간을 벌 수 있습니다.

　[부모자아]의 신호도 마찬가지입니다. [어른자아]는 [부모자아]가 보낸 데이터에 몇 가지 질문을 던져 유용성을 파악합니다. 사실일까요? 적용 가능한가요? 적절한가요? 이 데이터를 어디에서 얻었습니까? 증거는 있습니까?

　[어른자아]가 자신의 [부모자아]와 [어린이자아]를 분리시키려면 [부모자아]와 [어린이자아]에 어떤 데이터가 있는지 정확히 파악해야 합니다. 영국에서는 심리요법을 '자기 추려내기'라고 부르는데 이 과정은 [어른자아]가 발달하는 데 꼭 필요합니다. 자신의 [부모자아]와 [어린이자아]가 보내는 신호를 민감하게 파악할 수 있어야 독립적이고 자율적이며 강력한 [어른자아]가 탄생하기 때문입니다.

　[부모자아]와 [어린이자아]를 식별하는 방법으로 내면 대화 모니터링이 있습니다. 이 방법은 외부반응은 필요 없고 누구든 시간을 내서 데이터를 점검하기만 하면 됩니다. 분노, 우울, 후회, 좌절을 느낄 때 자신에게 '왜 내 [부모자아]는 [어린이자아]를 혼낼까?'라고 물으면 됩니다. 비난성 내면 대화는 흔합니다.1버트런드 러셀은 알프레도 노스 화이트헤드Alfred North Whitehead(20세기 초 영국의 수학자 겸 철학자—옮긴이)에 대해 이렇게 적었습니다. "극도로 절제된 삶을 산 사람들이 흔히 그러듯 화이트헤드 역시 우울하게 혼잣말을 할 때가 많았다. 혼자 있을 때면 그는 있지도 않는 자신의 단점을 두고 자신을 책망하곤 했다."4

　하지만 '이건 내 [부모자아]군', 혹은 '이건 내 [어린이자아]군' 하고 구별할 수 있다면 [어른자아]가 움직이기 시작한 것입니다. 그 질문의 처리 과정 자체가 [어른자아]를 불러옵니다. 그냥 '어느 인격이 나오는 거지?'라고 자문하기만 해도 스트레스 상황에서 금방 안도감을 느낄 수 있습니다.

자신의 [어린이자아]가 보내는 신호를 민감하게 파악할 수 있으면 상대방의 [어린이자아]가 보내는 신호도 쉽게 파악할 수 있습니다. 무서운 사람을 사랑할 수는 없는 법입니다. 하지만 상대방의 [부모자아]가 무서워도 그 사람의 [어린이자아]는 사랑할 수 있습니다. 교류가 까다로울 때 상대방 안에 있는 [어린아이]를 보면서 생색내며 대화하는 것이 아니라 애정을 가지고 아끼며 [어린이자아]에게 말한다면 좋은 결과를 만들어 낼 수 있습니다. 상대방의 [어린이자아]에 반응하는 사람은 그 사람의 [부모자아]를 무서워하지 않습니다.

'그 녀석'이 [어린이자아]

[어른자아]의 힘을 기르는 또 다른 방법은 기본 가치와 관련된 중요한 문제들에 대해 시간을 들여 충분히 검토한 후 미리 잠정적인 결정을 내려놓는 겁니다. 이렇게 하면 소소한 문제들 상당수는 그때마다 결정할 필요가 없습니다. 이 중요한 결정들은 언제라도 재검토될 수 있지만 기본가치가 적용되는 모든 사건들마다 어느 정도의 시간을 들일 필요가 없습니다. 한 번 내린 중요 결정들이 우리가 매일 부딪치는 문제에 적용할 윤리적 기준을 세워주기 때문입니다. 이런 중요 결정들을 내리는 데는 의식적인 노력

이 필요합니다. 폭풍우가 몰아치고 있는데 항법을 바로 배울 수는 없는 것과 같은 이치입니다. 마찬가지로 "조니가 내 코를 쳤어요"라고 아들이 말하는 데 어떻게 반응할지 고민해 놓지 않으면 [어른자아]로 제때에 건설적인 교류를 할 수 없습니다.

운항법을 미리 알아야 요트를 조정할 수 있습니다. 폭풍우가 뱃전에 부딪히는 판국에 레이더 읽는 법을 익힌들 아무 소용없습니다. 결혼했다면 부부관계를 원만하게 유지하는 법을 미리 익혀두어야 앞으로 닥칠 문제에 잘 대처할 수 있습니다. 어떤 가치관이 결혼생활에 도움이 될지 미리 생각해두는 겁니다. 그래야 부부관계가 위기에 몰렸을 때 적절히 대처할 수 있습니다. 다시 말해 [어른자아]는 '여기서 중요한 건 무엇인가?'를 자문하면서 해당 교류를 책임질 능력을 갖추게 됩니다.

확률 예측을 담당하는 [어른자아]는 부부관계를 비롯해 모든 인간관계를 아우르는 일련의 가치관들을 체계적으로 구성할 수 있습니다. [어린이자아]와 달리 [어른자아]는 결과를 예측할 수 있고 섣부른 만족을 미연에 방지할 수 있습니다. [어른자아]는 역사적, 철학적, 종교적 토대를 철저히 검토한 뒤에 새로운 가치관을 세울 수 있습니다. [부모자아]와 달리 [어른자아]는 정해진 규칙에 무조건 순응하는 대신 개인의 행복과 안녕에 더 많은 관심을 기울입니다. 또 [어른자아]는 애정을 갖는 것이 중요하다는 생각에 의식적으로 헌신할 수 있습니다. 그리고 [어른자아]는 부모가 말한 '받는 것보다 베푸는 것이 더 큰 축복이다'에 겉보기 이상의 중요한 의미가 있음을 이해할 수 있습니다.

[어른자아]가 행하는 베풂이 어떤 것인지는 에리히 프롬_{Erich Fromm}의 이야기로 알 수 있습니다.

> 가장 널리 퍼진 오해는 베푸는 것을 뭔가를 '포기'하거나 뺏기고 희생하는 것으로 여긴다는 것이다. 비생산적인 성향을 가진 사람([부모자아])은 뭔가를 주면 자신이 궁핍해진다고 생각한다. 그들은 무언가 '베풀어야 한다'는 것을 쉽게 받아들이지 못한다. 그들에게 베풂은 희생과 똑같은 의미이다.……
> 건설적인 성향([어른자아])의 사람은 베풂을 전혀 다르게 생각한다. 베풂은 자기 능력의 최고 표현이다. 베푸는 바로 그 행위로 나는 내 힘과 내 부와 내 권력을 체험한다. 활력과 능력이 고양되는 이 체험은 나를 기쁨으로 가득 채운다. 넘쳐흐름과 씀과 살아있음을 절감하기에 기쁜 것이다. 받음보다 베풂이 더 큰 기쁨이 되는 것은 그것이 박탈이 아니라, 베푸는 행위에 살아 있음(긍정 OK)의 표현이 들어 있기 때문이다.⁵

이런 베풂의 방식은 삶의 선택이 될 수 있습니다. 이 선택은 [어른자아]가 '여기서 중요한 것은 무엇이고 나는 사랑을 베풀고 있는가?'라는 질문에 답하는 밑거름이 되어 줍니다. 미리 중요한 가치를 정한 사람은 "병따개를 어디에 감춰 뒀어?"같은 질문에도 [어른자아]로 적절한 반응을 보이며 자기긍정－타인긍정의 태도를 일상적으로 강화해갈 수 있습니다.

[어른자아]의 힘을 기르는 방법은 다음과 같습니다.

- 자신의 [어린이자아]의 약점과 두려움의 주요 표현방식을 인식하는 법을 익힙니다.
- 자신의 [부모자아]의 훈계와 명령, 굳어진 태도, 그리고 이런 훈계와 명령과 태도의 주요표현 방식들을 인식하는 법을 배웁니다.
- 다른 사람의 [어린이자아]에 민감하게 반응하고 말을 걸며 다독이며 보호합니다. 상대방 [어린이자아]가 지고 다니는 부정성의 부담만이 아니라 [어린이자아]의 창조적 표현능력도 이해해 줘야 합니다.
- 필요하면 10까지 셉니다. 이렇게 하면 [어른자아]가 컴퓨터로 들어오는 데이터를 처리하고 [부모자아]와 [어린이자아]를 현실에서 추려낼 시간을 벌 수 있습니다.
- 의심스러울 때는 그냥 내버려둡니다. 말하지 않은 것으로 공격받는 일은 없습니다.
- 가치 체계를 형성합니다. 윤리적 틀 없이는 결정을 내릴 수 없습니다.

우리는
어떻게

다른가

일상적이지 않은 사고, 행동, 감정이 나타나는 것에 대한 이유를 쉽고,
명료하게 설명할 수 있다면 우리 사회의 편견은 많이 사라질 것이다.

———

메이미 해리스

누구에게나 [부모자아], [어른자아], [어린이자아]가 있다는 점에서 모든 사람은 인격의 구조적인 면에서 비슷합니다. 하지만 인간은 두 가지 면에서 서로 다릅니다. 첫째, [부모자아]와 [어린이자아], [어른자아]에 담긴 내용이 개인마다 다릅니다. 사람마다 경험이 다르기 때문에 각 인격에 담긴 기록도 다를 수밖에 없습니다. 둘째, [부모자아]와 [어린이자아], [어른자아]의 작동 방식, 즉 적용이 사람마다 다릅니다.

6장에서는 우선 기능상의 차이를 자세히 검토하기로 하고 P-A-C([부모자아]-[어른자아]-[어린이자아]를 말한다 -옮긴이)가 제 기능을 발휘하지 못할 때 일어나는 증상을 크게 오염contamination 과 배제exclusion로 설명합니다.[1]

오염

일전에 16살 소녀를 상담한 적이 있는데 그 아이는 위축감, 타인과의 단절감, 문화적 박탈감, 학교 중퇴 등으로 인해 의뢰되었습니다. 처음 상담을 하면서 P-A-C를 설명해준 뒤, 나는 이렇게 물었습니다. "P-A-C가 무슨 의미인지 내게 설명해 보겠니?"

잠시 뜸을 들인 뒤 소녀가 대답했습니다. "우리 안에는 세 개의 인격이 있고 그것은 구분되어야 해요. 그렇지 않으면 문제가 발생할 수 있어요."

세 개의 인격이 분리되지 않은 상태를 [어른자아]의 오염이라고 합니다.

P-A-C는 각각 독립해서 서로 떨어져 있는 것이 가장 바람직합니다(그림 27). 하지만 대부분 사람들의 P-A-C는 겹쳐 있습니다. 그림의 (a) 부분은 검증되지 않은 구태의연한 [부모자아]데이터 때문에 오염된 [어른자아]를 뜻합니다. 이것은 편견입니다. 이런 오염 때문에 [어른자아]가 현실에 맞는 데이터를 적용해보기 전에, "백인이 흑인보다 더 우월해." "오른손잡이가 왼손잡이보다 더 유능하지" "경찰은 나빠" 같은 선입관들이 교류에서 먼저 반응을 보입니다. 아이의 보호자인 부모가 특정 주제에 대한 의문과 탐구를 막아버리면 어린 시절부터 편견이 자라기 시작합니다. 아이는 부모가 화를 낼까 두려워 감히 의문과 탐구의 문을 열 수 없습니다.

편견에 찬 사람을 이성으로 대하기가 얼마나 힘든지는 익히 알고 있습니다. 상대방의 편견을 바로 잡으려는 노력의 일환으로 인종 문제나 왼손잡이 문제 등에 대해 논리적이고 타당한 증거를 제시할 수는 있습니다. 하지만 이런 사람들의 [어른자아]는 상당 부분 [부모자아]의 지배를 받고 있어서 그들은 상관없는 주제까지 들먹이며 여전히 자신이 옳다고 고집을 부립니다. 물론 이들의 고집은 논리적인 것과는 거리가 멉니다. 하지만 그들이 이런 태도를 고집하는 이유는 그것이 안전하기 때문입니다. 2장에서

본 것 같이 어린아이는 자기 눈과 귀보다는 거짓말을 믿는 쪽이 더 안전하다고 느낍니다. 따라서 그 사람의 편견을 바로 잡으려고 [어른자아]에게 진실을 보여줘도 편견은 사라지지 않습니다.

편견을 없앨 유일한 방법은 이제 부모의 의견을 반박해도 위험하지 않으니 현실에 맞는 데이터로 [부모자아]를 바꿀 수 있다는 사실을 알려주는 것입니다. 따라서 [부모자아]로 인한 [어른자아]의 오염을 치료하려면 두 인격을 분리한 뒤 경계선을 세우는 것이 좀 더 효과적인 치료방법입니다.

그림 27의 (b)부분은 [어린이자아] 때문에 오염된 [어른자아]를 의미합니다. 이것은 오래전에 겪었던 감정이나 경험을 지금도 겪고 있는 것처럼 착각할 때 생기는 오염입니다. [어린이자아]로 인한 오염에서 나타나는 일반적인 증상은 '망상delusion'과 '환각hallucination'입니다. 망상이 생기는 건 두려움 때문입니다. 어떤 환자는 "세상이 무섭다"고 말하면서 어린 시절 겪은 세상이 얼마나 끔찍하고 무서웠는지 이야기했습니다. 부모가 걸핏하면 화내고 잔인하게 굴 때 아이는 끝없는 두려움에 시달리곤 합니다.

그리고 이런 사람이 어른이 되어 스트레스를 받으면 예전처럼 두려움에 휩싸이는데 이번에는 '논리적'인 증거까지 짜내기도 합니다. 가령 방문판매 세일즈맨이 길 건너 걸어오면 자신을 죽이러 온다고 착각합니다. 단지 세일즈맨에 불과하다는 사실이 드러나도 두려움을 정당화하려고 억지 주장을 굽히지 않습니다. "저 사람을 보는 순간 바로 알았지. 내 눈은 못 속여! 그는 FBI의 현상수배범이야. 우체국에서 수배 전단을 봤어. 내가 자기를 알아봤기 때문에 나한테 온 거야."

  이런 망상은 편견처럼 그가 진짜 세일즈맨이라는 사실을 알아
도 치료되지 않습니다. 망상에서 완전히 벗어나려면 과거에 [어린
이자아]가 겪었던 위협은 지금은 존재하지 않는다는 사실을 스스
로든 상담을 통해서든 깨달아야 합니다. [어른자아]가 현실 데이터
를 처리할 수 있으려면 우선 오염에서 벗어나야 하기 때문입니다.

  환각도 [어린이자아] 때문에 [어른자아]가 오염되었을 때 나타
나는 증상입니다. 환각은 극심한 스트레스를 받았을 때 나타나는
데 이 때문에 '아무도 없는데도' 과거에 겪었던 경험(정신적 신체적
손상, 거부, 비난)이 그대로 재현됩니다. 기록된 경험이 '실제로 벌
어지고', 과거의 현실에서 존재했던 목소리를 실제로 '듣습니다'.
이런 증상을 보이는 환자에게 무슨 말이 들리는지 물으면 비판적

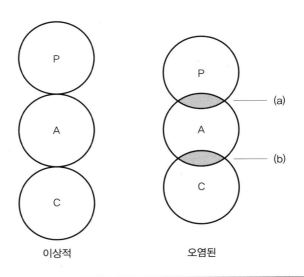

그림 27 오염(a) 편견, (b) 망상

이고 위협적이며 폭력적인 단어를 쓰면서 그 내용을 전달합니다. 환각의 내용이 기괴할수록 환자가 어린 시절에 끔찍한 경험을 겪었을 가능성이 높습니다. 많은 아이들이 실제로 상당히 끔찍한 언어적, 신체적 학대를 당한다는 사실을 감안하면 이런 기괴한 환각의 내용을 이해하기는 그리 어렵지 않습니다.

배제

오염 말고도 인간이 얼마나 서로 다른지를 보여주는 또 다른 기능장애로 배제exclusion가 있습니다.

[부모자아]를 배제시킨 사람은 이 세상에 대해 이미 형성되어 있는 규범, 도리, 규칙 없이 세상을 살아갑니다. 그렇기 때문에 매 상황마다 꾀를 내어 자기만의 새로운 규칙이나 법칙을 만들어 나가면서 대처합니다. [부모자아]가 배제된 사람들 중에는 정치가, 사업가, 조직폭력배 등의 수완 있는 사람들이 많습니다. 이들은 오래되거나 이전에 있었던 것들(규범, 도리, 규칙) 중 좋은 것도, 맞지 않은 것도 있지만 이러한 것을 모두 무시하고 자신의 사적인 이익에 맞게 새로 만들어 적용합니다.

[어른자아]를 배제시킨 사람은 성인으로서 현실에 대한 검증과 판단, 분별 능력 없이 내면에서 일어나는 [부모자아]-[어린이자아]

간의 주도권 싸움에 휘말립니다. 그리하여 행동, 감정, 사고에는 [부모자아]-[어린이자아] 간의 끊임없는 갈등이 반영됩니다. [어른자아]의 현실검증 능력을 사용하지 못하기 때문에 사고나 행동이 이상하고 심지어는 정신병 진단을 받기도 합니다.

[어린이자아]가 배제된 사람은 어린 시절에 경험한 감정, 기억이 막혀 있습니다. 어린 시절을 어떻게 보냈느냐고 물으면, 모른다거나 별로 기억이 없다고 말합니다.

자신의 자연스런 감정 표현은 [어린이자아]에 의해 가능한데 [어린이자아]가 배제된 사람은 감정을 잘 사용하지 못하기 때문에 냉담하거나 이성적이고 지적으로만 반응하기 쉽습니다.

나아가 [부모자아]에 의해 오염된 [어른자아]가 [어린이자아]를 배제(차단)하거나, 배제된 [어린이자아]가 [부모자아]를 배제(차단)할 때 다음의 두 가지 상황이 일어납니다.

즐길 줄 모르는 사람

일 중독자는 [부모자아] 때문에 오염된 [어른자아]가 [어린이자아]를 완전히 차단하는 경우입니다. (그림 28) 이런 사람은 늦게까지 일하고, 모든 일을 자신이 해야 직성이 풀리고, 가족이 스키 여행이나 피크닉 계획을 세우는 걸 좋아하지 않습니다. 완고하고 엄격하며 책임을 중시하는 부모 밑에서 억눌린 어린 시절을 보냈을 가능성이 높습니다. 그 상황에서는 [어린이자아]의 전원을 완전히 꺼버리는 것만이 살아남을 수 있는 유일한 방법이었습니다.

그는 경험으로 [어린이자아]가 드러날 때마다 문제가 생긴다는 것을 알고 있습니다. "네 방으로 가!" "어른이랑 있을 때는 입 다물어!" "몇 번을 말해야 돼?!" "철 좀 들어!" 게다가 얌전하게 열심히 공부하고 어른들 말에 순종한 덕분에 무언가 보상을 받았다면 이 아이는 [부모자아]의 명령에 절대 복종하고 아이다운 충동이나 호기심을 억누르는 것이 현명한 인생이라고 생각하게 됩니다.

이런 사람의 [어린이자아]에는 행복했던 기록이 거의 없습니다. 행복한 [어린이자아]가 거의 없기 때문에 행복한 [어린이자아]를 드러낼 줄도 모릅니다. 하지만 상담을 받으면서 자신의 방식이 현

그림 28 [부모]에 완전히 오염되어서 [어린이]를 차단한 [어른]

재의 가족에서 맞지 않고 아내와 아이들의 [어린이자아]를 계속 차단하다가는 가족관계가 무너질 수도 있다는 걸 잘 알게 됩니다.

그는 [어른자아]의 의도적인 노력으로 가족과 여행이나 정시퇴근, 아이들과의 놀이와 대화([어른자아]로 훈계도 하고)로 가족과 좀더 많은 시간을 보낼 수 있습니다.

그는 [어른자아]로 가족을 사랑하고 지키는 것이 중요하다는 사실을 깨달을 수 있습니다. 물론 그의 [부모자아]에 담긴 내용을 바꾸거나, [어린이자아] 기록을 새로 조작할 수는 없습니다. 그럼에도 앞으로 만족스런 인생을 살아가게 해줄 통찰을 얻을 수는 있습니다.

양심 없는 사람

[어른자아]가 [어린이자아]에 완전히 오염되어서 [부모자아]까지 차단한 경우에는 개인 차원에서도 사회 차원에서도 문제가 될 수 있습니다. (그림 29) 부모(혹은 그 대리인)가 매우 잔인하고 무서울 경우나 아이의 응석을 있는 대로 다 받아주었을 경우에 이렇게 될 수 있습니다.

이런 경우 아이가 삶을 버틸 수 있는 방법은 '부모를 배척하거나' 차단해버리는 것뿐입니다. 이것은 일반적인 정신병리이기도 한데 인생의 첫 태도인 자기부정-타인긍정의 태도를 포기하고 자기긍정-타인부정의 태도로 이동하면서 생겨납니다.

이런 아이들은 자기 부모를 완전히 부정합니다. 아이는 자기 내면에서 부모를 거부하고 차단합니다. 이런 태도가 극단으로 치달으면 살인을 저지르기도 합니다. 거기까지는 아니더라도 아이의 마음속에 부모가 차지하는 공간이 전혀 없기 때문에 [부모자아]가 없습니다. 아이는 고통스러운 [부모자아]를 배척한 것뿐이지만 이와 함께 [부모자아]에게 있던 '좋은 점'도 같이 배척하고 만 것입니다. 따라서 이런 사람에게는 사회문화적 규범에 맞는 데이터가 전혀 없습니다. 양심을 기록한 경험이 없기 때문에 양심에 따른 교류를 못합니다.

[어린이자아]에 의해 오염된 그의 [어른자아]는 타인에 대한 배려는 안중에 없습니다. 단지 [어린이자아]가 시키는 대로만 행동합니다. [어른자아]는 결과를 예측할 수 있지만 [어린이자아]에 오염된 [어른자아]는 자신에게만 관심이 있을 뿐 다른 사람의 고통은 거의 고려하지 않습니다. 예외가 있긴 하지만 대체로 보면 사랑받은 적이 없는 사람은 남을 사랑할 줄도 모릅니다.

태어나자마자 5년 동안 아이는 살아남으려고 정신적 육체적으로 계속 힘든 싸움을 벌여야 했습니다. 이때의 갈등 경험은 평생 지속될 가능성이 높습니다. [부모자아]의 유무를 알려면 그 사람이 수치심이나 양심의 가책, 당혹감, 죄의식 등을 느끼는지 알아보면 됩니다. 이런 감정들은 [부모자아]가 '[어린이자아]를 이겼을 때' [어린이자아]가 느끼는 감정입니다. 따라서 이런 감정을 느끼지 못한다는 건 [부모자아]가 없다는 의미일 수 있습니다. 아동학대로 체포된 사람이 일말의 죄책감도, 또 양심의 가책도 전혀 보이지 않고, 잡힌 것만 억울해 하면, 이는 그의 [부모자아]가 제대로 작동하지 않기 때문입니다. 하지만 이런 사람들을 구제불능의 사회악으로 보면 안 됩니다. 물론 이런 사람들을 치료하기는 무척 어렵습니다. 애초부터 존재하지 않은 [부모자아]의 기능을 되살릴 수는 없는 법이니 말입니다.

원숭이를 이용한 여러 실험은 흥미로운 결과를 보여줍니다. 태어나자마자 엄마 원숭이와 떨어져 가짜 인형 엄마원숭이와 함께 자란 아기 원숭이들도 이 털복숭이 가짜 엄마 옆에 달라붙어 떨어지지 않습니다. 하지만 가짜 엄마와 함께 자란 원숭이들은 발정기가 지났는데도 생식 능력이 현격히 떨어졌고, 새끼를 낳아도 자식을 제대로 돌보지 못했습니다.[2] 한 번도 양육하는 모습을 본 적이 없기 때문에 모성본능 자체가 부족했던 것입니다. [부모자아]에 양

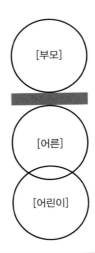

그림 29 [어린이]에 완전히 오염되어서 [부모]를 차단한 [어른]

육과 모성본능 데이터가 없기 때문에 재연도 불가능했습니다.

하지만 사람은 다릅니다. [부모자아]가 차단된 사람도 원숭이와 달리 초기의 데이터 없이 현실과 답을 찾을 수 있는 120억 개의 세포로 짜인 컴퓨터가 있습니다. 정신이상의 범죄자도 자신의 [어른자아]로 P−A−C를 이해할 수 '있기' 때문에 장차 자신의 앞길에 더 이상 범죄와 체포, 기소라는 이력이 생기지 않도록 노력하고 변화를 이뤄낼 수 있습니다. 또 그의 [부모자아]가 [어른자아]에 데이터를 공급하지는 못하지만, 그의 [어른자아]가 충분히 강해지면 그는 다른 사람의 인정과 존경을 받는 성공적인 삶을 누릴 수도 있습니다. 가능성이 있는 한 우리는 범죄자들도 사회로 복귀시키려는 노력을 절대 포기하지 말아야 합니다.

[어른자아]의 활동 중단

정신질환자에게서 [어른자아]가 완전히 배제(차단)된 사례를 볼 수 있습니다. (그림 30) 이들은 [어른자아]가 작동하지 않기 때문에 현실 감각이 전혀 없습니다. 이들은 [부모자아]와 [어린이자아]를 아무 여과 없이 그대로 드러냅니다. 또 입력된 데이터가 엉망으로 뒤섞여 있어서 과거의 경험이 서로 뒤섞여 재연될 때가 많습니다. 하지만 어린 시절에 자신도 이해 못하는 상태에서 입력된 데이터들이 현재에 나타난 이유를 알 수 없습니다.

여성 정신질환자도 비슷한 증상을 보였습니다. 그녀는 야외 활동을 할 때 자신이 멋대로 만들어서 노래를 즐겨 했는데, 신체 기능을 외설스럽게 표현한 부분이 많았습니다. 이 이상한 노랫말은 선과 악, 하고 싶은 것과 말아야 할 것, 구원과 저주에 관한 [부모자아]와 [어린이자아]의 오랜 갈등을 그대로 재연하는 것처럼 보였습니다. 이 노랫말은 그녀의 [부모자아]와 [어린이자아]에 대한 것들을 여과 없이 보여줍니다.

그녀가 [어른자아]를 상실한 것을 보면 이 갈등이 얼마나 심각했는지 알 수 있습니다. '너무 힘든 싸움이야, 그만둘래.' 하지만 포기한다고 마음의 평화가 얻어진 건 아닙니다. 그녀는 어린 시절에 느꼈던 공포를 지금도 그대로 느끼고 있습니다.

정신질환자를 치료할 때는 이런 공포심을 줄이는 것이 가장 중요합니다. 무엇보다 정신과의사는 환자와 첫 대면을 할 때부터 자기긍정–타인긍정 태도를 보여주어야 효과적인 치료를 할 수 있습니다. 내 동료인 고든 하일베르그Gordon Hailberg는 스톡튼 주립병원에서 환자들을 자기긍정–타인긍정의 태도로 대했을 때(1963년) 높은 치료 효과를 보았다고 보고했습니다.

심리상담가는 처음부터 자기긍정–타인긍정의 태도로 치료에 임해야 한다. 치료는 환자와 상담자 사이에 눈짓이 오가는 순간부터 시작되기 때문이다. 정신질환자들은 좀 더 의미 있는 인간관계를 갈망한다. 그들은 타인의 반응을 매우 민감하게 알아내기 때문에, 자신을 자기긍정–타인긍정의 태도로 대하는 사람을 만나는 것 자체가 새롭고 흥미진진한 경험이다. 이런 인간적인 관계가 환

자의 [어른자아]를 '낚아 올려' [어른자아]로 하여금 "어떻게 해서
당신은 밖에 있는데, 나는 안에 있게 된 거지?"란 질문을 던지게
만든다.

물론 바로 답을 얻지는 못한다. 그래도 상담자가 환자의 가장
파괴적인 행동과 심리게임을 어느 정도 다스리고 나면, 환자의
[어른자아]는 직관적으로 답을 얻는다. 상담자는 예를 들어 "당신
이 사람들을 겁주고 있다"는 식으로 간단명료한 정보를 제공한다.
환자에게 그가 괜찮은 사람이고, 세상에 하나밖에 없는 소중한 존
재라는 사실을 진솔하게 알려주면, 환자는 희망을 갖기 시작한다.
이렇게 [어른자아]가 데이터를 처리하고 남의 말을 듣고 학습하고
의사결정을 돕기 시작할 수 있게 되면, 환자의 내면 재생력이 작
동하기 시작하고, 본격적인 치료 과정이 시작된다.[3]

나는 정신질환자를 포함해서 10명에서 20명 정도로 구성되는
집단 심리치료 프로그램을 운영하고 있습니다. 이 프로그램에서
환자들과 맺는 약속 중에는 자기긍정-타인긍정 태도를 가져야
한다는 것도 포함되어 있습니다. 이렇게 되면 환자들은 지지를
받으며 위로받고 안정됩니다. [어른자아]의 복귀 무대가 마련된
것입니다.

한 번은 집단치료 프로그램을 진행하는데 한 여성 참가자가 스
커트 주름을 펴기도 하고, 스커트 자락을 무릎 아래로 계속 끌어
내리기도 하면서, 치료 시간 내내 앉았다 일어섰다를 반복했습니
다. 다른 참가자들도 그녀의 행동을 알아차렸지만 겉으로 내색하

거나 불편함 없이 토론을 진행하였습니다. 프로그램은 처음 30분은 P−A−C를 설명하였고, 나머지 시간은 참가자들끼리 토론하는 방식으로 진행되었습니다.

　토론이 끝나고 옆자리에 앉았던 남자가 그 여자에게 말했습니다. "당신이 하는 행동을 계속 지켜봤는데요, 스커트 주름을 열아홉 번 매만지더군요." 그녀는 자신이 그런 행동을 했다는 사실에 놀란 듯, "정말이요?" 하고 되물었습니다.

　그녀는 강박증 없이 [어른자아]로 반응을 내보였습니다. 잠깐이긴 하지만, 이러한 반응은 그녀의 [어른자아]가 움직이기 시작하면서 현실감각을 다시 확립할 수 있다는 사인을 보여줬습니다. 또한 P−A−C를 학습할 수 있는 단계로 발전했다는 의미입니다. 이제 이 환자는 자신의 행동을 관찰하면서 자신을 더 많이 이해할

그림 30 차단되거나 활동이 중단된 [어른](정신질환)

수 있을 겁니다.

끝없는 지루함

어떤 사람은 무엇에도 흥미를 느끼지 못합니다. [부모자아]와 [어린이자아]에 무미건조한 기록만이 담겨 있어 그의 내면에는 활기찬 눈으로 세상을 바라볼 데이터가 전무합니다. 이런 증상이 임상에서 뚜렷하게 나타나는 예로 경증 우울증을 앓거나("행복은 내 것이 아니야"), 인생이 지루하다고 생각하는 사람을 들 수 있습니다. 이런 경우 그의 부모도 무미건조하고 둔감하며 모호한 성격인 경우가 대부분입니다. 벌을 주지도 않았지만 칭찬도 하지 않았습니다. 그들은 어디에도 열정을 보이지 않습니다.

이런 부모 밑에서 자란 사람은 어린 시절 외부 세계를 경험할 때 흥분이라는 것을 맛본 적이 없습니다. 특별히 말썽도 피우지 않았고 '착한' 아이라는 소리를 듣고 자랐지만, 다른 아이들과 친하게 지낸 적도 거의 없습니다. 있는 듯 없는 듯 주위의 관심을 별로 받지 못했습니다. 아이의 [어른자아]가 현실을 인식하지 못하는 건 아니지만, 현실 자체가 무미건조함의 연속일 뿐입니다. 이런 경우 훗날 [어른자아]가 독립성과 자율성을 갖춘다 해도 타인과의 유대관계에서 긍정적 가치를 발견할 수 없습니다. ([부모자아가 타인과 유대관계를 중시하는 경우라면 이 가치는 제일 먼저 [부모자아]에 나타난다.)

그의 인격은 컴퓨터와 흡사합니다. 다른 사람들이 파티에서 놀 때 그는 구석에서 잡지를 뒤적이며 자신이 유일하게 할 줄 아는 데이터 수집만 계속합니다. 이런 사람이 결심을 하고 치료를 받으러 오면 이렇게 묻습니다. "정말로 이것 말고는 다른 방법이 없는 걸까요?" 그는 사회와는 아무 문제가 없지만, 자기 자신과는 많은 문제가 있습니다. 어린 시절 그의 현실이 제한돼 있었듯 현재 현실도 제한돼 있습니다.

어떤 면에서는 "위대함을 바라보는 관습적인 시각을 바꾸지 않으면 도덕 교육은 아무 의미도 없다"는 알프레도 노스 화이트헤드 Alfred North Whitehead의 말이 이런 상황을 잘 설명해주고 있습니다. '도덕'이라는 것을 가치체계라고 생각해 봅시다. 재미있고 창의적이며 생산적인 사람이 되는 것을 긍정적인 가치라고 보면 삶에 대한 첫인상이 따분함이었던 사람이 자신을 따분하게 보는 것은 어쩌면 당연합니다. 인간관계에 획기적인 전기가 생기지 않은 한 지루하고 따분한 사람이 되는 또 다른 이유가 있습니다. 아이들은 끝없는 호기심으로 인생을 시작합니다. 연기는 왜 위로 올라가는지, 비는 왜 아래로 떨어지는지, 신은 누가 만들었고, 자신은 누가 만들었는지, 모든 것이 궁금합니다. 하지만 아이에게 피상적이거나 틀린 답을 계속 주면 탐구는 중단되고 아이는 따분한 삶을 살게 됩니다. 아이의 컴퓨터는 광범위한 관심 영역의 탐색을 그만둡니다. 답을 알아내봤자 혼란만 더해질 뿐이기 때문입니다.

이런 따분함은 독실한 기독교 집안에서 자란 고등학생, 대학생들이 흔히 보이는 증상입니다. 진실을 추구해도 돌아오는 답이 뻔하기 때문입니다. 그들이 추구하는 진실(관찰과 증명이 가능한 자료가 제시하는 진실)을 가로막는 방해물이 많은데다 진실을 알아내도 종교적인 믿음과 상충되기 때문에 둘 사이에서 양자택일을 해야 합니다. 물론 모든 신자가 천편일률적인 대답을 하진 않지만 일부 종교 집단이 여전히 증명되지 않은 교리를 고집하는 데서 발생하는 문제입니다.

P-A-C에 담긴 내용의 차이

지금까지 [부모자아], [어른자아], [어린이자아]의 구조가 다른 것이 사람들 간의 차이를 가져온다는 점을 확인했습니다. 그리고 자아의 구조가 임상 문제로 나타나는 경우가 많다는 점도 확인했습니다.

그런데 같은 구조라도 '건강함'은 사람마다 다릅니다. 건강하다는 것의 정의는 독립적인 [어른자아]가 일관되게 모든 교류를 책임지는 것입니다. 다시 말해 교류를 할 때마다 [어른자아]가 [부모자아]와 [어린이자아]와 현실 세계에서 데이터를 수집한 뒤, 취할 행동을 결정하는 것입니다. 데이터를 더 많이 수집할수록 [어른자아]가 적절한 결정을 내릴 가능성이 더 높아집니다.

어렸을 때 냄비와 프라이팬을 마음껏 탐구해보고 꽃이 핀 들판에서 애완견이나 친구들과 마음껏 뛰어놀고 농장으로 소풍을 가보고 잠자기 전에 동화를 듣고 크리스마스와 추수감사절에 식구들과 왁자지껄하게 지내고 다양한 장난감 놀이를 해보고 다양한 이야기를 듣고 인자한 부모와 열린 대화를 친근하게 많이 나눠본 아이일수록 [부모자아]에 담긴 데이터가 많고, [어린이자아]에도 긍정적인 감정이 많습니다. 하지만 고립된 환경이나 과보호 속에서 자란 아이는 그렇지 못합니다.

어렸을 때 이런저런 식으로 부정적인 태도를 극복해본 아이는 [어른자아]를 견고하게 만듭니다. 용기를 내어 더 많은 것을 탐험하고, 더 많은 것을 배웁니다. 또 '쾌활하고 똑똑한 아이'라는 칭찬을 들으면서 자신감을 기르기 때문에, 아이의 태도는 더욱더 긍정적이게 됩니다. 이렇게 되려면 가족의 역할 못지않게 자신의 역할도 중요합니다. 다만 이 과정에서 실제로는 아이의 관심이 아닌데도 부모의 부당한 압력이나 지나친 요구로 탐구하게 해서는 안 된다는 사실을 명심해야 합니다.

자신의 P−A−C를 이해하면 우리는 자신의 [부모자아]와 [어린이자아]에 든 내용과 들어 있지 '않은' 내용이 뭔지 알 수 있습니다. 가령 '나는 평범하고 재미없는 아이야. 그게 바로 나인걸.'하고 속으로 우울해하는 소녀가 있습니다. 하지만 자신의 [부모자아]와 [어린이자아]에 재미있는 삶에 대한 데이터가 부족한 것은 어린 시절에 평범하고 무미건조한 삶을 살았기 때문임을 이해한다면 이 소녀는 [어른자아]의 노력을 통해 평범하지 않고 진부하지 않은 삶을 외부세계에서 찾아낼 수 있습니다. 물론 시간이 많이 걸릴 수 있습니다. 또 재미있긴 해도 여전히 파티를 좋아하지 않을 수는 있습니다. 하지만 소녀는 '선택권이 자신에게 있다'는 사실을 깨닫게 됩니다.

자신의 성격적 결함을 탓하는 것이 결함을 고치는 데 도움이 되는 일은 거의 없습니다. 그러니 "내가 원래 그렇지"라고 한탄하거나, 그렇게 만든 부모를 원망하기보다는, "난 달라질 수 있어"라고 생각하는 편이 훨씬 유익합니다.

우리는
어떻게

시간을
사용하는가?

우리가 가장 원하는 것은 시간이다.
그런데 맙소사! 우리는 최악의 방식으로 시간을 쓰고 있다.

———

윌리엄 펜

20세기에 이루어진 매우 극적인 과학 모험 중 으뜸은 당연히 우주 탐험입니다. 우리는 우주가 무한하다는 사실을 이해하는 것만으로는 만족할 수 없습니다. 우리는 획기적인 표식, 예를 들면 우주정거장이나, 무한한 우주를 탐색할 수 있는 우주선을 쏘아 올릴 수학 공식을 원하고 있습니다. 우주를 이해하고, 정의하고, 어떤 의미에서는 잘 활용하기를 원하는 겁니다.

또 다른 위대한 우주적 실체는 시간입니다. 우리는 죽음을 존재의 소멸로 받아들일 수도 있고, 이해할 수 없는 죽음의 이면, 불멸을 믿을 수도 있습니다. 하지만 우주(공간)를 정의할 때와 마찬가지로 시간을 정의할 때에도 출발점을 정해야 합니다. 보통 인간의 수명을 (저자가 이 책을 집필할 당시) 평균 70년 정도로 정하고 있습니다. 중요한 것은 이 주어진 시간을 어떻게 사용하느냐에 있습니다. 그중에서도 최대 관심사는 더 작은 단위의 시간, 즉 다음 주, 내일, 다음 시간, 그리고 지금 이 순간을 다루는 방법입니다.

"인생은 작게 쪼개기에는 너무 짧다"고 한 디즈레일리Disraeli(19세기 영국의 정치가-옮긴이)의 말에 우리는 충분히 공감합니다. 그런데 안타깝게도 우리는 인생의 대부분을 그저 그렇게 흘려보내고 있습니다. 이 점에서 시간 사용법 탐구는 우주 탐험보다도 훨씬 중요한 문제입니다. 존 하우John Howe는 이렇게 말했습니다. "인생을 송두리째 내던지기는 그토록 겁내면서, 잘게 쪼개진 인생은 아무렇지도 않게 내던지다니, 이 얼마나 어리석은 짓인가!"

우리는 우주가 무한하다는 사실만으로는 만족하지 못합니다. 마찬가지로 시간이 무한하다는 사실을 이해한다고 해서, 우리의 갈증이 사라지지 않습니다. 많은 사람들이 "다가올 시간을 어떻게 쓰지?"라는 의문에 끝없이 시달리고 있습니다. 하지만 이 문제는 시간관리를 잘 할수록 더 쉽게 풀립니다. 대부분의 사람들은 가정과 직장에서도 바쁜 일이 많아 자신을 위한 시간이 거의 없습니다. '다음 시간'에 할 일이 이미 정해져 있습니다. 사람들은 시간을 체계적으로 짜려고 애쓰지만 실상 많은 사람들이 자신의 스케줄을 외부(타인이나 조직 등)에 의지합니다. "뭘 해야 할지 알려줘." "다음에 뭘 할까?" "우리에게 필요한건 우리가 시간을 잘 보낼 수 있도록 해 주는 리더십이야."

시간을 사용하는 방법인 시간 구조화time structuring에 대한 갈증은 인정받고자 하는 욕구에서 비롯됩니다. 이 욕구는 어린 시절 스트로크에 대한 갈증에서 비롯됩니다. 어린아이는 어째서 시간을 체계 있게 짜야 하는지 이해할 수 없습니다. 그래서 자신이 하고 싶은 일을 하면서 시간을 보냅니다. 하지만 나이가 들수록 아이는 더 큰 보상을 받기 위해 순간의 만족을 포기해야 한다는 사실을 배우게 됩니다. "지금 밖에 나가서 수지랑 진흙놀이를 할 수도 있지. 하지만 20분만 기다리면 예쁜 옷을 입고 아빠랑 백화점에 갈 수 있어."

이것이 바로 시간을 구조화할 때 마주치는 근본 문제입니다. 어느 것이 더 재미있을까요? 어떤 행동이 더 큰 보상을 가져다줄까요? 나이가 들수록 우리는 더 많은 질문들 중에 하나를 선택해야 합니다. 하지만 부정적 감정 안에서는 자신이 원하는 것을 자유롭게 선택하지 못합니다. 에릭 번은 사람들의 교류를 관찰하면서 모든 교류에는 여섯 시간 구조화 방식이 있다는 것을 규명하였습니다.

이 여섯 가지는 폐쇄withdrawal, 의식rituals, 활동activities, 잡담pastimes, 게임games, 친밀intimacy 입니다.

폐쇄는 상대방과 직접 교류하는 행동은 아니지만 사회적 환경에 의해 발생합니다. 어떤 사람이 따분한 직장 동료들과 점심을 먹고 있습니다. 그런데 동료들이 스트로크를 주지 않고 받는 것에만 신경을 쓰면, 그는 전날 밤의 좋았던 스트로크에 대한 환상 속으로 폐쇄됩니다. 그의 몸은 동료들과 함께 점심을 먹고 있지만, '그의 정신'은 이곳에 없습니다.

따스한 봄날 학생들의 몸은 교실에 있지만 '생각'은 수영장에 가 있거나, 하늘에 대고 폭죽을 쏘고 있거나, 등나무 아래서 나눴던 멋진 키스를 떠올리고 있을 수 있습니다. 이렇게 폐쇄를 경험할 때, 몸만 그 자리에 있을 뿐, 마음과 머리는 계속 다른 곳을 헤매고 있습니다. 그러나 교류를 할 때마다 폐쇄하는 게 아니라면, 또는 아내와 이야기하는 중이 아니라면, 폐쇄가 그렇게 해로운 건 아닙니다.

의식은 어떤 특정한 일에서 사회가 합의한 방식대로 시간을 사용하는 것을 뜻합니다. 교류에 집중하거나 상대에게 크게 관여하지 않아도 어느 정도 정해진 결과가 나온다는 점에서 의식은 시간을 안전하게 사용하는 방법입니다. 또한 정해진 의식에서 어긋나지 않고 '보조를 맞추기만' 하면 유쾌한 경험이 되기도 합니다. 의식에는 예배 의식, 환영 의식, 칵테일파티 의식, 침실에서의 의식 등 다양한 종류가 있습니다. 의식은 누구에게도 가까이 접근하지 않으면서 한 무리의 사람들이 함께 그 시간을 통과하기 위해 고안되었습니다.

가까이 접근할 수도 있지만 꼭 해야 하는 건 아닙니다. 어색한 종교 행사에 참석해 "형제여, 당신은 구원받았습니까?"라는 불편한 질문을 받기보다는 의식만 중시하는 예배에 참석하는 것이 마음 편합니다. 여섯 명이 먹는 조촐한 저녁 대신 익명성이 보장된 칵테일파티가 덜 번거롭습니다. 이런 경우 헌신도가 낮은 만큼 성취감도 낮습니다. 폐쇄처럼 의식도 다른 사람들과의 거리를 유지시켜 준다는 장점이 있습니다.

에릭 번은 활동을 "외부 현실이라는 소재를 다루기 위해 고안되어 시간을 구조화하는, 일상적이고 편리하고 부담 없으며 실용적인 방법"이라고 정의합니다.[1] 흔한 활동으로는 사업상의 약속 지키기, 설거지하기, 집짓기, 글쓰기, 눈 치우기, 기말고사 준비하기 등이 있습니다. 창의성과 생산성 면에서 이런 활동은 그 자체로도 대단히 만족스럽거나 업무 성과에 대한 보상이란 면에서 장래에 도움이 되는 만족을 가져올 수 있습니다.

하지만 활동하는 동안 특별히 다른 사람과 가깝게 지낼 필요는 없습니다. 그럴 수도 있지만 꼭 그래야 하는 건 아닙니다. 사실 의식을 피하려고 일을 이용하는 사람들도 있습니다. 그들은 집에 들어가는 대신 사무실에 늦게까지 남아서 일하고, 친구를 사귀는 대신 백만 달러를 버는데 시간을 사용합니다. 폐쇄나 의식처럼 활동도 우리를 타인으로부터 떨어져 있게 할 수 있습니다.

잡담도 시간을 보내는 방법 중에 하나입니다. 에릭 번은 잡담을 이렇게 정의했습니다.

> ……잡담은 직접적인 교류이다. … 유쾌하고 논리적이면서 쾌활한 사람과 나누는 잡담은 그 자체로도 큰 만족을 제공해준다. 하지만 그렇지 못한 사람, 가령 신경과민에 걸린 사람과 나누는 잡담은 말 그대로 시간 때우기에 불과할 수 있다. 사람들은 상대방을 더 파악하고, 지겨운 시간을 때우고, 잠자기 전이나 휴가 가기 전, 수업 시작 전, 본격적인 심리상담 시작 전, 회의를 하기 전, 죽음이 오기 전까지의 시간을 때우려고 잡담을 이용한다.
>
> 잡담을 잘 활용하면 긍정적이고 만족스러운 스트로크를 얻는다는 장점이 있다. 또한 상대방과 안면을 터서 훗날 좀 더 깊은 대화를 나눌 수 있다는 장점도 있다. 어느 경우든 사람들은 잡담을 자신이 원하는 것을 얻을 기회로 보고 이를 활용한다.[2]

원만한 잡담을 나누지 못하면 사교력이 떨어집니다. 처음 만나는 사람에게 경계심을 일으키지 않고, 별다른 노력 없이 그 사람에 대한 정보를 알아내고 싶을 때 가장 손쉬운 방법이 잡담을 나누는 것입니다. 번의 주장에 따르면, "잡담은 시간을 같이 보내고 싶은 사람을 골라서 잘 아는 사이가 되게 해주고", 나아가 "관계에서의 역할을 확정하고 지위를 굳히는 데 유리한 수단"이라고 했습니다.

인간관계를 발전시켜서 흥미진진하고 긍정적인 스트로크를 얻으려고 날씨 등 특정 주제를 두고 잡담을 나눕니다.

A: 폭풍우가 올 것 같네요.
B: 예, 먹구름이 잔뜩 껴 있네요.
A: 비행기를 몰다가 샌프란시스코 만에서 돌풍을 만난 적이 있어요.
B: 와, 비행기를 직접 운전하세요?

사교 모임 등에서 잡담이 유용한 건 사실이지만 관계가 진전을 이루지 못하면 흐지부지 끝나거나 소리 없는 절망만 커져 따분함만 느끼게 되며 자칫 게임으로 진전될 수도 있습니다. 결국 폐쇄나 의식, 활동처럼 잡담 역시 사람들 간의 거리를 좁히지 못할 수 있습니다.

게임은 번의 베스트셀러 《심리게임》에 자세히 설명해 놓았을 정도로 중요한 교류 현상입니다. 거의 모든 게임이 문제를 일으킵니다. 게임은 게임을 거는 사람과 게임에 걸리는 사람 사이에서 벌어지기 때문에 게임의 속성을 이해하려면 "왜 나한테만 항상 이런 일이 생기는 거지?"라는 질문에 답해야만 합니다. 번은 '게임'이란 단어를 오해하지 말아야 한다고 했습니다. 게임에는 재미나 놀이의 뜻만 있는 게 아닙니다. 번은 교류에서 게임이 갖는 의미를 다음과 같이 정의했습니다.

게임은 마음을 숨긴 채 잘 다듬어진 예측 가능한 결말을 얻으려고 진행되는, 일련의 상호 보완적 교류이다. 자세히 설명하면 게임은 진짜 동기는 숨긴 채 겉으로만 그럴듯하게 포장해서 이루어지는 반복적 교류다.

게임에는 함정이나 '속임수'가 들어 있다. 게임은 (1) 이면적인 속성이 있고, (2) 대가가 있다는 점에서 의식, 잡담과 완전히 다르다. 의식도 효과적일 수 있고, 잡담도 유익할 수 있지만, 규정상 이 둘은 경쟁은 있지만 갈등은 없고, 결말이 감정이 약간 상할 순 있지만 극적이지는 않다. 반면에 게임은 기본적으로 속셈을 숨긴 채 진행하기 때문에 단순히 흥분되는 것과는 다른 극적인 결말이 발생한다.[3]

3장처럼 모든 게임은 네 살 아이들이 흔히 벌이는 "내 것이 네 것보다 더 좋아" 게임이 발전된 것입니다. 어렸을 때 이런 게임을 하면 자기부정의 감정 상태에서 잠시나마 벗어날 수 있습니다. 어른들은 진짜 감정을 드러내지 않은 채 좀 더 복잡한 게임을 수행하고 있는 점이 다를 뿐입니다.

어린 아이가 "내 것이 네 것보다 더 좋아"라고 할 때 그 아이의 진짜 감정은 "나는 너보다 못해"입니다. 수동적 공격입니다. 평상심을 유지하고자 한다는 점에서 보면 방어적인 표현입니다. 또 어른들 게임처럼 내기를 하기도 합니다. "내 것이 네 것보다 더 좋아"를 지나치게 우기면 게임은 안 좋은 결과들, 즉 발길질이나 주먹질, 필사적인 항변으로 마무리됩니다. 결국 게임을 건 아이는 제자리로 돌아가 자기부정의 상태만 확인합니다. 그리고 아이는 굳어진 감정태도를 계속 유지하는데서 오는 부정적인 안정감에 중독되게 됩니다.

이것이 모든 게임의 속성입니다. 폐쇄로 인해 생긴 스트로크 부족을 못 견디는 사람들은 시간을 보내려고(즉 시간구조화의 방법으로) 게임을 하지만, 그들의 자기 부정이 관계의 최고 형태인 친밀함을 불가능하게 만듭니다. 그렇지만 비참한 결과라도 없는 것보다는 낫습니다. 어떤 코미디언이 말했듯 숨을 못 쉬는 것보다야 남의 입냄새를 맡는 게 낫습니다. 전혀 관계를 맺지 못하는 것보다는 공격적인 게임이라도 하는 게 낫습니다. 리처드 골드스톤 Richard Galdston 박사는 학대 아동에 대해 이렇게 적었습니다.

"성장하는 아이들은 분노의 열기 속에서는 살아남지만, 무관심의 냉기 속에서는 말라죽기 쉽다."[4]

역설적으로 생각해보면 참가자 모두가 게임 혜택을 얻습니다. 자신의 상태가 노출될 위험 없이 그 상태를 유지하고 보호하기 때문입니다.

게임의 속성을 좀 더 명확하게 알아보기 위해 (이 게임은 누군가에게 조언을 해주는 상황, 즉 성직자 집무실이나 정신과의사 진료실, 또는 오랫동안 힘겨워하는 친구네 집 부엌에서 자주 벌어진다.) "그래, 하지만" 게임에 참가한 젊은 직장 여성인 제인과 그녀의 친구의 사례를 살펴보겠습니다.

제인: 난 너무 평범하고 아무 매력도 없어. 그러니까 변변한 데이트

한 번 못하지.

친구: 솜씨 좋은 미용실에 가서 머리 모양을 바꿔보는 게 어때?

제인: 그럴까, 하지만 돈이 너무 많이 들어.

친구: 그렇긴 해. 그러면 잡지를 사서 직접 머리를 세팅해 보는 건 어때?

제인: 한 번 해봤는데, 나는 머리칼이 너무 가늘어서 세팅이 잘 안 돼. 뒤로 올리기만 해도 깔끔해 보일 텐데 말이야.

친구: 메이크업 배워 봐. 화장만 잘 해도 얼굴이 완전히 달라 보이잖아?

제인: 그렇긴 한데, 화장품 알레르기가 있거든. 한 번 해봤는데 피부도 거칠어지고 뾰루지까지 나더라.

친구: 민감성 피부를 위한 화장품도 많아. 피부과 의사한테 상담받는 건 어때?

제인: 그 방법도 괜찮긴 한데, 그 사람들 하는 말이야 뻔하지 뭐. 식사 습관을 고치라고 할 걸. 정크 푸드를 너무 많이 먹고, 식단도 균형이 안 잡혀 있다고 말할 테고. 하지만 혼자 살면 원래 다 그런 거 아냐? 됐어. 예쁘다는 건 피부 한꺼풀 차이에 불과한 거잖아.

친구: 맞아. 그러면 문화강좌 한번 수강해 봐. 미술 강좌나 시사프로 그램 강좌를 수강하면 대화 기술을 키우는 데 좋을 것 같은데.

제인: 그렇긴 한데, 야간 강좌밖에 안 되잖아. 퇴근 후에는 힘들어서 아무것도 못해.

친구: 그럼 통신 강좌는?

제인: 괜찮긴 한데, 친구들한테 편지 쓸 시간도 없는데, 통신 강좌를 들을 시간은 낼 수 있을까?

친구: 마음만 먹으면 시간이야 얼마든지 내지.

제인: 그렇긴 한데, 말이야 쉽지. 너야 항상 힘이 넘치잖아. 난 왜 이렇게 항상 피곤한지 몰라.

친구: 일찍 자면 되잖아? 밤늦게까지 심야프로 보는데 피곤한 게 당연하지.

제인: 그렇긴 한데, 그나마도 안 하면 사는 재미가 없잖아. 너도 나처럼 살아 봐. 이렇게 되는 건 시간문제일 걸!

두 사람의 대화는 같은 자리를 맴돌고 있습니다. 제인은 친구가 무언가 제안을 할 때마다 그 제안을 실행에 옮길 수 없는 이유를 댑니다. 그녀는 자신이 평범하고 매력이 없다고 투덜대면서 대화를 시작하지만 실제로는 지금 상태에서 벗어날 방도를 전혀 찾지 않습니다. 따라서 친구의 제안은 공허한 메아리가 될 뿐입니다.

제인의 이런 태도에 질린 친구가 조언을 포기하고 나중에는 제인과 만나기조차 꺼려하게 되면, 제인의 자기 부정적인 태도는 강화될 것입니다. 그리고 이번 대화에서도 제인 자신은 아무런 희망이 없다는 사실을 '입증' 받았을 뿐입니다. 나아가 또 한 명의 친구를 잃게 될 그녀로서는 자신이 "끔찍하지 않아?" 게임을 계속할 수밖에 없는 근거를 또 하나 얻게 된 셈입니다.

에릭 번은 이 "그래, 하지만" 게임은 무한정 계속될 수 있다고 말했습니다.

　　한쪽이 '게임'을 시작하며 문제를 이야기한다. 상대편은 "이렇게 해봐"라면서 해결책을 내놓는다. 상대방이 해결책을 내놓을 때마다 '게임'을 시작한 사람은 "하지만"이라고 반박한다. 게임에 능란한 사람일수록, 자신이 상대방의 조언을 받아들이지 못하는 이유를 그럴 듯하게 둘러댄다. 상대방이 마침내 조언을 포기하는 때가 바로 게임을 시작한 사람이 승리를 거두는 순간이다.

　　가끔 예외는 있지만, 어떤 해결책이든 다 거부한다는 점에서 이 게임에는 숨은 목적이 있다고 볼 수밖에 없다. "그래 하지만" 게임에는 겉으로 드러나는 목적(정보나 해결책을 구하는 [어른자아]) 아래에 자신의 [어린이자아]를 재확인하고 인정받고 싶어 하는 '속임수'가 숨어 있다. 겉보기에는 게임을 거는 사람이 [어른자아]에 따라 행동한다고 볼 수도 있다. 하지만 실제는 상황을 소화할 능력이 없는 [어린이자아]로 움직이기 때문에, 조언을 하는 사람도 [어른자아]가 아닌 [부모자아]에 지배되고 만다. 그래서 무기력한 아이를 돕기 위해 자신의 지식을 나눠주는 상태로 전력하고 마는 것이다. 이것이 바로 게임을 건 사람이 원하는 것이다. 자신의 거절이 상대방의 [부모자아]를 연이어 혼란에 빠뜨리기 때문이다.[5]

(이것은 "내 것이 네 것보다 더 좋아"의 어른 버전이다. 다시 말해 "나는 너보다 못해"라는 진짜 생각을 숨기려고 벌이는 게임이다.) 모든 조

언이 다 거절된 채 게임은 끝났습니다. 결국 도와주지 못했다는 점에서 제인의 문제는 누구도 해결할 수 없다는 게 입증되었습니다. [어린이자아]에 더 강하게 지배당하게 된 제인은 이제 새로운 "끔찍하지 않아?" 게임을 벌입니다. "원래 그런 거야. 난 본래 그래"라고 하면서 말이죠.

번은 《심리 게임》에서 36가지의 게임 유형을 소개했습니다. "끔찍하지 않아?" 게임과 "당신만 없으면 할 수 있어" 게임, "너하고 그 사람하고 싸우자" 게임, "이 자식아, 너 오늘 딱 걸렸어" 게임 등, 번은 일상생활 속에서 흔히 사용하는 말로 제목을 붙여, 게임의 주된 목적과 방법을 잘 설명했습니다.

일반 용어를 사용해서 웃음이 날 정도지만, 게임의 성격은 재미하고는 거리가 멉니다. 소개된 게임들은 자기부정 감정에서 비롯된, 크고 작은 고통에서 자신을 보호하려고 개발한 방어 수단이기 때문입니다.

번의 책은 게임이라는 제목과 복잡한 집단에 대한 새로운 모델 분석으로 대중에게 인기를 끌었습니다. 게임은 P-A-C를 이해하고 함께 적용할 때 유용한 치료 도구가 되었습니다. 단, 게임에 대한 통찰이 없는 경우는 또 다른 적대감만 표현하는 방법이 될 수도 있습니다. P-A-C를 이해하는 사람은 자신들에게 적용해 학문적인 토의를 할 수 있었습니다. 하지만 통찰도 없고, 잘 알지도 못한 채 '게임을 한다'라는 말만 듣게 되면 화가 날 수 있습니다. 오랫동안 이런 현상을 관찰해 온 나의 확고한 생각은 게임분석은 구조와 교류를 분석한 다음에 해야 한다는 것입니다. 자신이 무슨 게임을 하고 있는지 알지 못하면 그 사람은 변화할 가능성이 없습니다. 어린 시절에 만들어진 방어적 기제들을 이해하지도 못하고 갑자기 벗겨내는 것은 위험한 일입니다.

결론적으로 시간구조화 수단 중 하나인 게임도 폐쇄나 의식, 활동, 잡담처럼 사람들 사이의 거리를 좁히는 데는 도움이 되지는 못합니다.

그렇다면 친밀도를 높이려면 시간을 어떻게 사용해야 할까? 조지 사튼George Sarton은 이렇게 주장했습니다. 인간은 통합을 향한 고통스러운 욕구에 시달리는 사람과 그렇지 않은 사람 두 가지 범주로 크게 구분할 수 있습니다. 이 두 유형 사이에는 엄청난 차이가 있는데 '통합파'는 고통스러워하지만 다른 쪽은 평화롭습니다.

지난 수천 년 동안 폐쇄, 의식, 잡담, 활동, 게임은 인간의 삶에서 압도적인 부분을 차지해왔습니다. 지나친 주장이라고 생각할 수도 있습니다. 하지만 가장 잔혹한 게임인 전쟁이 지난 수천 년 동안 끊이지 않고 일어났다는 걸 잊지 말아야 합니다. 흔히 인간 본성 때문에 전쟁이 끊이지 않는다는 걸 알지만 전쟁의 역사가 되풀이 될 수밖에 없다는 현실도 인간은 받아들입니다. 인간에게 평화는 전쟁의 소강상태에서 찾아오는 막간극에 불과할 뿐입니다.

그런데 사튼의 주장대로라면 인간은 서로 떨어져있다는 사실을 받아들이지 못하고, 통합만 고집하는 고통스러운 욕구에 시달리는 사람들이 바로 역사상 가장 큰 문제를 일으켜온 장본인들입니다. 철학의 핵심 원동력도 연결 욕구였습니다. 희망은 언제나 거기에 있었지만, 우리 안의 본원적인 두려움, 즉 친밀감이 자아의 상실을 가져올지 모른다는 두려움을 넘어서지는 못했습니다. 따라서 두 사람 사이의 친밀한 관계는 앞에 나온 다섯 가지 시간 구조화 유형(폐쇄, 의식, 활동, 잡담, 게임)과는 다른 차원에서 생각하는 것이 좋습니다.

친밀한 관계는 두 사람 모두 자기긍정−타인긍정 태도를 받아들이는 것을 전제로 합니다. 그것은 방어적 시간의 구조화가 불필요한 포용적인 사랑입니다. 배풂과 나눔은 사회적 관례에 반응한 것이 아니라 자발적인 기쁨을 표현한 것입니다. 또한 친밀한 관계는 숨겨진 목적이 없으므로 게임 없는 관계가 됩니다. 그것은 두려움 없이 상대를 충분히 인식할 수 있고 실리를 떠나 아름다움을 볼 수 있으며 유대감이 소유욕을 불필요하게 만들 때 가능합니다.

친밀한 관계는 두 사람의 [어른자아]가 책임지고, 자유로운 [어린이자아]의 등장을 허용하는 관계입니다. 이 점에서 [어린이자아]에는 창의적이고 자발적이며 호기심 많고 섬세하며 두려움 없는 타고난 [어린이자아]와 [부모자아]의 문명적 욕구에 순응하는 [어린이자아]Adaptive Child의 두 성향이 있다고 볼 수 있습니다.

[어른자아]가 해방되면 타고난 [어린이자아]를 다시 한번 불러올 수 있습니다. [어른자아]는 [부모자아]의 요구들을 이제 과거의 것으로 확인하고, 타고난 [어린이자아]의 활동 재개를 허락합니다. 덕분에 타고난 [어린이자아]는 자신의 공격적이고 반사회적 처신만이 아니라 자신의 기쁨과 창의성까지도 함께 억눌러야 했던 초기 문명화 과정을 두려워하지 않습니다. 친밀감은 [어린이자

아를 자유롭게 해줍니다. [어린이자아]로 하여금 다시 자유롭게 인식하고, 자기 방식대로 보고, 듣고, 느끼게 해줍니다.

하지만 이것은 친밀한 관계 현상 중 일부에 불과합니다. 친밀한 관계에서는 중요한 기념일에 백화점에서 산 비싼 선물보다 꽃 한 다발에 더 큰 감동을 합니다. 친밀한 부부 사이에서는 결혼기념일을 잊었다고 문제가 되지 않습니다. 하지만 의식으로 유지되는 관계에서는 그런 실수가 문제가 됩니다.

폐쇄, 의식, 활동, 잡담, 게임이 인간관계에서 항상 부적당한지 사람들이 자주 묻습니다. 게임은 거의 항상 파괴적인 영향을 미친다고 볼 수 있습니다. 게임에는 숨은 목적이 있는데 뭔가를 숨기는 관계는 결코 친밀한 관계로 발전할 수 없습니다. 하지만 폐쇄, 의식, 활동, 잡담의 경우 시간을 보내는 데 너무 큰 비중만 차지하지 않는다면 그렇게 파괴적이지 않습니다.

폐쇄는 자신을 돌아보고 심신을 충전하는 기회일 수 있고, 생일파티, 휴가, 퇴근한 아빠 환영하기 등과 같이 기억할 만한 즐거운 순간이 자주 만들어진다면 의식 역시 일상생활에 활력을 줍니다. 활동(일)은 단순히 먹고 살기 위해서만이 아니라 자기만족과 보상을 위해서도 필요합니다. 활동을 통해 지식을 쌓고 훈련을 받은 사람은 자신의 능력과 재능을 충분히 발휘할 수 있습니다. 잡담은 사회생활의 스트레스를 풀어주는 윤활유가 될 수 있습니다.

하지만 이러한 시간구조화 행위들이 멈추고 둘의 관계가 삐걱거린다면 이는 친밀감이 부족하기 때문입니다. 어떤 사람들은 같이 있는 시간에도 죽자고 일만 합니다. 다시 말해 활동 자체는 전혀 해가 되지 않지만, 친밀감은 전혀 없이 오직 일에만 매달린다는 점이 문제입니다.

이제 우리는 새로운 질문을 던져야 합니다. 앞의 다섯 가지 시간쓰기 방법을 벗어버리면 친밀감이 자동으로 생길지 궁금합니다. 친밀감을 정의하기는 쉽지 않지만, 가장 비슷하게 만들 수 있는 조건은 확실합니다.

그 조건이란 게임 안하기와 [어른자아]의 해방, 자기긍정-타인긍정 태도의 충실한 견지입니다. [어른자아]가 해방되면 우리는 우주와 인간에 대한 광범한 지식에 접근할 수 있습니다. 또 철학과 종교를 깊이 있게 탐구하고, 낡은 인습에 구애받지 않고 새로운 사실을 받아들이고, 복잡한 사고가 필요할 때 "이것의 장점이 뭐지?"라고 물으면서 한 번에 하나씩 답을 구할 수 있습니다. 여기에 대해서는 11장에서 자세히 살펴보겠습니다.

자기 부정의 태도가 잘못된 것임을 받아들여야 합니다. 그리고 걱정과 불

안의 게임을 중단하는 것이 나에게 이득이라는 것을 이해해야 합니다. 그

래야만 인간은 마음의 감옥에서 벗어날 수 있습니다.

P-A-C와

부부관계

우리는 희망에 따라 약속하고,
두려움에 따라 움직인다.

———

프랑수와 뒤크 드 라 로슈푸코

친구가 어렸을 적 경험을 얘기해 준 적이 있습니다. 식사가 끝나고, 친구 엄마는 다섯 자녀에게 디저트는 집에서 직접 구운 오트밀 쿠키라고 말하면서 쿠키 단지를 가져와 식탁 위에 올려놓았습니다. 아이들은 야단법석을 떨며 쿠키를 한 움큼씩 집어갔고, 당연히 네 살배기 막내가 마지막으로 손을 넣었습니다. 그런데 남은 쿠키는 한 개밖에 없었고 그나마도 귀퉁이가 부서져 있었습니다. 그 쿠키를 집은 막내는 펑펑 울면서 쿠키를 바닥에 내동댕이쳤습니다. 그리고는 "내 쿠키가 다 부서졌어!"라고 고함을 지르며 울기 시작했습니다.

이처럼 실망을 재앙으로 착각하는 것, 귀퉁이가 부서져 다른 형제들 것만큼 크고 완벽하고 맛있지 않다고 해서, 쿠키 전체를 못 먹게 만드는 것이 [어린이자아]의 본성입니다. 그 친구네에서는 식구 중 하나가 불평불만을 쏟아 내려 할 때마다, "왜, 쿠키라도 부서졌니?" 하면서 이 일화에 빗댄다고 합니다.

결혼생활이 깨질 때에도 이런 일이 일어납니다. 둘 다 또는 어느 한쪽이 [어린이자아]에 사로잡히면 불만이 쌓이기 시작하고 결혼 자체가 깨지게 됩니다.

모든 인간관계 중에서 가장 복잡한 게 부부관계입니다. 어떤 관계도 그토록 극단적인 감정을 일으키거나, 세상에서 가장 축복받은 관계가 정신적인 잔혹함까지 첨가된 차갑고 냉담한 법적 관계로 쉽게 변질되지 않습니다. 두 사람 모두 [부모자아]나 [어린이자아]에 휘둘려서 현실에 맞지 않는 데이터를 부부관계에 계속 적용한다면, 결혼생활은 당연히 파탄에 이르게 됩니다. 하지만 어느 한쪽이라도 부부관계를 유지하기 위해서는 각자 자유롭게 활성화된 [어른자아]가 필요하다는 것을 쉽게 이해할 수 있을 겁니다.

그럼에도 통상 결혼 계약을 성사시키는 것은 [어린이자아]입니다. [어린이자아]는 사랑을 행위가 아닌 느낌으로 이해하고, 사랑과 행복을 자신보다는 상대의 행복을 위해 노력할 때 얻어지는 결과물로서가 아니라 스스로 얻어 내야 하는 목표로 이해합니다.

드물지만 그들의 [부모자아] 속에 좋은 부부 관계에 대한 인상이 담겨 있는 운 좋은 신혼부부들도 있습니다. 하지만 다수는 그런 부부 관계를 본 적이 없습니다. 그래서 그들은 그들이 읽었던 심하게 낭만화 된 소설에서 개념을 빌려옵니다. 그런 소설에서는 잘 나가는 광고회사 중역인 젊고 잘생긴 남편이 예쁘고 상냥한 아내에게 퇴근할 때마다 장미꽃 한 다발을 사다줍니다. 두 사람은 멋진 바닥 타일과 아름다운 창문이 있는 수십만 달러짜리 멋진 집에 살고 있습니다. 집안에는 은은한 촛불이 켜져 있고, 스테레오에서는 멋진 음악이 흘러나옵니다.

환상이 깨지면서 시댁에서 물려받은 카펫이 너덜너덜해지고, 스테레오가 고장 나고, 실직한 남편이 더는 "사랑해"라고 말하지 않을 때, '부서진 쿠키' 녹음을 틀기 시작한 [어린이자아]는 결혼이라는 쇼를 박살내고 맙니다. 그 빌려온 환상이 깨지면서 우울해진 [어린이자아]의 해묵은 부정적인 감정이 배우자 각자의 [어른 자아]를 오염시키고, 달리 비난할 데가 없는 두 사람의 공격성이 서로를 향해 퍼부어지기 시작하는 겁니다.

사람들은 성장 배경과 관심이 비슷한 사람끼리 만나야 행복한 결혼생활을 하게 될 가능성이 크다고 여겨왔습니다. 하지만 [어린이자아]가 결혼 계획의 주도권을 잡으면서 중요한 차이가 무시되는 일이 잦아졌습니다. 그러고는 "우리 둘 다 춤추기를 좋아해", "우리 둘 다 아이를 원해", "우리 둘 다 말을 좋아해", "우리 둘 다 파티를 좋아해" 같은 사소한 공통점을 근거로 "죽음이 우리를 갈라놓을 때까지" 라고 적힌 결혼 서약을 합니다. 그들은 벌어진 어깨, 하얀 치아, 풍만한 가슴, 근사한 자동차 등의 매력이 시들해질 때까지 서로 완벽을 봅니다.

때로는 적의 적은 동지라는 잘못된 전제로 공동전선 안에서 결혼의 결실을 맺기도 합니다. 엄마에게 화난 두 아이가 동병상련의 유대감에서 위안을 구하는 것과 비슷합니다. 어떤 커플들은 사악한 '그들'에게 맞서는 저항의 하나로 결합하기도 합니다. 이들이 미워하는 사악한 '그들'은 가족일 수도 있고, 허풍쟁이 옛 친구일 수도, 혹은 영국 국교회나 미국의 '경박한' 사회제도일 수 있습니다. 혹은 둘 다 야구나 볼링, 목욕, 일을 싫어할 수 있습니다. 두 연인은 같은 환멸을 공유하는 전염성 정신질환을 앓고 있습니다. 하지만 얼마 안가면 그들 스스로가 자신들이 일으킨 증오의 대상이 되고 맙니다. "이건 모두 그들 때문이야" 게임은 "이건 모두 너 때문이야" 게임으로 변질됩니다.

두 사람의 닮은 점과 차이점을 알아보는 가장 유용한 방법의 하나로 결혼 예비 상담을 받을 때 교류분석을 이용해 예비부부의 성격에 대한 자아상태를 그려보는 것입니다. 이 그림으로 두 사람의 닮은 점과 차이점뿐 아니라 각자의 [부모자아]와 [어른자아], [어린이자아] 안에 각각 어떤 데이터들이 담겨 있는지도 심도 있게 알아볼 수 있습니다. 사실 이런 검사를 받기로 합의하는 것 자체가 두 사람 간에 공통점이 많다는 걸 암시합니다. 두 사람 모두 결혼을 진지하게 대하고 있기 때문에 돌다리도 두들겨보는 심정으로 검사를 받는 것입니다.

하지만 혼자 검사를 받는 경우도 있습니다. 이러한 예로 교제 중인 남자의 청혼을 놓고 고민하던 한 여성이 있었습니다. 그녀의 [어린이자아]는 그에게 많이 끌리고 있지만 그녀의 컴퓨터에 든 다른 데이터들은 그와의 결혼을 다시 생각해 볼 것을 권하고 있었습니다. 그녀의 부탁으로 우리는 두 사람의 P-A-C를 분석해 보기로 했습니다.

그녀의 [부모자아]는 강한 편이었습니다. 그 안에는 '해야 할 것'과 '하지 말아야 할 것'에 관한 지침과 훈계가 수없이 담겨 있었습니다. 물론 섣불리 결혼에 뛰어들어서는 안 된다는 훈계도 들어 있었지요. 또한 '비슷한 사람'이 가장 잘 맞는 짝이라는 식의 독선적인 데이터들도 상당수 있었습니다.

그녀에게 이런 강력한 [부모자아]가 있게 된 것은 어린 시절의 성장 배경이 큰 몫을 했습니다. 아빠가 회사 일로 워낙 바쁜 탓에 엄마가 집안일을 모두 관장하면서 아이들을 아주 엄격하게 키웠던 것입니다. 덕분에 그녀의 [부모자아]에는 생일 축하하는 방법, 크리스마스트리 장식하는 방법, 아이 키우는 방법, 상황에 맞게 처신하는 방법 등, '~하는 방법'에 대한 데이터가 가득 저장돼 있었습니다. 강박적일 정도로 엄격한 [부모자아] 때문에 [어린이자아]의 자기부정도 큰 편이었지만, 이에 아랑곳하지 않고 그녀의 [부모자아]는 계속 데이터를 공급하면서 현재의 모든 교류에서 지배적인 역할을 하고 있었습니다.

다음으로 우리는 그녀에게 프로포즈한 청년의 [부모자아]를 검토했습니다. 그는 7살 때 부모가 이혼하고 엄마와 살았는데 엄마는 아들이 사달라는 대로 다 사주었지만 정작 중요한 애정과 관심은 거의 보이지 않았습니다. 사실 엄마 역시 [어린이자아]에 지배되어서 감정적인 편이었습니다. 그의 엄마는 자신의 감정을 통제하지 못하고 미친 듯 물건을 사들이기도 하고, 때로는 혼자만의 세계에 빠져 우울과 분노에 휩싸이기도 했습니다. 아들의 [부모자아]에는 "아무짝에도 쓸모없는 인간"이라는 기억만 빼면 아버지에 대한 기록이 전혀 없습니다.

이처럼 청년의 [부모자아]는 일관되지 못하고 붕괴되어 있어서 현재의 교류에서 중요한 역할을 하지 못했습니다. 또한 충동적이고 감정적인 [어린이자아]를 통제할 만큼의 영향력도 없었습니다. 엄마의 [부모자아]와 아들의 [부모자아]는 아무런 공통점이 없었고, 엄마의 [부모자아]는 아들의 [부모자아]를 못마땅하게 여기고 있었습니다. 따라서 그 젊은 남녀가 [부모자아]를 통해 상호 보완적 교류를 할 가능성은 거의 없습니다.

그런 다음 우리는 그녀와 청년의 [어른자아]가 얼마나 강력한지, 그리고 두 사람의 관심사가 어떻게 다른지 검토했습니다. 그녀는 훌륭한 교육을 받았고, 여러 방면에 관심이 많은 지적인 여성입니다. 음악이라면 고전, 현대 가리지 않고 두루 좋아했고, 문학 작품도 즐겨 읽었습니다. 직접 뭔가를 만들거나 창의성을 발휘해서 집안을 꾸미는 것도 좋아했습니다. 그녀는 철학과 종교 토론을 즐겼으며, 부모님 같은 맹목적인 신앙은 아니지만 어느 정도 '믿음'은 중요하다고 생각했고, 사려 깊게 대화를 이끄는 능력도 있었습니다. 그녀는 자신의 행동과 감정의 결과는 자신이 책임져야 한다고 생각했습니다.

하지만 [어른자아]가 [부모자아]에 오염돼 있었기 때문에 편견도 있었습니다. 가령 "서른이 넘어서도 결혼하지 못한 사람은 무언가 문제가 있기 마련이다", "담배 피는 여자는 위험한 여자다", "요새 세상에 대학 졸업장이 없는 사람은 게으른 사람이다", "이혼남한테 기대해 봤자 아무 소용없다" 등의 편견 말입니다.

이와 반대로 남자친구의 [어른자아]는 [어린이자아]에 오염되었습니다. 어린 시절의 자기중심적인 성향이 커서도 고스란히 남아 있었고 고등학교 시절 공부와 담을 쌓고 살았고, '자신과 맞지 않는다는' 이유로 대학도 다니다 중퇴를 했습니다. 우둔하진 않았지만 그가 중요하게 생각하는 심오한 주제에 별로 관심이 없습니다. 그가 볼 때 기성세대는 모두 다 위선자들이었고, 종교 역시 사기극에 불과했습니다.

그녀가 제일 참을 수 없었던 건 그가 맞춤법도 모른다는 사실입니다. 그는 책을 읽지 않고《라이프》지에 나오는 사진만 봤습니다. 그녀의 말에 따르면 그는 바흐_{Bach}도 맥주_{beer}라고 읽는 사람이고 정치는 수박 겉핥기 정도로만 알았고, '자유를 제한하는' 정부는 무조건 나쁘다고 말할 뿐입니다. 말은 재치있게 잘 했지만 알맹이가 없습니다. 그의 가장 큰 관심사는 스포츠카였는데, 자동차라면 전문가 뺨칠 정도였습니다. 따라서 두 사람의 관계가 [어른자아]−[어른자아]로 유지될 가능성은 거의 없었습니다. [어른자아]끼리 교류하면 그녀는 좌절감을 느낄 것이고, 그는 지루함을 느낄 게 분명했습니다.

마지막으로 우리는 두 사람의 [어린이자아]를 검토했습니다. 그녀의 [어린이자아]는 애정에 굶주려 있었고, 기쁨을 갈망했으며, 자주 실망감에 빠졌고, 비판적인 신호에 민감하게 반응했습니다. 이 때문에 자기부정의 [어린이자아]에 빠질 때가 많았습니다. 그녀는 자기가 "아주 근사한 남자"와의 사랑에 빠질 자격이 충분하다고 여기지 않았습니다. 남자친구들이 많긴 했지만, 자신이 너무 평범하고 재미없는 여자라 괜찮은 남자들과의 교제는 어림없다고 생각했습니다. 그런데 잘생긴 금발의 아도니스가 구애를 하다니! 믿기지 않았습니다. 사랑받는다는 근사한 감정이 좋아서 그 청년을 놓치고 싶지 않았습니다. 그와 함께 있으면 지금까지 한 번도 느끼지 못했던 행복감이 물밀 듯 밀려왔습니다. 그래서 그의 청혼을 거절하지 못하고 있었습니다.

반대로 청년의 [어린이자아]는 호전적이고 이기적이며 교활했습니다. 그는 '항상 자기 뜻대로 행동했으며,' 그녀에게도 자기 고

집을 꺾지 않았습니다. 이것이 문제였습니다. 그녀의 [부모자아]가 그가 주는 색다른 즐거움을 거부했기 때문입니다. 청년의 [어른자아]는 [어린이자아]에 오염돼 있고 [부모자아]도 약했기 때문에, 자신의 행동이 불러올 결과를 예측 못했습니다. 그뿐만 아니라 결과를 예측하는 행동 자체가 멍청한 짓이라고 생각했습니다. 그에게도 스칼렛 오하라(영화 〈바람과 함께 사라지다〉의 여주인공-옮긴이)처럼 "내일 일은 내일 생각하면 돼"라는 태도가 있었습니다.

두 사람의 관계가 진행될수록 진지한 대화는 점점 줄었고 [부모자아]-[부모자아] 관계와 [어른자아]-[어른자아]의 교류도 사라지고 있었습니다. 그나마 [어린이자아]-[어린이자아] 수준의 교류가 있긴 했지만 그녀의 [부모자아]에 문제만 안겨 줄 뿐이었습니다. 그녀는 [부모자아]에 근거하여 청년을 책임지고 훈계하고 비난하는 역할을 맡았습니다. 남자는 이기적이고 교활한 [어린이자아]에 따라 어린 시절 모습을 그대로 보여주고 있었습니다.

P-A-C로 보는 인성 평가는 사람의 품성을 평가할 때 사용하는 일반적인 잣대와는 많이 다릅니다. P-A-C 분석의 목표는 객관적인 데이터에 근거하여 두 사람의 관계가 앞으로 어떤 식으로 발전할지 알아보는 겁니다.

그녀는 이런 여러 자료를 검토한 끝에 어느 쪽에게도 행복을 약속할 수 없는 관계를 끝내기로 결정했습니다. 또한 그녀는 자신이 '정말로 괜찮은 남자'와는 걸맞지 않다고 생각했기 때문에 '자신보다 못한' 남자들이 구애를 하는데도 거절을 못하고 있었습니다. 그녀는 남자와의 관계가 상호 보완적이지 않은 이유를 알았을 뿐 아니라, 자신이 남자에게 진짜 원하는 것이 무엇인지 알았기에, 자기 부정이 아닌 새로운 자기 존중의 토대 위에서 관계를 맺어야 한다는 사실도 깨달았습니다.

모든 남녀 관계가 이처럼 극명한 대조를 보이지 않습니다. 그녀의 [부모자아]는 강하고 청년의 [부모자아]는 약했지만, 이와 달리 남녀 모두 다 강력한 [부모자아]를 가진 경우도 많습니다. 이럴 때는 입력된 데이터가 달라서 [부모자아]간의 충돌이 자주 일어납니다. 두 사람 다 [부모자아]의 명령을 꼭 따라야 한다고 생각하는데, 문화적 종교적 차이가 크면 문제가 심각해질 수 있습니다.

때로는 이런 차이가 드러나지 않고 있다가 아이가 생기고 나서 갑자기 표면으로 나타나기도 합니다. 예를 들어 유대인 신랑이 가톨릭교도인 신부를 맞을 때 그녀가 원하는 대로 자녀들에게는 가톨릭을 믿게 하겠다고 약속했다고 하더라도 막상 아이가 태어난다고 해서 남편이 약속을 그대로 지키리란 보장은 없습니다. 실제로 그는 "내 종교가 당신 종교보다 더 나아"라고 생각할 수도 있고 아니면 "우리 유대교인들이 너희 기독교인들보다 더 훌륭해"라고 생각할 수도 있습니다. 그리고 "내가 당신보다 더 나아"라는 생각으로 발전될 수도 있습니다. 이런 차이가 절대 해소될 수 없다고 이야기하는 것은 아니지만 그렇게 하려면 두 사람 모두 해방된 [어른자아]가 자기긍정-타인긍정의 태도에서 관계를 진행시킬 필요가 있습니다.

이상적으로는 이런 차이들은 결혼 전에 확인되어야 합니다. 하지만 실제로는 이런 경우가 거의 없습니다. 젊은 남녀가 사랑에 빠지면 설사 두 연인이 혼전 상담을 받을 기회가 있다 해도, 성직자와 한 시간 면담이 고작입니다. 그러고는 핑크빛 미래를 꿈꾸며 결혼으로 돌진하지만 현실은 꿈꾸던 것과는 다릅니다.

그렇다면 어떻게 해야 제대로 된 확인 없이 이루어진 결혼을 구원하거나 재조정할 수 있을까요? 결혼이란 전혀 다른 두 사람의 만남이기 때문에 완벽한 일치란 있을 수 없습니다.

오히려 문제는 비교 자체가 힘들다는 점에 있을 수 있습니다. 차이를 알아내지 못하니 타협점을 찾기도 힘들고, 다른 대안인 결혼 생활을 끝내기도 힘듭니다. "이혼은 절대 안 돼" 같은 완고한 원칙만 고집하는 것은 도움이 안 됩니다. 적용해야 할 다른 원칙들도 있기 때문입니다.

잔인하고 폭력적인 남편과 사는 여자가 다른 남자를 만나도 행복하지 못할 거라고 자책하는 건 자신 때문에 이런 처지에 놓였다는 인과응보 식 사고에 갇혀 있는 겁니다. 이런 생각은 인간으로서 자신의 존엄성을 무시하는 짓입니다. 악화된 부부관계를 회복하려는 아무 노력도 하지 않으면서 걸핏하면 화만 내는 아내를 가진 남자가 이런 부부관계를 유지하려고 애쓰는 이유도 또한 인간으로서 존엄성을 무시하는 행동입니다. 물론 결혼이 이상적으로는 백년해로 하는 것임을 망각하라는 것이 아닙니다.

하지만 배우자가 도덕적 책임을 다하지 않는데도 법적으로 부부라는 이유만으로 결혼관계를 평생 벗어날 수 없는 감옥처럼 생각할 필요는 없습니다. 이따금 사람들은 이혼 직전에 이르러서야 자신들의 결혼생활을 되돌아봅니다. 그러면서 난해함이 드러나기 시작하고 그들은 자신들이 내려야 할 선택의 본질을 이해하기 시작합니다.

비참한 결혼생활에 종지부를 찍고 화려한 이혼녀나 자유로운 독신남이 되는 게 훨씬 낫다고 생각할 수도 있습니다. 하지만 전제들을 제대로 검토하지 않고 충동적인 이혼 서류에 도장을 찍다가는 더 큰 절망에 빠질 수 있습니다. 모튼 M 헌트Morton M. Hunt의 책은 이혼한 사람들이 항상 자유로운 생활을 만끽하지 못한다고 말합니다.[1] 헌트는 이혼 뒤에 벌어지는 현실적인 상황들을 자세히 설명하면서 이혼을 생각할 때는 결혼생활을 계속했을 때의 어려움과 이혼했을 때의 어려움을 비교해 본 다음에 결정하라고 충고합니다.

이혼하면 끝없는 외로움에 시달리고 "동지"는 아니었더라도 오래 익숙하던 사람을 잃은 상실감에 시달리고, 금전적으로 어려워지며, 아이들을 못 보고, 처음부터 모든 것을 다시 시작해야 할 수 있습니다. 아이들도 엄마, 아빠의 이혼으로 고통받을 수 있습니다. 이혼 후에 벌어질 이런 현실들을 [어른자아]에서 고려해야 합니다.

그다음에는 결혼생활 자체를 되돌아봐야 합니다. 가장 흔한 결혼 게임 중 하나가 "다 당신 때문이야"입니다. 부부 중 어느 한 쪽만이 이런 게임에 참여합니다. 그래서 가령 아내가 먼저 치료를 받으러 와서 P-A-C를 배운다면, 우리는 '남편이 [어른자아]를 발휘해서' P-A-C를 배울 방도를 모색합니다. [어른자아]-[어른자아] 토대 위에서 뭔가를 발전시키려면 공동 어휘를 가져야 하기 때문입니다.

남편이 협력을 거부하면 부부관계가 회복될 가능성은 현저히 줄어듭니다. 하지만 두 사람이 결혼을 지키기 위해 충분히 노력하면 P-A-C는 [부모자아]의 부정적인 명령을 차단하고, 두 사람 사이에서 상습적으로 벌어졌던 게임 패턴을 중단시킬 방도를 제공해 줄 수 있습니다.

부부가 P-A-C 어휘를 익힌 다음, 제일 먼저 검토하는 것은 결혼관계 밑에 놓은 거래 내용입니다. 일반적인 혼인은 준만큼 받는 50 : 50 거래를 강조합니다. 이 때문에 에리히 프롬Erich Fromm은 결혼을 "인간이라는 상품의 교환"이라고 말했습니다. "저 두 사람 어울리는 것 같아? 남편 출세에 저 여자가 많은 도움이 될 걸. 두 사람이 서로 도움이 되나봐? 아내 덕분에 남자가 상공회의소에 자리 하나 차지하고 앉았잖아. 그래서 아내한테 고급 백화점에서 구입한 팔찌를 선물로 줬다더군." 이런 식으로 그들은 사람이 아니라 시장에 나온 물건과 똑같은 처지가 됩니다. 그들은 50:50 관계를 유지해야 합니다. 그렇지 않으면 관계가 삐거덕거리기 시작합니다.

혼인거래를 성사시키는 것은 [어린이자아]입니다. [어린이자아]는 50:50 거래가 공평하다고 생각하지만 결혼에는 좀 더 심오한 측면이 있다는 사실을 이해하지 못하고 있습니다. [어린이자아]는 혼인이 상대방에게 무한책임을 지는 것이고, 50:50의 거래가 아니라 두 [어른자아]가 설정한 공통의 목적에 헌신하는 것이란 사실을 이해하지 못합니다.

유니온 신학교의 명예교수인 폴 슈어러P. Scherer는 "사랑이란 아낌없이 지출하는 것이다. 계산하지 않기 때문에 사랑은 언제나 적자"라고 했습니다.[2] 하지만 [어른자아]와 달리 [어린이자아]는 사랑을 받을 줄만 알지, 주지 않습니다.

사람들은 계산기를 두드리면서 사랑을 구하기만 하고 준다는 생각은 거의 하지 않습니다. 어린 시절에 생긴 자기부정−타인긍정 태도의 연장이기 때문에 그렇습니다.

이 태도는 모든 사람에게 있습니다. 어린아이들이 부정적인 감정에서 벗어나려고 "내 것이 더 좋아"나 "내가 더 많아" 게임을 어떻게 이용하는지 유념해야 합니다. 50: 50 개념이 생기기 시작하는 건 사실이지만, 자기부정의 태도 때문에 어린 시절에는 공평함이란 잘 견지되지 못합니다.

어느 날 아침, 당시 네 살이던 내 딸 하이디는 소꿉놀이 친구인 스테이시와 간식을 먹게 되었습니다. 두 아이는 서로 자기가 더 큰 쿠키를 먹겠다고 입씨름을 벌이고 있었습니다. 조금 있다 아내가 두 아이에게 오레오 쿠키 하나씩을 주었고 두 아이가 보기에도 두 개의 오레오 쿠키는 크기와 모양이 똑같았습니다. 하지만 그 사실을 잘 알면서도 하이디는 여전히 자기 것이 더 크다는 주장을 굽히지 않았습니다. "하하하, 내 것은 네 거랑 똑같지만, 네 것은 내 것보다 작아" 50:50의 결혼관계에는 [어린이자아]가 남겨 놓은 이런 식의 선수치기식 행동이 숨어 있습니다.

따라서 결혼생활을 회복하고 싶다면 [어른자아]를 해방시키려는 노력을 두 사람이 같이 해야 합니다. [어른자아]만이 두 사람의 [부모자아]에게 있는 부적절한 데이터뿐 아니라 [어린이자아]의 부정성을 검토해서, 낡은 데이터가 어떻게 지금 두 사람의 관계를 파괴하는지 이해할 수 있기 때문입니다.

흔한 결혼관계 파괴자는 타협의 여지가 전혀 없는, "난 원래 그래. 날 바꾸려 하지 마!"를 선언합니다. "아침 커피를 마시기 전이라 기분이 엉망이야"라는 태도를 고집한다면 자신의 성격이 원래 그러니깐 이런 행동의 잘잘못을 따지지 말라는 뜻입니다.

"아침 커피를 마시기 전이라 기분이 엉망이야"는 많은 가정의 아침을 망쳐놓습니다. 힘든 하루 일과를 시작하기 전에 가질 수 있는 여유 시간이 비참하고 적대적인 신경전으로 변하게 합니다.

아이들은 툴툴거리며 등교하고, 남편은 아침을 거르고 서둘러 출근합니다. 아내는 잔소리를 늘어놓을 대상이 사라지고서야 기분이 가라앉습니다. 하지만 아침 커피를 마시지 않았다고 해서 기분이 엉망일 이유는 어디에도 없습니다. [어른자아]가 해방되면 이것이 하나의 선택에 불과하다는 것을 알 수 있습니다.

오래된 한 프랑스 노래에는 "……사랑은 자유의 아이……"라는 노랫말이 있습니다. 결혼관계에서 사랑은 [어른자아]의 해방을 요구합니다. 그래야 [어른자아]가 [부모자아] 데이터의 적절성을 검토할 수 있고, [어린이자아]가 벌이는 게임의 성격을 판단할 수 있기 때문입니다.

부부들이 집단심리 치료를 받으러 오는 이유는 여러 가지입니다. 교류분석에 관한 "무언가 새로운 이론"을 배우려고 오는 부부도 있고, 말은 하지 않지만 "지금보다 더 행복해지기"위해서 오는 부부도 있습니다. 속 썩이는 아이들 때문에 오는 경우도 있습니다. 또 위기를 맞은 부부관계를 구하려고 오는 경우도 있습니다.

지난 4년 동안 내게서 집단치료를 받은 서른일곱 쌍의 부부 중 상당수가 문제를 해결할 유일한 방법은 이혼뿐이라고 생각하고 있었습니다. 심지어 법적 절차가 진행되어 가정법원의 판결을 기다리고 있던 부부들도 있었습니다. 이 중 17쌍(46%)은 배우자의 극심한 우울증이 결혼생활을 파탄에 이르게 한 원인이었습니다. 우울증을 앓은 배우자는 자살 충동에 사로잡히거나, 심지어 자살 기도까지 해서 병원에 입원하기도 합니다. 병원에 입원한 환자 중 아내는 열 넷이었고 둘은 남편이었습니다. 한 부부는 '공평해질' 생각이었던지 남편과 아내가 함께 병원에 입원하기도 했습니다. 다들 결혼 10년차가 넘었으며, 자녀가 있었고, 몇몇은 손주까지 있었습니다.

그들은 병원에서 집단치료를 받거나, 내 진료실에서 개인 상담을 받으면서 P−A−C를 배웠습니다. 부부 모두 P−A−C 개념을 이해했을 때 적극적으로 집단치료에 참여할 계획을 밝혔습니다.

각각의 부부는 평균 17번의 상담을 받았는데, 일주일에 한 번씩 대략 4개월이 걸렸습니다. 한 번 상담시간은 한 시간씩이었지만, 실제로는 이보다 더 길어질 때도 많았습니다.

서른일곱 쌍 중 서른다섯 쌍은 결혼생활을 유지하고, 두 쌍은 이혼했습니다. 또 서른다섯 쌍 중 지금까지 해오던 게임을 포기할 생각이 없었던 네 쌍은 집단 심리치료를 중도에 그만뒀습니다. 나머지 서른 한 쌍은 지금까지의 파괴적인 게임을 줄이고, 새로운 목표를 설정해 친밀하면서 원만한 부부관계에 이룰 수 있었습니다. 치료의 목적은 처음부터 부부관계 회복이었고 이에 집중한 결과 우리는 84%라는 놀라운 성공률을 실현했습니다.

부부관계는 여러 게임들이 복잡하게 얽히고 설켜 있는 경우가 많습니다. 두 사람 사이에 쌓인 앙금과 적개심 때문에 "소리 지르기", "다 당신 때문이야", "흠집잡기", "당신은 고리타분해", "당신만 없으면 나는 할 수 있어" 같은 게임들이 복잡한 모습으로 반복될 수밖에 없습니다. 부부관계에서 벌어지는 이런 게임들은 어린 시절 자기부정의 감정을 극복하려고 고안해낸 "내 것이 더 좋아" 게임에서 비롯된 것들입니다.

가장 대표적인 게임으로는 앞에서 말한 애드워드 앨비_{Edward Albee}의 연극 〈누가 버지니아 울프를 두려워하랴?〉에서 두 주인공이 펼치는 게임을 꼽을 수 있습니다. 이 연극은 게임 때문에 서로 절망하고 좌절하기도 하지만, 어떤 면에서는 게임이 부부관계 유지에 결정적인 역할을 하기도 한다는 것을 보여줍니다.

어떤 결혼은 배우자가 '아프기' 때문에 유지됩니다. 이 경우 배우자가 회복되어 게임이 중단되면 결혼생활에 금이 가기 시작합니다. 한 남자는 열흘 동안 입원했던 아내가 퇴원했는데 놀라서 내게 전화로 상담을 요청했습니다. "아내는 더 행복해지고 더 나아진 것 같은데, 그런 아내에게 맞출 수가 없어요." 결혼이란 직립 자세와 비슷합니다. 어깨를 앞으로 숙일 때 신체의 다른 부위도 같이 숙여야 머리와 발의 균형이 유지됩니다. 마찬가지로 배우자 한쪽이 변하면 다른 쪽도 변해야 부부관계를 유지할 수 있습니다.

이것이 바로 지금까지의 심리치료가 갖는 주요 맹점 중 하나였습니다. 의사들은 환자와의 신뢰관계만 중시할 뿐, 부부사이의 신뢰관계 문제는 등한시합니다. 이런 상황에서 환자에게 치료효과가 나타나면 도리어 부부관계에는 문제가 생길 수 있습니다. 환자 배우자에게는 환자의 변화를 이해하고, 그동안 쌓인 자신의 분노와 절망을 이해시킬 개념적 수단이 없기 때문입니다.

경제적으로 넉넉하면 환자의 배우자는 다른 심리치료사에게 상담을 받지만, 이 경우 다른 사람(심리치료사)과의 신뢰는 쌓여도 아내(또는 남편)와의 사이는 더욱 서먹해집니다. 오히려 당사자들끼리 공통된 이해 기반이 거의 없기 때문에 "내 것이 더 좋아"게임이 새로운 형태로 재현될 가능성이 농후합니다. "내 심리치료사가 당신 담당의사보다 더 나아", "당신보다 내가 더 빨리 호전되고 있어", "당신과 사랑을 나눌지는 다음 상담을 받아보고 결정할 거야" 등의 게임이 펼쳐질 수 있습니다. 두 사람 다 심리상담을 받고, 자신의 현재 감정상태를 잘 이해하지만, 둘 다 [어린이자아]의 입장에서만 상황을 이해하기 때문에, 결혼이 한 사람이 아니라 두 사람이 엮어나가는 관계임을 끝까지 이해하지 못합니다.

부부관계를 회복하려면 두 사람 다 자신의 행동에 문제가 있었음을 인정해야 합니다. "내가 허용하지 않는 한, 어느 누구도 내게 접근할 수 없다"는 에머슨의 말처럼, "다 당신 때문"이란 생각은 틀렸습니다. 남편이 10여 년 동안 아내를 학대했는데 아내가 남편의 학대를 고스란히 받기만 했다면, 그녀 역시 이러한 학대 행위에 일조한 셈입니다. 따라서 어느 한쪽이 공범으로서 자신의 역할을 인정하지 않으면 개선의 여지가 없습니다.

아서 밀러Arthur Miller는 〈몰락 후에After the Fall〉의 등장인물인 매기 (아서 밀러의 아내인 마릴린 먼로를 모델로 삼고 있다)를 분석하면서 이 회곡은 "자기 내면에 숨은 파괴의 씨앗을 발견할 의지도 능력 도 없는 인간 짐승에 관한 작품"이라고 설명했습니다.

> 어쨌든 자신도 악에 동조했음을 아는 것은 참을 수 없는 공포이 다. 차라리 잔인한 폭력의 순진무구한 피해자나 사악한 가해자인 편이 훨씬 낫다. 우리는 어떤 희생을 감수하더라도 우리의 순진무 구함을 훼손하고 싶지 않다. 하지만 한 사회에서 가장 순진무구한 곳이 어디인가? 바로 정신병원이 아닌가? 그곳의 사람들은 자신 을 전혀 이해하지 못한 채로 진실로 순진무구하게 삶을 표류한다. 사실 완벽한 순진무구는 광기다.[3]

공모했다는 사실을 인정하는 것이 문제의 본래 원인이었던 자 기부정의 부담에 또 하나의 부담을 더하게 될 뿐임을 감안하면, 왜 '참을 수 없는 공포'가 드는지 이해할 수 있습니다. 자신의 죄를 인정하기는 힘듭니다. 이 새로운 부담은 안 그래도 힘든 [어린이 자아]로서는 결코 받아들일 수 없는 짐입니다. 독일 신학자인 디 트리히 본회퍼Dietrich Bonhoeffer는 여기에 대해 이렇게 말했습니다. "이때문에 인간의 어깨에는 또 하나의 무거운 짐이 얹어지는 꼴이 되지 않았는가? 그 많은 인공 교리들의 무게에 짓눌려 인간의 육 신과 정신이 신음하고 있을 때, 우리가 할 수 있는 일이 고작 이런 것인가?"**4**

　반면에 구조분석([부모자아], [어른자아], [어린이자아])을 이해하면, 공범임을 인정하지 않을 수는 없지만, 다른 한편에서 잘못된 인정이 곧 파멸이 되고 마는 딜레마에서 벗어날 길이 생깁니다. 딜레마에서 벗어날 길은 자신의 행동을 보는 방식을 바꾸는 데 있습니다. 가령 "당신은 괴팍하고 성마르고 깐깐하고 불쾌한 사람이라서 결혼생활에 문제가 생기는 것입니다"라는 말을 듣는다면, 그 사람의 자기부정적인 감정만 더욱 단단하게 만드는 꼴이 되어, 그 사람은 훨씬 더 괴팍하고 성마르고 깐깐하고 불쾌한 사람이 됩니다. 아니면 그 사람의 우울증 증상을 더 심화하거나.

　하지만 상담자가 환자의 심정을 충분히 이해하면서 "당신이 계속 어려움을 겪는 건 부정적인 [어린이자아] 때문입니다. [어린이자아]가 괴팍하고 성마르게 굴기 때문에, 당신이 행복하지 않은 것입니다"라고 말해준다면, 환자는 자신의 딜레마를 객관적으로 바라볼 수 있습니다. 자신이 완전히 가망 없는 사람이어서가 아니라, 과거의 경험이 복합적으로 작용해서 자신의 현재 행동에 문제를 일으킨다는 사실을 이해해야 합니다. 또한 모든 것이 자신의 선택에 달려 있다는 사실도 이해합니다. 자신의 문제를 현실적으로 인정하면, [부모자아]와 [어린이자아]를 검토하는 [어른자아]의 기능이 강화됩니다. 그리고 [어른자아]는 두 인격에 포함된 낡은 데이터가 현재에 미치는 악영향을 검토하기 시작합니다.

　'내 잘못'을 인정하지 못하면, 교류분석이나 게임분석은 증오를 표현하는 또 다른 수단으로 전락하게 됩니다. "당신과 당신의 그

빌어먹을 [부모자아]가!", "당신의 치사한 [어린이자아]가 또 작동하는군", "또 같은 게임을 반복하고 있군"과 같이 상대방을 야비하게 비난하는 '게임 이름짓기'라는 새로운 게임을 시작하게 되는 겁니다. 이제 우리는 이런 상황이 어떤 문제를 일으키는지 알 수 있습니다. 이 때문에 아서 밀러는 자신의 희곡 평론에 "그녀의 고통스런 몸부림을 존중하며, 하지만 사랑을 담아"라는 제목을 단 것입니다. 결론적으로 의미 있고 행복한 결혼생활을 꾸려가고 싶다면 배우자 한쪽만이 아니라 두 사람 모두 치료를 받아야 합니다.

우리가 벌이고 있는 게임은 언제 끝날지에 대한 궁금증에 우리는 마지막으로 대답해야 합니다. 해방된 [어른자아]로 다른 게임을 하게 될까요? 아니면 게임이 아닌 다른 무엇을 하게 될까요?

목표 설정

목적지가 없는 배는 바다가 이끄는 대로 이리저리 떠다닐 수밖에 없습니다. 바람이 잦을 때는 아무 문제없이 평화롭게 떠다니겠지만, 풍랑이 일면 배는 휘청거릴 수밖에 없습니다. 바다는 언제 어떻게 변할지 모릅니다. 결혼생활도 마찬가지입니다.

막상 결혼이라는 배를 띄우긴 했지만 방향을 정하지는 않았습니다. 그렇기에 자신들의 의지가 아닌, 다른 사람들이 하는 대로 따라 살았습니다. 의식주는 물론이고 양육이나 가치관, 사고 등 모든 것을 사회적인 테두리 안에서 결정했습니다. '다른 사람들도 그렇게 하니까' 그렇게 모든 판단을 사회적 기준에 맞춰 내렸습니다. '모두들' 특정 브랜드의 값비싼 자동차를 구입하니까 자신도 그 차를 구입하기로 결정합니다. 가뜩이나 적자인 가계부에 더 큰 부담이 간다는 사실은 아랑곳하지 않습니다. 자신들만의 독자적인 가치관으로 현실에 맞게 살아가야 한다는 생각도 하지 않습니다. 그러다가 망상에 빠져서 빚만 늘고 있는 형편입니다.

[어린이자아]는 긍정적인 감정을 느끼려고 "더 큰 것, 더 좋은 것, 더 많이"를 부르짖습니다. 이런 [어린이자아]의 욕구에 [어른자아]만이 "안 돼!"라고 단호하게 거부할 수 있습니다. [어른자아]만이 '신발 열 켤레가 있으면 네 켤레가 있을 때보다 더 행복해질까?'란 의문을 가질 수 있습니다. 실제로 소유가 늘어도 만족도는 그에 정비례하지 않습니다. 또 기쁨의 단위를 측량할 수 있다면, 새 신발을 선물 받은 아이의 기쁨이 새 차를 산 어른의 기쁨보다 더 클 수 있습니다. 알다시피 처음 자동차를 샀을 때의 기쁨이 두 번째 샀을 때보다 크고, 두 번째가 세 번째보다 큽니다.

헨리 L. 멘켄Henry L. Mencken은 "인간에게 첫사랑은 항상 특별한 기억으로 남는다. 그 뒤의 사랑들은 꾸러미로 묶어서 기억될 뿐이다." 라고 말했습니다.[5] [어린이자아] 또한 경험들을 꾸러미로 묶어 기억합니다. 그래서 크리스마스 아침에 선물을 잔뜩 받은 아이가 "이게 다야?"라고 외칩니다. 한 소년이 아동프로그램에 출연해서 크리스마스에 무슨 선물을 받았느냐는 질문을 받자, 풀죽은 목소리로 대답했습니다. "기억이 안 나요. 너무 많이 받았거든요."

[어른자아]는 가족의 현실을 검토하면서 빚을 지거나 청구서가

잔뜩 쌓이거나 다른 필요한 곳에 돈을 못 쓰는 일이 발생하는데도 굳이 특정 물건을 구입하는 게 가치 있는 것인지 헤아려 볼 수 있습니다. [어른자아]가 우표나 동전, 희귀서, 기차와 철도 모형, 병, 수석 등의 물건을 잔뜩 수집하고 싶어 하는 [어린이자아]의 욕구를 취미로 받아들여 굴복할 수도 있습니다. [어른자아]는 이런 수집에 돈을 쓰는 것이 현실에 맞는지 아닌지 판단할 수 있기 때문입니다. 현실적으로 문제만 없다면 '사 모으기'는 재미있고 유익한 활동이 될 수 있습니다. 하지만 빌라나 스포츠카, 피카소 원화 등의 수집이 가족을 파산시킬지도 모른다고 판단되면, [어른자아]는 재미를 추구하는 [어린이자아]의 욕구에 "안 돼!"라고 말할 수 있습니다.

취미나 소유, 살 집, 살 물건과 관련된 결정은 일련의 가치체계와 결혼생활의 현실여건에 따라 이루어져야 합니다. 결혼생활의 목표가 정해져 있지 않다면 이런 문제들을 놓고 부부가 합의하기는 매우 힘들 수 있습니다. 심리상담으로 [부모자아], [어른자아], [어린이자아]의 차이점을 배웠어도 그들은 여전히 사회라는 바다에 떠 있습니다. 항로를 정하지 않으면 새로 얻은 그들의 통찰력에도 불구하고 여전히 풍랑에 시달리면서 순간의 재미만을 쫓아 게임을 계속하기도 합니다. 사회라는 풍랑을 차단할 힘을 얻으려면 아는 것만으로는 부족합니다.

[어른자아]가 정한 목표를 향해 갈 수 있는 새로운 항로를 정하고 이를 따라야 합니다. 새 항로를 정하지 못한 부부는 또다시 의미 없는 표류를 계속하게 됩니다. 그들이 가진 항해도가 얼마나

많은가는 중요치 않습니다. 부부관계에서 도덕적 가치관과 윤리관 종교관이 중요해지는 지점이 여깁니다. 부부는 자신들의 항로를 정할 때 고려해야 할 중요 기준들에 대해 몇 가지 근본적인 질문을 던져야 합니다.

윌 듀런트Will Durant는 윤리의 근본 문제는 "선한 것이 더 좋은가, 아니면 강한 것이 더 좋은가"라는 질문으로 표현된다고 했습니다.[6] 이 질문은 결혼이란 문맥에서도 다양한 형태로 던져질 수 있습니다. 친절한 것이 더 좋은가, 아니면 부유한 것이 더 좋은가?, 가족과 시간을 보내는 것이 더 좋은가, 아니면 봉사활동이 더 좋은가?, 아이들에게 "그냥 맞는 게 나아"라고 말하는 것이 더 좋은가, 아니면 "너도 때려야지"라고 말하는 것이 더 좋은가?, 맘껏 쓰면서 사는 것이 더 좋은가, 아니면 내일을 생각해 알뜰히 저축하는 게 더 좋은가?, 사려 깊은 이웃이 되는 것이 더 좋은가, 아니면 시민운동의 리더가 되는 것이 더 좋은가?

이런 질문에 답하기가 매우 힘듭니다. 따라서 [어른자아]가 주도하지 않으면, 이런 질문에 아무 답도 찾지 못한 채 끝없는 논쟁만 벌어질 수 있습니다. 부부 각자의 [부모자아]에 든 의견을 아는 것만으로는 충분치 않습니다. 마찬가지로 이 문제에 대한 [어린이자아]의 욕구와 감정을 아는 것만으로도 충분치 않습니다. [부모자아]나 [어린이자아]의 데이터가 부부간에 불일치하면 양쪽에서 인정하는 윤리 기준이 있어야 결혼생활의 항로를 정하고, 의사결정에 필요한 가치관을 마련할 수 있습니다.

"사랑은 서로 쳐다보는 것이 아니라 같은 방향을 함께 바라보는 것이다"는 말이 있습니다. [부모자아]와 [어린이자아]가 가진 데이터는 퇴행적일 수밖에 없습니다. [어른자아]만이 현실적인 협의를 가능하게 합니다. 그런데 '저 밖'의 목표가 윤리적, 도덕적 고려 없이 세워질 수 없습니다. '이제 뭘 해야 할지'를 놓고 난관에 처한 부부에게 나는 "당신들의 사랑이 하려는 일은 무엇입니까?"라고 자주 되묻게 됩니다.

이론적 탐구만으로는 지금까지 것보다 더 나은 뭔가에 헌신하도록 해줄 수 없습니다. "애정을 갖는다는 것"은 어떤 것인가? 사랑이란 무엇인가? "반드시 해야 한다"는 말은 어떤 의미인가? 이 물음들에 대해서는 11장 P−A−C와 도덕적 가치에서 자세히 살펴보겠습니다.

인생을 지루하고 따분하게 생각하는 사람은 본인도 따분하게 여길 수 밖에 없습니다.

P—A—C와
어린아이

그리고
부모역할

과거를 기억하지 못하는 사람은
과거를 되풀이해 비난을 받는다.

———

조지 산타야나

아이를 돕는 가장 좋은 방법은 부모를 돕는 것입니다. 아이의 행동을 부모가 좋아하지 않으면, 바뀌어야 하는 건 아이만이 아닙니다. 아무리 많은 전문가에게 상담을 받아도 가족들의 노력이 없으면 말썽을 부리는 아이는 개과천선할 수 없습니다. 이번 장의 목적은 아이의 변화를 원하는 부모를 돕는 데 있습니다. '전문가'도 부모의 역할을 대신할 수는 없습니다.

실제로 자녀양육 전문가라는 사람은 너무 많습니다. 소아 정신과의사, 소아 심리학자 등 수많은 전문가들이 실험과 치료를 하고 있습니다. 영국에서는 아이에게 세례를 주는 것은 "아이를 완성하는 행위"라고 합니다. 이런 맥락에서 보면 아이가 상담을 받는 건 아이의 '재양육'이라고 할 수 있습니다.

하지만 아이와 함께 부모도 재양육 되지 않으면 이런 노력은 돈 낭비, 시간 낭비에 불과합니다. 아마도 많은 부모들이 본능적으로 이렇게 생각하지만 방법을 모르거나 자신들이 말려들고 싶지 않아서 아이만 치료를 하는 것을 선택합니다.

대체로 많은 부모들은 아이 문제를 판도라의 상자로 인식하고 그냥 내버려두려는 태도를 보입니다. 전혀 모르는 사람에게 가족의 비밀이 들어날 바에야 차라리 관련 서적을 읽거나 신문 칼럼난에 고민을 털어놓고 매일 아침 커피를 마시며 "끔찍하지 않아?"라는 게임만 되풀이합니다. 그들은 '아이는 성장 중'이며 그럴 때는 내버려두는 것이 가장 좋은 방법이라는 불확실한 원칙에 희망을 걸고 '인내심'에 집중을 합니다.

하지만 답은 구하지 않고 "그래도 내가 아이보다는 더 크다"는 사실에서 작은 위안을 얻으면서 힘겹게 아이와 씨름을 합니다. 어떤 부모는 자신의 몸집이 '더 크다'는 사실을 폭력과 정신적 신체적 학대로 보여줍니다. 그러다 아이가 사춘기가 되면서 아이가 부모보다 더 커지면 응징을 당하게 됩니다.

부모와 아이 사이에 벌어지는 비극은 곳곳에 널려 있습니다. 꼭 이래야만 할까요? 이번 장의 목적은 P-A-C를 응용해서 자녀 양육에 대한 이해를 도모하는 것입니다. 이로써 아이와 부모의 관계를 개선하고 아이들끼리의 관계도 개선할 수 있습니다.

초기의 정신분석학자들은 어린 시절의 가족 환경이 아이의 발달에 중요한 영향을 끼친다고 강조했지만 그들의 치료 이론에 아이들을 직접 상담하는 것은 포함되어 있지 않았습니다. 이유는 아이들과는 소통이 힘들기 때문입니다. 또 다른 이유는 아이 상담은 아이의 환경에서 가장 중요한 영향을 미치는 어른인 부모의 노력 없이는 별다른 성과를 거둘 수 없다는 사실을 잘 알고 있기 때문입니다.

최초의 종합적인 아동 임상치료 체계는 1920년대 아동상담소가 생기면서 발전하기 시작했습니다. 이로써 부모와 아이가 '치료 경험'을 함께할 토대가 마련되었습니다. 아이는 놀이치료로 '치료'를 받고, 부모는 사회복지사와 상담해서 양육에 도움을 받습니다.

이 방법은 부정적이고 파괴적인 행동을 일으키는 잠재 원인을 제거하기 위해 부모와 아이 모두 '감정 표현'을 쏟아내는 데 중점을 두고 있습니다. 아이의 '부정적인 감정'을 깨끗이 씻어내려고, 장난감이나 다른 상징적인 의사소통 수단을 이용해서 고통을 일으키는 사람(부모)에게 자신의 분노를 내보이는 방법입니다. 아이가 엄마 인형을 변기에 쑤셔 박거나 여동생 인형의 팔을 부러뜨리는 행동을 하면 다음 미팅에서 이런 사실들을 집중적으로 논의합니다.

치료사들은 아이가 이런 부정적 감정들을 표현하면, 그 빈자리에 아이의 긍정적인 감정이 들어서리라고 여깁니다. 사회복지사와 상담한 부모가 새로운 통찰을 받아들이고 긍정적 태도로 아이를 대한다는 전제가 있기는 합니다. 어쨌든 "엄마 아빠 싫어"를 여러 번 반복하고 나면 그다음에는 "엄마 아빠 사랑해"가 나온다는 것이 그들의 판단입니다.

하지만 아이에게 생긴 부정적 감정의 근본 원인을 충분히 이해하지 못한 탓에 상황이 전혀 바뀌지 않은 예도 있습니다. 오히려 "감정은 솔직하게 표현하는 게 좋다"는 말을 들은 아이가 총사령관이 되어 집안을 전쟁터로 몰아가는 통에 상황이 더욱 나빠지기도 합니다. 이것은 점비약(코가 막혔을 때 뿌리는 약–옮긴이)과 비슷합니다. 점비약으로는 순간의 코막힘에는 도움이 될지 모르지만 미래의 코막힘을 예방할 수 없습니다. 또 평생 감정을 마음대로 드러내는 사람도 있습니다. 둘 다 이런 치료방법이 잘못된 결과를 불러올 수 있음을 말해주는 사례입니다. 물론 감정 표현이나 점비약이 치료 효과가 전혀 없다는 건 아닙니다. 하지만 진정한 치료에는 그 이상의 것이 필요합니다.

위와 같은 초기 치료법은 부모가 개입해야 한다는 점을 어느 정도 인정하지만 아이 행동 교정과 아이의 태도 변화에만 초점을 두고 있습니다. 이와 달리 교류분석에서는 부모와 아이의 교류가 변화하기 위한 부모의 태도에 초점을 두고 있습니다. 이렇게 되면 아이도 곧바로 변합니다.

우리가 사는 세상이 날이 갈수록 복잡해지고 있습니다. 아이들의 감정적 욕구를 충족해주는 첫 번째 사회조직이 가정인데, 외부 압력 때문에 가정의 역할이 갈수록 약해지고, 심지어는 무너져가고 있습니다. 불확실성과 뉴스 및 오락 프로그램의 난립, 그리고 온갖 요구에 직면하면서 오늘날의 엄마들은 날마다 전쟁을 치르고 있습니다. 엄마들은 좌절감과 맞서 싸우느라 무너지기 일보 직전입니다. 주위의 모든 것이 모순투성이입니다. 텔레비전에서는 끔찍한 전쟁소식을 전하다가 몇 초도 안 되어 획기적인 염색약을 사용하면 즐겁고 새로운 삶이 된다는 통에 엄마들의 감수성은 무뎌져 갑니다.

그녀의 [부모자아]는 아이가 야구팀에 들어가느냐 마느냐를 두고 남편의 [부모자아]와 실랑이를 벌입니다. 자신의 [어린이자아]와 내면의 대화를 나눈 그녀의 [부모자아]는 자신을 엄마로서 실패작이라 판단합니다. 서로 고함치던 아이들은 그녀한테까지 고함을 질러댑니다. 그녀는 더 많은 데이터를 얻으려고 책을 읽지만, 데이터끼리 충돌하며 어떤 데이터는 체벌도 좋다고 말합니다. 데이터끼리 충돌하는 동안 그녀의 감정은 '저 작은 악당을 흠씬 두들겨 패고' 싶다는 지점까지 끓어오릅니다. 그녀의 집에는 가사를 편하게 도와줄 물건들은 가득합니다. 하지만 그녀에게는 혼란을 끝내고 질서를 이끌어줄 도구가 필요합니다. 진짜 중요한 목표가 무엇인지 판단하도록 도와주고, 그녀를 끊임없이 괴롭히는 질문, "어떻게 해야 내 아이들을 올바르게 키울 수 있을까?"라는 질문에 현실적인 답을 찾도록 도와줄 도구 말입니다.

어쩌면 할머니가 하는 말이 맞을지도 모릅니다. "옛날이 좋았어. 현대 심리학 관련 책들이 나오지 않았더라면 이런 고민을 할 필요가 없잖아!" 할머니의 말에도 일리가 있습니다. 어떤 면에서는 옛 시절이 훨씬 좋았기 때문입니다. 심리학자 게셀_{Gesell}과 일그_{Ilg}는 이렇게 말했습니다.

4, 50년 전만 해도 자연계와 인간관계는 아이들의 성장 속도에 맞춰 좀 더 질서 있게 확장했다. 집은 넓었고, 가족 구성원도 많았으며, 형제도 많았다. 아이가 학교에 들어가기 전까지는 항상 누군가 옆에서 아이의 욕구에 맞춰 좀 더 넓은 세상으로 한걸음씩 나아갈 수 있게 도와주었다. 집 주변에는 아이가 뛰어놀 수 있는 들판과 초원, 과수원 같은 확 트인 공간이 있었다. 헛간과 돼지우리, 닭장, 목초지에는 가축들이 있었고, 아이처럼 태어난 지 얼마 안 되는 새끼 가축들도 있었다. 아이는 짐승들을 눈으로 직접 보고 만질 수 있었다.

이런 환경에 시간이 변화의 마법을 부렸다. 오늘날 아파트에 사는 아이들에게는 예전 아이들처럼 많은 사람 친구나 동물 친구가 곁에 있지 않다. 교외에서 사는 아이들도 예외가 아니다. 가족이 거주하는 공간 역시 몇 개의 방과 베란다와 앞뜰로 줄어들었다. 아니, 창문 한두 개가 달린 방 하나로 줄었다고 말하는 것이 옳을 지도 모른다.[1]

　두 사람은 오늘날의 아이들이 "자라면서 다른 아이들이나 다양한 어른들과 친밀하게 접촉할 수 있는 기회"를 잃었다고 한탄합니다. 아이들은 어린 시절의 멋진 경험을 잃었을 뿐 아니라, 안방까지 밀려드는 온갖 무서운 소식과 만나야 합니다. 물론 전쟁이나 잔악한 범죄는 시대를 불문하고 어디에나 있습니다. 하지만 예전 아이들은 텔레비전에서 적나라하게 전하는 이런 소식들을 볼 필요가 없었습니다. 아이는 가족과 함께 지내면서 생기는 기본적인 어려움에 대처하는 법을 배우기도 전에, 인종 폭동과 눈을 가린 총살을 기다리는 어린 포로들, 대량 살상, 지구 멸망의 가능성을 논쟁하는 세계 지도자들, 내 딸의 표현에 따르면 '미쳐 돌아가는 세상'의 소식을 보고 들어야 합니다.

　어린아이는 무엇이 사실이고, 무엇이 가상인지 구분하기가 힘듭니다. 저건 뉴스일까, 아니면 영화일까? 저 사람은 기병대 대장일까, 아니면 주지사일까? 흡연은 암을 일으키는가, 아니면 그냥 연기인 건가? 1962년 쿠바 위기가 닥쳤을 때 내 딸 하이디는 유치원에 다니고 있었습니다. 유치원에서 '원폭 대피 훈련'을 배운 뒤, 아이는 엄마에게 "엄마, 전쟁이나 폭탄 같은 얘기해줘요."라고 말했습니다. 엄마가 대답했습니다. "좋아, 하이디, 무슨 얘기를 할까?" 그러자 하이디는 "다 말해줘, 엄마. 나는 그게 뭔지 하나도 모르잖아."라고 했습니다.

이것이 우리가 사는 세상입니다. 이 세상은 어린 양이 뛰놀고 노란 꽃이 만발한 평화로운 초원도 아니고, 셜리 템플Shirley Temple이 노래하는 〈멋진 배, 롤리팝〉도 아닙니다. 분노와 대립의 소리가 너무 커 대통령의 암살과 좀도둑의 어리석은 죽음의 차이가 무엇인지는 알고 싶지도 않기에 모든 소리를 꺼버리고 싶을 정도입니다.

윌 로저스Will Rogers는 "학교는 이제 과거의 학교가 아니다. 그리고 과거로 돌아가지도 못한다"고 말했습니다. 좋았던 옛 시절 역시 '다시는 돌아오지' 않을 것입니다. 게다가 지금 만큼 아이들이 어린 시절부터 나쁜 소식을 옆집 일처럼 생생하게 전해 들었던 시대는 없었습니다. 일어나는 문제를 바꾸지는 못하지만, 세상을 감당할 아이들의 [어른자아]가 성장할 수 있도록 해줄 적절한 도구를 부모가 갖추는 것이 가장 시급합니다.

어디에서 시작해야 하는가

처음부터 시작해야 합니다. 어윈 에이크혼Erwin Eichhorn과 그의 아내가 1965년부터 새크라멘토에서 열어온 예비부모들을 위한 강습 프로그램은 교류분석을 효과적으로 적용한 좋은 예입니다. 에이크혼은 산부인과 의사이고 아내는 새크라멘토 시립대학에서 간호학을 가르쳤습니다.

보통 산부인과에서 하는 출산 준비 프로그램은 예비 부모들, 특히 예비 엄마들을 대상으로 임신과 분만, 출산에 관한 정보와 아기 보살피는 방법 등을 알려줍니다. 그리고 대개 책이나 시청각 자료를 보조 교재로 쓰는데 이런 교재들은 앞으로 아이와 함께하게 될 삶을 아름답게 보여줍니다. '산후 우울증'이나 임신 중독, 산통 등 출산과 임신에 따르는 부정적인 면도 어느 정도 설명하지만 부부 관계, 즉 신참내기 엄마와 신참내기 아빠의 관계, 그리고 아름답고 경이롭긴 하지만 때로는 끔찍한 존재일 수도 있는 작은 생명체인 신생아와의 관계를 자세히 설명하는 경우는 거의 없습니다.

그런데 에이크혼 부부는 부부동반으로 진행되는 예비 부모를 위한 프로그램에서 P-A-C이론을 가르치기 시작했습니다. 강의 내용은 엄마 아빠 되기가 실제로 어떤 경험인지 알려주는 것에 중점을 두었습니다. 이 강의는 예비 부모를 대상으로 했지만, P-A-C이론과 결합했기 때문에 내용은 아기가 태어난 뒤 부부가 겪는 다른 여러 문제들에도 적용할 수 있었습니다.

임신 초기에 P-A-C를 이해한 부부는 어째서 낯설고 복잡한 기분이 드는지, 왜 좋은 기분뿐 아니라 불쾌한 기분도 드는지 이해할 수 있습니다. 젊은 부부의 [부모자아] 속에 성관계와 임신에 관한 관습적인 데이터가 있다면 감정적으로 민감해지는 시기인 임신기에 이런 데이터가 재생되는 것은 당연한 일이라는 걸 이해할 수 있습니다. 아무리 임신을 손꼽아 기다린 부부라도 '설명하기 힘든' 우울에 빠질 수 있습니다. 혼인 증명서와 예쁜 신혼집도 "나 임신했어."가 끔찍한 소식일 수 있는 [부모자아]의 낡은 데이터를 지울 수는 없습니다. 남편도 마찬가지입니다. 그의 [부모자아]에 든 임신 관련 데이터가 현실과 관계없이 그를 압박할 수 있습니다. 이 밖에도 임신과 관련된 예민한 감정들이 많이 있는데, 제럴드 카플란Gerald Caplan은 임신 기간을 "위기의식이 높아지는 시기, 다시 말해 중요한 문제들이 더 집중적으로 나타나는 것처럼 보이는 시기"라고 말했습니다.[2]

외부적인 사회경제적 변화와 더불어 신진대사, 감정의 변화라는 내부 변화도 존재합니다. 특히 첫 아이일 때 엄마 되기는 생소한 역할입니다. 직장여성이었던 산모라면 집에서 아기와 단 둘이만 있게 될 미래가 낯설 겁니다. 시간 사용법을 완전히 다시 짜야 합니다. 그리고 첫 아기를 가진 여성은 무엇보다 이제 두 번 다시 소녀로 돌아갈 수 없다는 현실을 인정할 수밖에 없습니다. 이제 자유분방하던 시절은 가고 한 아이의 엄마가 되는 것입니다! 이런 감정은 신부가 결혼식에서 지나간 세월을 아쉬워하며 눈물 지을 때의 감정과 비슷합니다. 인생에서 한 획이 그어진 겁니다. 미래로 가는 문이 열린 동시에 과거로 가는 문은 닫혀 버렸습니다. 다시는 되돌아갈 수 없습니다. 이것이 바로 젊은 엄마들이 느끼는 감정입니다.

이런 우울감이 심해지면 출산 후에도 산후 우울증으로 이어질 수 있습니다. 그런데 산후우울증을 앓게 되면 [어린이자아]의 지배력이 커져 [어른자아]가 [어린이자아]에 오염되고 맙니다. 그리고 젊은 엄마는 자신의 감정을 다루기도 힘겹기 때문에 아이를 돌볼 여력이 없습니다.

첫 아이를 낳고 산후 우울증을 심하게 앓았던 한 환자는 P-A-C를 다 배운 3주 뒤에 병원을 떠났습니다. 그녀는 집단치료를 꾸준히 받으면서 [어른자아]의 힘이 강해져 아이를 돌봐야 한다는 책임감을 받아들였습니다. 강해진 [어른자아]의 진가는 2년 뒤 둘째를 임신했을 때 드러났습니다. 첫째 때의 경험이 있어 그녀는 또 다시 산후 우울증을 앓을까 봐 걱정했고, 산전에 자신의 염려에 대해 의사와 논의했습니다. 그래도 둘째 아이를 낳은 뒤 산후 우울증이 재발했지만 잘 이겨냈습니다.(산후 우울증이 재발하는 것은 드문 일이 아니다.)

P-A-C를 적용하면 이런 감정을 이해하고 극복할 수 있습니다. 남편과 아내가 [어른자아]의 입장에서 임신의 흥분과 기쁨을 공유할 수 있습니다. 이때 의사가 '[어른자아]'의 역할을 해주면 남편이 아빠 역할을 좀 더 쉽게 받아들일 수 있습니다. 산부인과 의사와 산모 사이에서 형성되는 [부모자아]-[어린이자아]의 관계에는 아이의 아빠가 끼어들 여지가 별로 없습니다. 출산이 임박한 산모에게 의사가 조언을 하는 동안 보통 남편은 대기실에서 시간을 보냅니다. 하지만 요즘에는 분만실에 들어오는 남편도 많습니다.

만일 아내가 진통을 겪는 동안 남편이 아내의 몸을 마사지하면서 통증을 덜어주고, 진통에 시달리지 않게 아내를 위로할 수 있습니다. 지치고 겁이 난 아내가 [어린이자아]에 사로잡혔을 때 자신의 [어른자아]에 의지할 수 있는 도움을 줄 수 있다면 이런 부부는 앞으로 웬만한 위기가 닥쳐도 극복할 수 있을 겁니다. 이제 아이 아빠는 "이렇게까지 했는데 뭘 못하겠어!"라고 자신합니다. 그리고 아빠들도 아무 거리낌 없이 '우리' 아기에 대해 말을 합니다. 이렇게 엄마와 아빠 둘 다 행복하다면 아기에게도 그대로 전해질 겁니다. 이런 아빠들은 임신초기에 캐플란_{Caplan}이 말한 다음의 것을 인식하고 도움을 받아야 합니다.

> 임신을 하면 더 많은 비타민과 단백질이 필요한 것처럼 임산부는 더 많은 사랑을 받아야 한다. 특히 임신의 말기에 접어들거나 수유기에는 더욱 그러하다. 임신기에는 소심해지고 수동적으로 의지하게 된다. 산모가 자신의 이러한 면을 잘 받아들이고 주변사람들로부터 사랑과 배려를 받게 되면 아기에 대한 모성이 더욱 생길 수 있다. 전문가가 산모들에게 그러한 사랑을 줄 수는 없지만 가족 구성원들, 특히 남편이 그렇게 할 수 있도록 독려할 수 있다. 우리 문화에서는 "지나치게 과잉보호해서 의지하게 만드는 것"에 대한 걱정을 하는데 그러한 태도에 대응할 필요도 있다.

임신을 기다려온 부부에게 분만의 고통을 함께하는 것은 둘을 하나로 묶어주는 가장 이상적인 과정입니다. 하지만 남편이 분만실에 들어가지 못해도 P-A-C를 잘 알고 있으면 임신 기간 동안 산모와 원만한 관계를 유지하고, 아기 양육을 둘러싼 의견 충돌도 최소화할 수 있습니다. 그리고 아기 엄마가 남편한테서 따뜻하고 긍정적인 스트로크를 받으면, 그녀는 부정적인 감정에 시달릴 수 있는 [부모자아]와 [어린이자아]의 지시에서 자유로워집니다. 해방된 [어른자아]는 '실없는 이야기'를 무시하고 사실에 귀를 기울임으로써, 마음에서 우러나는 모성애에 즉시 반응합니다. 이렇게 되면 아기 엄마는 아이가 울거나 보채지 않아도 안아주고 얼러주고 보살펴주는 행위에 전념할 수 있습니다.

많은 예비 부모들의 [부모자아] 속에는 "시도 때도 없이 아이를 안아주다간 버릇을 망칠 수 있다"는 선입견을 가지고 있습니다. 신참내기 엄마가 아이를 토닥여줄 때마다 이런 기록 테이프가 엄마의 행동을 막는다면, 엄마의 내면에서 어떤 충돌이 벌어질지 분명합니다. 그리고 이런 갈등은 아기에게 고스란히 전해집니다. 반면에 엄마가 [어른자아]를 사용하면 이런 낡은 기록의 타당성을 검토하고 어떤 행동이 적절한지 판단할 수 있습니다. 나아가 "아기를 아기답게 소중하게 대해주면, 다 자랐을 때는 아기처럼 다룰 필요가 없다"는 의미도 이해할 수 있을 겁니다.

[어른자아]가 지배적 힘을 발휘하면 할머니나 시어머니가 전해주는 데이터도 적절히 처리해 파괴적인 교류를 최소화할 수 있습니다. 그녀는 할머니의 충고가 고맙긴 하지만, 할머니 또한 자주 [부모자아]와 [어린이자아]에 휘둘렸을지 모른다는 사실을 잊지 않고 있습니다. 아니면 시어머니의 염려에 대해 그녀의 [어른자아]가 집안일을 도와줄 가정부를 고용하고, 자신은 아기를 돌보는 데 전념하기로 결정할 수 있습니다. 다시 말해 부부는 신참내기 엄마와 아빠, 그리고 아기라는 새로운 가족관계를 어떤 식으로 꾸려갈지 의식적으로 선택하게 된 것입니다.

또 자신에게도 자기부정—타인긍정의 감정이 있음을 알면 아기 양육에 큰 도움이 됩니다. 엄마가 긍정적인 감정이면 아이의 기분도 좋아집니다. 아기가 부정적인 감정을 느낀다 해도 엄마가 긍정적이면 아기도 버팀목을 가질 수 있습니다. 양육을 하면서 아이에게 해주는 스트로크는 아이가 부모에게서 보는 자신의 가치와 비례합니다.

[어린이자아]의 지배를 받는 엄마가 자식과 [어린이자아]−[어린이자아]로 난타전을 벌이면 아기는 세상을 부정적으로 볼 수밖에 없습니다. 관계의 양쪽 당사자 모두 부정적 [어린이자아]인 상태가 아기의 초기 시절을 지배하면 아기는 자기부정−타인부정의 태도에 고정되거나 심하면 자기긍정−타인부정의 태도에 빠질 수도 있습니다.

엄마와 아빠는(초기에 아이에게 가장 큰 영향을 미치는 사람은 엄마이므로, 엄마의 역할이 특히 중요하다) 자신들 안의 부정적인 [어린이자아]에 예민해야 합니다. 부모(특히 엄마)가 민감성과 인식력, 그리고 P−A−C 같은 수단을 양육에 적용하기 위한 관심을 키우지 않으면 부정적인 감정상태의 악영향이 아기에게 퍼지거나 깊어지는 것을 막을 수 없습니다. 엄마의 [어린이자아]가 강한 부정성에 휩싸여 있으면 마찬가지로 부정적 [어린이자아]가 있는 아기도 고집을 피우고 말을 안 듣고 뻗대는 행동을 할 것입니다. 그렇게 되면 엄마도 다시 부정적인 [어린이자아]로 대응하기 마련입니다. 결국 사태는 갈수록 악화되어 엄마는 과거 기록 회로에 따른 퇴행적인 행동과 고성이 오가는 "내 것이 더 좋아" 게임에 돌입합니다. 그리고 이 게임의 승자는 "내가 더 커"를 무기로 삼는 엄마입니다.

아이가 [어른자아]를 발휘할 때에만 효과적인 삶의 방법을 익힐 수 있는 건 사실이지만 아직 어린아이여서 세상을 "본 적도 없는데 어떻게 [어른자아]를 기르는가?"라는 의문이 들 수도 있습니다. 아이들은 모방으로 배웁니다. 그러니 아이가 자체 회로의 힘을 키워서 [어른자아]를 발전시키려면 부모가 본보기를 보이는 것이 가장 좋은 방법입니다. [어린이자아]에 휩싸여 분노를 폭발시키려던 부모가 마음을 가라앉혀 자신의 [어린이자아]를 통제하고 [어른자아]에서 이성적이고 분별 있는 반응을 보이면 아이도 이를 따라합니다.

아이들에게는 설명하는 것보다 직접 보여주는 것이 훨씬 효과적입니다! 여기에 부모가 자식에게 P-A-C를 가르치는 것이 적절한지에 대한 의문이 들 수 있습니다. 자녀 때문에 P-A-C 교육을 받은 부모들의 의견을 종합해보면 아이는 서너 살 정도의 나이부터 P-A-C의 원리를 이해할 수 있다고 합니다. 부모가 P-A-C를 적용하는 모습을 보면서 익히게 된 것입니다. 서너 살밖에 안 된 아이가 [부모자아]나 [어린이자아]와 같은 단어를 정확하게 말하는 것을 보고 깜짝 놀랐다는 게 부모들의 중론입니다.

다섯 살 아이가 "아빠, [부모자아]를 그렇게 다 드러내지 마"라고 하는 건 아빠 안에 '다른 인격'이 있으며, [부모자아]와 [어린이자아]는 무심결에 드러날 수 있다는 것을 이해한다는 뜻입니다. 반대로 아빠가 다섯 살 아이에게 "계속 그렇게 행동하면 내 [부모자아]가 나올지 몰라. 그러면 우리 둘 다 기분이 나빠지겠지?"라고 말하는 건 아이와 아빠 둘 다 감정적 흥분 상태여서 사태가 악화될 수 있으니 [어른자아]–[어른자아]를 유지하자는 권유입니다.

아빠가 고함을 지르면서 "또 한 번 그런 짓 했다간 엉덩이 맞을 줄 알아!"라고 말하면 이런 [어른자아]–[어른자아]의 교류는 일어날 수 없습니다. 사실 아빠의 고함은 아이의 컴퓨터를 완전히 차단시켜 아이는 '자신이 하는 짓'의 잘잘못을 따져보기는 커녕 엉덩이를 맞는다는 사실에만 빠질 수 있습니다. 이렇게 되면 유익한 교육은 사라집니다. 아마도 아빠는 자신의 아빠인 할아버지에게서 그런 식의 말을 들었을 겁니다. 대를 이어 나타나는 악순환입니다.

여기서 특별히 명심해야할 것이 있습니다. 자녀가 [어린이자아]에 사로잡혀 있을 때 부모가 P-A-C를 말하면 아이는 그것을 [어른자아]가 아닌 [부모자아]로 듣습니다. 결국 모든 내용이 아이의 [부모자아]데이터에 입력되면서 [어른자아]–[어른자아]의 교류를 낳는 수단인 P-A-C의 유용성은 크게 망가집니다.

화가 나서 아드레날린이 치솟은 아이에게는 P-A-C를 가르쳐봤자 소용없습니다. 서로 흥분한 상태에서는 그냥 [어른자아]로 있는 것이 답입니다. P-A-C는 아이가 스스로 '아-하' 하고 깨닫는 순간 그 경험을 데이터로 간직하게 하면서 교육적으로 사용할 수도 있습니다. (와! 내가 생각 한거야!) 이렇게 적절한 때에 P-A-C 어휘를 사용하게 되면 아이는 상황을 주도하려고 자신의 유일한 무기인 감정에 휘둘린 행동을 보이는 대신 자신의 느낌을 조리 있게 표현하는 법을 배울 수 있습니다.

아이의 [어른자아] 발달을 가로막는 온갖 난공불락의 장벽들이 있다는 사실을 감안하면, 오늘날 비합리적이고 외골수인 사람이 그토록 많다는 것도 놀라운 일이 아닙니다. 아이의 [어른자아]를 키우려면 아이의 호기심에 주목해야 합니다. 아이가 뭔가에 호기심을 보이면 [어른자아]가 발달하고 있다는 신호입니다. 부모는 세심함과 통찰력을 발휘해 아이의 이런 호기심을 보호하고 충족시켜줘야 합니다. 하지만 끝도 없이 쏟아져 나오는 아이의 호기심을 일일이 세심함과 통찰력으로 대하기란 결코 쉬운 일이 아닙니다. 부모가 [어른자아]에서가 아니라 먼저 [부모자아]와 [어린이자아]로서 반응을 보이기 때문입니다.

부모는 [어른자아]를 통해 구식의 데이터에서 벗어날 때 인내심과 친절함, 배려 등의 긍정적 태도가 자신의 선택에 달린 것임을 이해할 수 있습니다. 부모는 양자택일을 해야 합니다. 의식적으로 감정을 내려놓고 아이의 [어른자아]가 발달하도록 아이의 호기심을 만족시켜주거나, 아니면 수 세대 동안 부모들이 그래왔듯이 자기정당화에 사로잡힌 [부모자아]의 낡은 데이터에 지배당해서 아이의 호기심에 찬물을 끼얹고 공포심을 조정하거나.

철학자가 모든 교류에 반사적으로 "다음에 올 행동은 뭐지?"라는 질문을 던졌듯이 부모들은 "무슨 일이 어떻게 벌어졌지?"라는 질문을 반사적으로 던져야 합니다. 처음에 어떻게 시작했지? 누가 뭐라고 한 거지? 아이들이 보이는 반응은 어떤 자극을 받았느냐에 따라 달라집니다.

적절한 질문을 던지고 아이의 대답에 귀를 기울이면 문제의 근원에 빠르게 이를 수 있습니다.

어린 딸이 엄마에게 와서 울음을 터뜨릴 때 엄마는 두 가지 일을 해야 합니다. 하나는 딸아이의 분노한 [어린이자아]를 달래주는 것이고, 다른 하나는 아이의 [어른자아]가 작동하게 하는 것입니다. "누군가 우리 딸 기분을 망쳤나보네……. 많이 속상했구나……. 그래, 그럴 때는 우는 게 좋을 수도 있어……. 자, 이제 무슨 일이 있었는지 말해줄래? 누가 뭐라고 했기에 우리 딸 기분이 이렇게 상했을까?" 엄마가 이렇게 말하면 안심한 아이는 무슨 일이 있었는지 자세히 털어놓습니다. 이제 엄마와 딸은 [어른자아]—[어른자아]로 대화를 나누게 됩니다.

이따금 우리는 아이들이 서로를 이용하는 모습을 봅니다. 가령 언니가 "10원짜리 동전이 더 커"라고 말하면서 자신의 10원짜리 동전을 동생의 50원짜리 동전과 바꾼다고 가정해봅시다. 부모는 못된 짓을 했다며 언니를 꾸짖는 대신, "아이가 이걸 어디서 배웠지?"라는 질문을 자신에게 던져야 합니다. 순전히 큰딸 스스로 알아냈을 수도 있지만, 엄마와 아빠에게서 이런 행동을 배웠을 수도 있습니다. 부모가 "약게 굴어야 돈 벌어," 혹은 "돈이 사람보다(심지어 여동생보다) 훨씬 중요한 것"이라는 태도를 보였을 가능성도 있습니다.

우리는 어른이 가치관과 관련해서 내린 결정이 아이들에게 쉽사리 반영된다는 사실을 자주 잊어버립니다. H. 앨런 스미스Allen Smith는 아홉 살 여자아이가 쓴 이야기를 들려주었습니다.

"옛날 옛날에 클라리스 낸시 이모젠 라로즈라는 소녀가 살았어요. 소녀는 대머리였고 발도 컸어요. 하지만 엄청난 부자여서 일생을 편하게 살았어요."

[어른자아]는 "좀 전에 무슨 일이 있었던 거지?"라는 질문 외에 "여기서 고려해야 할 '중요' 사항이 뭐지?"라는 질문도 던집니다. [부모자아]는 아이가 어떤 행동은 해야 하고, 어떤 행동은 하지 말아야 하는지 수많은 이유들을 만들어냅니다. 이런 과도한 잔소리는 소방호스에서 뿜어져 나오는 거센 물줄기처럼 아이에게 상처를 입히지만, 정작 아이는 아무것도 듣지 못합니다. 하지만 신중한 [어른자아]는 온갖 이유가 아니라 가장 중요한 이유만을 내놓습니다.

부모가 아이에게 그렇게 하지 말아야 하는 '가장 중요한 이유'는 놔두고 변명만 들어놓는다면 아이는 혼란에 빠질 겁니다. 가장 중요한 이유를 간단한 말로 명확하게 설명하지 못하면 아이로서는 부모의 요구를 이해할 방법이 없습니다.

여섯 살 아이가 네 살 소꿉친구와 함께 부엌으로 들어갑니다. 오후 4시 45분. 저녁 식사를 준비하는 엄마가 음식을 맛보고 있습니다. 여섯 살 아이가 말합니다. "엄마, 우리도 좀 먹어봐도 돼?"

엄마가 음식을 씹으면서 대답합니다. "안 돼. 좀 있으면 저녁 먹을 거잖아. 그리고 너, 아까 아이스크림 잔뜩 먹었지? 그게 이빨에 얼마나 안 좋은데. 그러다 치과 가야 할걸.(지금 치과 치료를 받고 있는 건 엄마다.) 지금 먹으면 저녁 때 못 먹잖아.(엄마는 지금 먹고 있다.) 나가서 놀아. 넌 왜 부엌에 들어오기만 하면 어지럽히니? 물건 좀 제자리에 두지 못하겠어?" 이것이 엄마의 [부모자아]가 '온갖 이유들'에 관해 일장 훈계를 늘어놓으며 아이를 괴롭히고 있습니다. 아이들은 툴툴거리며 부엌을 나가지만 10분 후에 재밋거리를 찾아 다시 부엌으로 돌아옵니다.

엄마가 짜증을 낸 진짜 이유는 따로 있었습니다. "왜 매일 옆집 아이를 데리고 오는 거니? 옆집 애들한테 아이스크림 나눠주는 것도 한두 번이지. 우리 먹을 게 하나도 안 남잖아." 이것이 엄마가 짜증을 낸 진짜 이유인 동시에 가장 현실적인 사정이었다. 하지만 대놓고 말하기가 곤란해 엄마는 딸에게 다른 이유들을 산더미처럼 퍼부어댔습니다. 이런 식의 교류는 아이를 성장시키는 대신 아이를 움츠러들게 합니다. 마음에 들지 않는 대상을 이길 우회적인(또는 왜곡된) 방법을 배우게 합니다. '정중하게' 구느라 진짜 이유를 말하지 못했다면, 차라리 "안 돼, 나중에 말해줄게"라고 하는 게 더 좋습니다. 그런 다음 옆집 아이가 없을 때 딸아이에게 진짜 이유를 설명해주거나 옆집 아이에게 줄 다른 간식거리를 만들어놓고 아이스크림처럼 '비싼' 간식은 아껴두는 것이 좋습니다.

하지만 진짜 속내를 말하지 않는 엄마 때문에 아이의 마음속에는 온갖 의문이 생깁니다. '왜 엄마는 먹으면서 우리는 못 먹게 하지? 치과 가는 게 안 좋은 건가? 엄마는 치과 치료 받잖아? 엄마도 부엌 어지럽히잖아! 엄마도 아이스크림 먹잖아! 하나 먹었는데 잔뜩'이라니! 격분할 정도는 아니라도 아이가 느끼는 억울함은 어른이 되어 상사에게 임금인상을 요구했는데, 십계명 관련 설교만 잔뜩 되돌아왔을 때 느끼는 억울함과 비슷합니다.

자신의 요점을 분명하게 밝히려면 가장 적합한 증거를 제시해야 합니다. 상관없는 일을 들먹이며 주장을 증명하려 들어서는 안 됩니다. 이런 규칙은 부모에게도 적용됩니다. 부모가 가장 적합한 이유를 제시해야 아이를 제지할 수 있습니다. 이렇게 하면 아이의 [어른자아]에 확실하게 처리해야 할 뭔가를 줄 수 있고, 중요하지 않은 데이터로 과부하가 걸릴 일도 없습니다. 또한 아이는 자신을 짓누르는 부정적인 감정이 아닌 자기 존중감으로 교류를 마무리할 수 있습니다. 부하직원의 [어른자아]를 존중하는 상사는 임금 인상 요구에 십계명을 읊지 않습니다. 마찬가지로 아이의 [어른자아]가 성장하기를 원한다면 부모는 아이를 존중해야 합니다.

취학 연령의 아이

입학 첫날 씩씩하게 학교 교문으로 들어가는 아이의 두뇌는 지난 2만 5천 시간의 데이터를 두 곳으로 나눠 저장했습니다. 하나는 [부모자아]라는 기록저장소이고, 다른 하나는 [어린이자아]라는 기록저장소입니다. 그리고도 아이에게는 반응이 자동으로 기록되고, 수천가지 번뜩이는 아이디어를 만들어낼 최고 성능의 슈퍼컴퓨터가 있습니다. 물론 그 컴퓨터가 자기부정의 문제에 푹 빠져 있지 않다면 말입니다.

긍정적인 스트로크를 많이 받았고 [어른자아]를 활용하고 신뢰하는 방법을 배웠다면 설사 부정적 감정을 느낄 때에도 여전히 긍정적인 [부모자아]를 믿는 밝은 아이는 앞으로 [어른자아]의 타협

능력을 익히고,(어느 정도의 퇴보를 예상한다 해도) 문제를 성공적으로 해결하면서 자신감을 기르고, 자신에 대해 좋은 감정을 강화해 나갈 겁니다.

반대로 지난 2만 5천 시간 동안 입력된 기록이 날카로운 잔소리와 비난 등 온갖 불협화음으로 부정적인 리듬만 계속 연주된 경우 아이는 자신감 없고 위축되게 될 것입니다. 이 아이에게도 슈퍼컴퓨터가 있지만 그다지 쓸모가 없습니다. 피아노 연주에 관한 훌륭한 책을 지은 루이가 본펜시에르Luigi Bonpensiere는 우리 인간이 인체라는 훌륭한 도구를 잘 활용하지 못한다며 안타까워했습니다. "우리 몸은 매우 뛰어난 운전자가 사용할 것을 전제로 설계되고 제작된 가장 완벽하고 정밀한 장치다. 하지만 이 장치가 형편없는 운전자 손에 넘어가면 그는 장치의 부족한 점만 불평할 것이다."[3]

아이가 자신의 컴퓨터를 적절히 사용하지 못하는 가장 큰 이유는 그렇게 사용하는 예를 한 번도 본 적이 없거나 사용법을 가르쳐주지 않았기 때문입니다. 학교 성적이 나쁜 아이는 자신의 한계를 "난 멍청해"로 표현하고 아이 부모는 "우리 애가 재능을 발휘하지 못하고 있어"라고 말했습니다. 보다시피 문제의 근원은 심각한 자기부정-타인긍정의 태도입니다. 아이가 정말 유능한 선생님을 만나지 않는 이상 학교는 이른바 '부익부 빈익빈'이 실현되는 장소로 전락하게 됩니다. 아이의 학교생활에 문제(파괴적인 행동, 딴 생각하기, 낮은 성적 등)가 있다면 이는 아이가 계속해서 자기부정-타인긍정의 태도에 사로잡혔기 때문입니다.

경쟁사회인 학교에서는 [어린이자아]가 감당하기엔 많은 단정적 위협이 자행되고 자기부정의 감정을 완화하기에는 뭔가 성취할 수 있는 기회가 너무 조금밖에 주어지지 않습니다. 때문에 학교생활은 아이의 인생에서 반복해서 벌어질 부정적 교류 패턴의 시작일 수 있습니다. 문제는 가정생활에서부터 학교생활, 나아가 직장생활에 이르기까지 모든 삶이 경쟁적이라는 점입니다. 가정생활과 학교생활을 통해 얻게 된 부정적인 감정 상태는 말할 것도 없고 이런 감정 상태를 강화시키는 관련 심리기술들도 어른까지 계속 이어질 수 있습니다. 말하자면 그는 자유로운 정신만이 누릴 수 있는 성취감과 만족감을 얻을 기회를 평생 놓칠 수 있습니다. 아이가 학교생활에 적응하지 못한다면 나는 부모들에게 P-A-C를 익힐 것을 진지하게 권합니다. 그리고 필요하면 심리상담가의 도움을 받아서 아이와 [어른자아]-[어른자아]의 입장에서 교류를 시작하라고 충고합니다. 부모들은 부정적인 감정 상태가 미치는 심각한 영향력을 절대 잊지 마십시오. 잘 모르겠으면 긍정적 스트로크를 해주세요. 스트로크는 아이의 [어린이자아]가 분노와 두려움을 조절하는 사이 아이의 [어른자아]가 상황을 현실적으로 받아들이게 해줍니다.

하지만 아이가 현실을 제대로 인식하지 못하는 경우도 많습니다. 새크라멘토 주립대학의 교육학 교수 워렌 프렌티스Warren Prentice의 조언에 따르면 성적표에 "좀 더 노력 요함"이라고 적혀있으면 아이는 아무 생각 없이 '내가 잘못됐다는 뜻이구나.'로 해석한다고 합니다. 아이가 알아야 하는 건 얼마나 더 노력해야 하는가 입니다.

프렌티스는 아이가 자신의 적성에 맞고 성공할 수 있는 분야를 알려면 도움을 받아야 하지만, 필기시험만으로는 진로를 찾을 수 없다고 주장했습니다. 필기시험이라는 수단 자체가 "난 할 수 없어, 그런데 왜 해?"라는 낡은 테이프를 재생시키기 때문입니다. 아이를 도우려면 아이 말에 귀를 기울이고 대화를 나눠야 합니다. 아이의 학교생활에 문제가 있다면 문제를 구체적으로 짚어서 해결해야지 보충수업이나 학원을 보내봤자 아무 소용이 없습니다. [부모자아]는 무작정 더 하라고 하지만 [어른자아]는 "무엇을 더 해야 하지?"를 묻습니다.[4]

예전에 미성년자들이 술집에 너무 많이 들락거린다고 한탄하던 공무원이 있었습니다. 그런데 캔자스시티《스타》지는 사설에서 그의 말을 이렇게 비꼬았습니다. "그는 술집에 미성년자들이 너무 많이 들락거린다고 말하지만 미성년자가 할 적절한 행동이 무엇인지는 이번에도 설명하지 못했다."

교류분석 강의를 들은 교육 단체가 말했습니다. "학교에도 이것을 적용해야 합니다." 전적으로 동감입니다. 부모들도 대부분 같은 생각입니다. 우리는 8주 과정의 교류분석 강의를 수료한 60명의 부모들에게 학교에서도 교류분석을 가르쳐야 하는지 질문했습니다. 응답자 중 94%는 고등학교 과정에서 가르쳐야 한다고 대답했고, 85%는 중학교와 초등학교에서도 교류분석을 가르쳐야 한다고 대답했습니다.

사람들은 세상의 질병을 치료할 가장 효과적인 약이 교육이라고 생각합니다. 하지만 이 질병은 인간의 행동에 깊숙이 숨어 있습니다. 따라서 우리를 괴롭히고 파괴적인 위협을 휘두르는 문제들을 해결하려면 무엇보다도 P-A-C처럼 이해하기 쉬운 시스템으로 인성 교육을 해야 합니다. 물론 쉽지 않습니다. 하지만 세대를 막론하고 어린 시절부터 시작되는 광기와 그 밖의 자기 파괴적 행동들이 확장되는 걸 막기 위해서는 어떤 식으로든 제동장치를 만들어야 합니다.

사춘기 이전 아동(9세~12세)에 대한 치료

어떤 부모들은 이 시기를 청소년기의 상징인 호르몬과 수염이 등장하기 전 마지막 저항의 시기이고 원래부터 힘들었던 부모와 자식 관계는 더욱 복잡해지는 시기로 봅니다. 이 시기에 아이는 학교생활과 사회적 접촉으로 주위 세상에 대한 새로운 정보를 가장 많이 받습니다. 또한 아이들이 새로운 방법을 동원해 자신들의 게임을 선보이는 시기이기도 합니다. 그래서 적절한 대처 방법을 찾지 못하고 의사에게 도움을 구하는 부모들도 있습니다.

우리는 [어린이자아]에게는 관련성과 일관성, 스트로크, 인정, 승인, 도움이 제공하는 안전함이 필요하다는 사실을 잊지 말아야 합니다. 어떤 아이들은 순종과 협조, 그리고 창조(부모가 허락할 경우)로 이런 안전을 확보할 수 있습니다. 그러나 이런 식으로 스트로크를 얻는 방법을 익히지 못한 아이들은 안전을 확보하려고 감정 분출과 시험하기, 경쟁, 회피, 절도, 유혹 같은 세 살 때의 조작 기법을 계속 사용합니다. 이런 조작 기법은 가족에게 파괴적일 수 있습니다.

예전에 나는 9~12세 사이의 사춘기 이전 아이들을 집단치료한 경험이 있습니다. 아이들 치료는 1주일에 한 번씩 이루어졌고 아이들의 부모는 2주에 한 번씩 만났습니다. 그 프로그램은 학년 내내 계속되었습니다. 학년말이 되자 아이들과 부모들이 함께한 자리에서 아이들의 변화가 확인되었습니다. 놀랍게도 아이들의 외모도 변한 겁니다. 얼굴 표정과 태도에 부정적인 감정을 고스란히 드러내던 아이들의 얼굴에서 그 흔적이 지워졌습니다. 놀랄 정도로 밝아졌습니다. 그리고 모든 참가 가족이 부모와 아이들 간의 의사소통이 좋아졌다고 보고했습니다. 아이들은 부모에게 자신의 감정과 생각을 솔직하게 털어놓을 수 있게 되었고, 부모는 자신의 '돼'와 '안 돼'에 더 이상 아이가 파괴적인 반응을 보이지 않을 거라는 믿음이 생겼습니다.

아이들과 부모들은 계약의 개념을 사용하여 [어른자아]-[어른자아]의 입장에서 서로에 대한 기대를 솔직하게 이야기했습니다. 양쪽이 계약 관계를 이해했을 때 다시 말해 계약을 이행하려면 해야 할 행동과 하지 말아야 할 행동이 무엇인지 이해하고, 계약이 깨지면 어떤 결과가 오는지 이해했을 때, 부모와 아이의 관계는 놀라울 정도로 좋아졌습니다.

나는 계약이 삶의 방향과 질서를 일관성 있게 확립해주는 아주 뛰어난 도구 중 하나라고 생각합니다. 그런데 계약은 [어른자아]의 발상입니다. 따라서 [어른자아]가 이따금 계약을 재검토하면서 변하는 현실에 맞게 수정하고, 융통성을 발휘해야 그 가치가 더욱 올라갑니다.

아이들은 이제 네 살 꼬마가 아닌데도 많은 부모들이 과거와 똑같이 아이들을 대합니다. 부모로서 아이를 통제하고 싶기 때문입니다. 하지만 그보다 더 큰 이유는 나이를 먹어가면서 아이들이 변하고 [어른자아]를 사용하는 능력도 부쩍 커진다는 사실을 인정하지 않는데 있습니다. 이제 아이는 [어른자아]로 자신의 현실을 통제할 수 있습니다. 가족 간의 마찰을 줄이려면 아이에게도 [어른자아]가 있으며 더는 '아무것도 모르는 꼬맹이'가 아님을 인정해야 합니다.

집단상담에 참여했던 사춘기 이전 아이들은 P-A-C를 쉽게 익혔고, 그것을 재미있고 유익한 수단으로 받아들였습니다. 이 나이의 아이들은 원하는 자신의 미래 모습을 꿈꾸고, 원대한 이상주의를 발전시켰고, 교우 관계에서 새로운 친밀감을 느꼈습니다.

또 이 시기는 선과 악에 대한 복잡한 질문을 던지기 시작하는 시기이고 톰 소여와 허클베리 핀처럼 "피로 약속하고" 더 많은 삶을 맛보고 싶어 하는 시기이기도 합니다. 이 시기의 아이들은 부모가 어떤 삶을 살고 있는지에 특히 민감합니다. 이 아이들에게는 좋은 부모가 되어주는 것으로 충분치 않습니다. 오히려 '내' 아이와 '내' 가족, 그리고 '내'가 좋은 부모인지 아닌지에 대한 염려만이 아니라 삶에 대해 광범위하고 창의적인 관심을 가진 훌륭한 사람으로서의 부모 모습을 보여야 합니다.

성공회 사제이자 동양 철학자였던 앨런 와츠Alan Watts는 부모들의 자기 패배적 태도를 이렇게 표현했습니다. "그들은 집안에서 자신이 아이와 가사에 최선을 다하지만 걱정한다. 아이를 잘 키우는 것만이 자신이 할 수 있는 유일한 일이라고 여기면서도 …… 상당수 부모들이 자식을 제대로 키우는지를 놓고 죄의식을 느낍니다. 직장생활을 잘 해야 하는 유일한 이유도 자녀에게 좋은 환경을 만들어주는 데 있습니다. 이것은 그냥 행복해지기 위해 행복해지려고 애쓰는 것과 같습니다. 하지만 행복은 동인이 아닌 결과입니다.[5]

착한 아이도 마찬가지입니다. 아이가 어른이 되어서 할 일이 '(자기 같은) 말썽쟁이를 돌보는 것'이 전부라면 군이 노력할 필요가 어디 있겠습니까? 부모로서 물어야 할 질문은 '나는 어떤 부모인가'가 아니라 '나는 어떤 사람으로 아이 곁에 있는가?'입니다. 또한 '나는 아이가 행복해지길 원해'가 아니고 '우리 집은 활기가 있는가?'이고 '나는 아이가 창의적이길 원해'가 아니고 '나는 새로운 것에 흥분하는가?'이며 '아이가 무언가를 배우길 원해'가 아니고 '내가 지난달 또는 지난해에 읽은 책이 몇 권이지?'이며 '아이에게 친구가 있었으면 좋겠어'가 아니고 '나는 친구가 있는가?'입니다. 그리고 '아이가 이상을 가지면 좋겠어'가 아니고 '나에게는 이상이 있는가?', '그 이상이 내가 하는 일에서도 드러날 만큼 중요한가?', '아이에게 내 신념을 말한 적이 있는가?'이며 '아이가 인정이 많았으면 좋겠어'가 아니고 '나는 곤경에 처한 이웃에게 인정을 베풀었는가?'입니다.

아이에게는 부모가 어떤 사람인지가 더 중요하고 그렇게 되려고 합니다. 그리고 부모는 자신들이 원하는 아이를 키우는 것이 아니라 자신을 닮은 아이를 키웁니다. 그러니 아이가 자신이 사로잡힌 부정적인 감정을 떨치고 새로운 길을 밟을 수 있으려면 먼저 부모가 진취적이어야 합니다. '바깥세상'에 나가 사람들과 어울리고 행동하면서 [어른자아]가 점점 강해져야 어린 시절의 부정적인 감정과 절망감에 맞서 싸울 긍정적인 감정이 만들어집니다.

입양아와 이혼가정의 자녀

성장 단계상의 일반적인 문제 외에 또 다른 문제까지 짊어져야 하는 아이들에게는 사춘기 이전이 정말 힘든 시기입니다. 예를 들어 입양아는 자신이 "선택받은" 아이라는 그럴싸하게 포장된 이야기를 아무리 많이 들어도 이 나이가 되면 갑자기 성격이 바뀌어서 부모에게 격렬히 반항을 합니다. 가능하면 어렸을 때부터 실제로 [어른자아]가 교류를 주도하는 나이가 되기 훨씬 전부터 아이에게 입양 사실을 알려줘야 한다는 것이 입양기관의 기본 방침입니다. 하지만 나는 아이의 [어른자아]가 어느 정도 힘을 갖는 시기인 6~7세 전까지는 입양 사실을 말하지 않는 것이 좋다고 생각합니다. 부모들은 이 말에 반박하면서 "아이에게 아무것도 숨기지 말아야 한다"고 주장하기도 합니다. 하지만 피상적인 정직함보다는 복잡한 입양 데이터를 온전히 처리할 능력이 없는 아이에 대한 사랑과 관심이 더 중요합니다. 비단 입양 문제가 아니라도 아이가 너무 어려서 이해하지 못할 것 같은 힘든 현실이 있으면 우리는 그 현실을 아이에게서 차단하여 아이를 보호합니다. 그렇다면 입양의 경우에도 이해할 수 없는 '진실'을 막아 아이를 보호해주는 것이 당연하지 않을까요?

사실 입양 사실을 말하기도 힘들고, 안하기도 힘듭니다. 결국에 아이도 사실을 알게 됩니다. 하지만 부모는 적절한 시기와 방법을 선택하고 어떤 방법과 내용으로 이야기할지를 신중하게 생각하고 아이가 부정적인 감정에 빠지지 않도록 보호할 수 있습니다. 가족마다 처한 상황이 다르니 일일이 설명할 수 없지만 전문가의 도움을 받으면 [어린이자아]의 부정적인 감정 상태와 부모의 P-A-C가 미치는 영향력을 올바르게 이해할 수 있습니다. 그리고 부모가 이런 이해를 갖추고서야 '상황에 맞춰' 적절하게 대처하고, 있는 그대로의 아이를 우리 아이로 사랑할 수 있습니다.

실제로 입양아의 경우 가능한 최대한의 스트로크를 통해 자기부정을 완화시켜주고 "너는 우리 자식이야"라는 확신을 줘야 합니다. 부모가 아이의 이런 필요를 최대한 충족시켜주기 위해서는 부모 자신의 부정적 [어린이자아] 신호에도 민감해야 합니다. 하지만 불임 때문에 아이를 입양한 부모들의 경우 스스로 부정적인 감정에 사로잡혀 있다 보니 입양한 자녀에게 지나치게 엄격합니다. 가령, 자신들의 선택이 옳았음을 확인하기 위해 반듯한 아이로 키우는 것에만 중점을 둔다면 튼튼한 믿음의 끈은 좀처럼 생겨나지 못합니다.

이혼 가정 아이들의 내면에 가족의 분열을 초래한, 무섭고 우울한 감정의 폭풍우가 있습니다. 아무리 좋게 말해도 이혼이 부정적인 상황임은 부인할 수 없습니다. 그래서 관련자 모두가 부정적인 [어린이자아]의 지배를 받습니다. 이 비극적인 에피소드에서 [어른자아]는 거의 작동하지 않습니다. 엄마와 아빠는 교차교류를 벌이며 갈등하느라 정신이 없고 아이들은 혼자 힘으로 어려운 상황을 이겨내야 합니다. 부모가 관심을 보여준다 해도 아이의 부정적 감정 상태를 강화하는 두려움과 환멸감을 겪지 않고 가정해체라는 어려움을 감당할 정도의 도움을 아이들은 받을 수 없습니다.

그러나 또 다른 힘든 상황을 겪는 다른 아이들처럼 과거의 족쇄를 벗어던질 기회가 완전히 사라진 것은 아닙니다. 그러려면 아이가 자신에게 [어른자아]가 있다는 걸 인식해야 합니다. 이런 도움이 있어야 감정의 늪에서 빠져나와 자신의 현실을 발견할 수 있습니다.

매 맞는 아이

매 맞는 아이의 내면에는 살인이 저장됩니다. 어떤 아이들은 워낙 잔혹하게 반복적으로 구타당한 나머지, 살이 찢어지고 뼈가 부러지기도 합니다. 이렇게 잔혹하게 구타당할 때 아이의 [어린이자아]와 [부모자아]에는 어떤 데이터가 기록될까요?

[어린이자아]에는 두려움과 공포, 증오와 같은 파괴적인 감정이 기록됩니다. 구타라는 끔찍한 악몽 속에서 몸부림치고 고통스러

워하는 동안 아이의 내면에는 분노가 차오릅니다. '내가 당신만큼 덩치가 커지면 반드시 당신을 죽일 거야!' 이 순간 아이는 정신병적인 자기긍정–타인부정의 상태로 변합니다. [부모자아]에는 살인까지는 아니라도 잔인함을 허용하는 데이터뿐 아니라 섬세한 방법론까지 입력됩니다.

이런 옛 기록은 훗날 아이가 성인이 되어 과도한 스트레스를 받으면 되살아납니다. 그의 [어린이자아]는 살인의 욕구를 느끼고, [부모자아]가 이를 허락합니다. 그래서 그는 살인을 합니다.

미국의 거의 모든 주에는 아동의 상처, 학대, 구타가 의심될 때 의사는 이를 당국에 보고해야 한다는 아동학대 금지법이 있습니다. 하지만 문제는 그다음입니다. 적어도 사춘기 전까지 집중 치료를 받지 않으면 예후가 좋지 않을 수 있습니다. 치료를 받아야 아이는 자신이 느끼는 살인 충동의 원인을 이해할 수 있고, 아픈 과거가 있지만 자신의 미래를 선택할 수 있다는 점을 이해하게 됩니다. 사회가 이보다 못한 치료를 제공하는 건 장전된 권총을 아이에게 맡기는 것과 다르지 않습니다.

물론 학대에도 정도 차이는 있습니다. 그러나 아동에 대한 모든 신체적 학대는 폭력을 정당화하는 감정을 만들어 내고 있습니다. '다른 방법이 없으면 때려!'라는 명령, 다시 말해 폭력을 사용해도 좋다는 지시가 기록된 것입니다. 하지만 모든 사람들이 받아들여야 할 중요한 진실은 폭력은 마지막 수단이라는 점입니다. 나는 가벼운 손찌검도 안 된다고 생각합니다. 단, 아이가 너무 어려서 위험을 이해하지 못할 때만 빼고. 예를 들어 아이가 도로에 뛰어들지 못하게 힘으로 제압하여 막을 수는 있습니다. 하지만 우유를 엎지르거나 누이와 싸우는 등 위험하지 않은 상황인데도 손찌검을 해서는 안 됩니다. 폭력을 사용해서 비폭력을 가르칠 수 없습니다.

비인간적인 부모보다는 인간적인 부모가 감정적으로 폭발하여 폭력을 휘두르는 경우가 많습니다. 이런 불상사를 되풀이하지 않기 위해서는 부모와 자녀가 각자의 감정을 P-A-C 관점에서 논해야 합니다. 부모는 체벌이 아이를 징계하는 좋은 수단이 아니라 자신의 [어린이자아]에 지배되는 것임을 깨달아야 합니다. 브루노 베텔하임Bruro Bettelheim은 이렇게 말했습니다.

잠깐만이라도 '훈육discipline'이라는 말이 실제로 어떤 의미가 있는지 알아보자. 웹스터 사전을 찾아보면 이 단어는 제자disciple와 어원이 같다. 오늘날 제자는 당신이 함부로 때릴 수 있는 사람이 아니다. 제자는 특정 직종에 대한 기술을 익히려고 스승 밑에서 연마하는 사람을 의미한다. 훈육의 개념도 같다. 따라서 아이들에게 "화가 나면 때리는 것이 문제를 해결하는 가장 좋은 방법이다"라는 태도를 보인다면, 아이들도 그대로 따라한다. 이렇게 해놓고 당신은 우리 사회에 만연한 폭력에 대해 불평한다.[6]

발달장애아와 P-A-C 교육

자신이 NOT OK라는 무거운 짐을 안고 가는 것이 모든 아이들에게 얼마나 큰 힘이 드는지 생각해 볼 때, 발달장애아에게는 얼마나 큰 부담이 될지 짐작이 됩니다. 발달장애아는 스스로도 NOT OK 감정에 시달리고 다른 아이들보다 지적 능력이 떨어지기 때문에 긍정적인 감정이 상대적으로 적습니다. 발달장애아들은 정신지체뿐 아니라 신체 결함이나 기형을 동반하는 경우가 많아서 다른 사람들의 부정적 시선에 위축됩니다.

이들의 이런 태도는 다른 아이들과의 경쟁에서 뒤처지면서 계속 재확인되고, 아이의 감정적인 분출은 상황을 더 악화시키는 결과를 불러옵니다. 실제로 이런 아이들은 결함 있는 자신의 컴퓨터(어른자아-옮긴이)마저 제대로 사용하지 못합니다. 부정적인 감정 상태가 파괴적인 영향력을 휘둘러 컴퓨터의 능력을 손상시키기 때문입니다.

비교와 경쟁을 최우선으로 삼는 사회에서 혼자 힘으로 버티기 힘든 발달장애아들에게는 제도적 배려가 필요한 심리적 갈등이 일어납니다. 이런 갈등을 해결하려면 경쟁을 최소화시켜줄 제도적 장치가 필요합니다. 하지만 아이가 겪는 감정적 소용돌이는 아이 자신과 주변 사람들에게 계속 고통을 줍니다.

발달장애아에게 하는 정신치료의 효과는 논란의 여지가 있습니다. 발달장애아 치료법을 체계적으로 논한 정신의학서도 거의 없으며 집단치료도 거의 시행된 적이 없습니다. 대부분의 주거 프로그램(가정과 같은 환경에서 발달장애 환자들을 주거하게 하면서 치료하는 프로그램–옮긴이)에서 사용하는 치료 기법은 부모가 아이들을 친절하게 돌봐주고, 아이가 과도한 경쟁을 피하면서 자신이 할 수 있는 일을 찾게 해주는 방법들로 구성돼 있습니다. 이런 개입은 발달장애아가 안전하고 편안하게 생활할 수 있게 하는 데는 도움이 됩니다. 하지만 이런 방법들은 대부분 [부모자아]–[어린이자아]의 교류로 이루어져 있습니다. 그래서 발달장애아들이 [어른자아]의 힘을 키워 자기의 통제력을 키우는 데는 별다른 효과를 거두지 못합니다.

1966년 소아과 의사인 데니스 마크스Dennis Marks는 발달장애아에게 P-A-C를 가르치기 위한 새로운 프로그램을 선보였습니다. 로렐 힐스 병원 이사이기도 한 마크스는 이를 위해 발달장애아 100명을 수용할 수 있는 주거센터를 완공했습니다. 교류분석협회의 이사이기도 한 데니스 마크스는 P-A-C 시스템이 쉽기 때문에 발달장애아들도 배울 수 있을 거라 생각했습니다. P-A-C 교육에 참석한 환자들의 IQ는 30~75였습니다. 3분의 1은 중증 신체장애를 가졌고, 나머지 대다수는 경련성 장애가 있었습니다. 3분의 1은 개별 가정출신이었고, 나머지 3분의 2는 복지부 등에서 관리하는 시설 출신 아이들이었습니다. 생물학적 연령은 10대 중반에서 20대 초반이었습니다.

센터에서 가장 시급하게 다뤄야 할 문제는 두 가지였는데 하나는 심하게 흥분해서 공격적으로 행동하는 아이를 다루는 방법을 알아내는 것이었고, 다른 하나는 아이들의 탈주를 미연에 방지하는 방법을 알아내는 것이었습니다. 마크스는 이 두 상황 모두 교류분석을 이용했을 때 상당한 효과를 거두었다고 보고했습니다.

30명의 환우들로 이뤄진 치료 집단은 센터의 중앙 거실에서 일주일에 한 번씩 모였습니다. 환우들은 어느 방향에서도 흑판이 잘 보이도록 두 줄로 동그랗게 앉았습니다. 계약(환우들은 계약이라는 말을 부담 없이 받아들였다) 내용은 단순했습니다. "이제 여러분은 P-A-C가 뭔지 배울 거야. 이것을 이해하면 여러분은 소란을 피우는 대신, 사람들과 이야기를 나누고 활동할 수 있어."

환우들은 P-A-C 기본 내용을 익혔습니다. 마크스는 [부모자아], [어른자아], [어린이자아]를 나타내는 세 개의 원을 그린 뒤, 모든 사람이 이 세 개의 인격을 갖는다고 설명하고, 환우들이 각 인격을 구분할 수 있도록 도와주었습니다. 예를 들면 그는 환우들에게 "지금 말하고 있는 것은 존의 [부모자아]일까, [어른자아]일까, [어린이자아]일까?" 라고 묻거나, "과일이 상한 것을 발견했을 때 '잘못됐다'고 말하는 것은 너희의 [어른자아]이고, 어떤 사람이 그린 그림이 너희 마음에 들지 않을 때 '안 좋아'라고 말하는 것은 너희의 [부모자아]. 또, 울면서 놀이실로 뛰어 들어와 '아무도 안 놀아줘!'라고 고함을 지르는 것은 너희의 [어린이자아]라고 설명했습니다.

이런 식으로 환우들이 어휘와 행동의 의미를 파악할 수 있게 되면 환우들은 이런 만족스러운 경험 덕분에 자신에게도 [어른자아], 다시 말해 컴퓨터가 있다는 사실을 깨닫게 됩니다.

그들은 "컴퓨터"라는 단어 역시 부담 없이 받아들입니다. [어른자아]를 일종의 컴퓨터로 바라본 덕분에 발달장애아들이 지닌 컴퓨터의 성능 문제에 대해 터놓고 이야기할 수 있었습니다. 마크스는 이 문제를 환우들에게 다음과 같이 설명했습니다.

> 어떤 사람에겐 백만 달러짜리 컴퓨터가 있고 어떤 사람은 십만 달러짜리 컴퓨터가 있을 수 있다. 하지만 걱정할 필요는 없다. 사람들과 사이좋게 지내거나 일을 잘 해내는 데 반드시 백만 달러짜리 컴퓨터가 필요한 것은 아니기 때문이다. 우리가 해야 할 일은 자신이 가진 컴퓨터를 잘 활용할 최상의 방법을 알아내는 것이다.

이 프로그램에서는 '나도 괜찮고 너도 괜찮아I'm OK–You're OK'라는 말을 반복합니다. 집단치료에 참석한 환우들은 모임이 시작하고 끝날 때마다 다 같이 이 말을 제창했는데, 이 연습은 아이들이 일상적인 감정 분출을 누르고 [어른자아]를 움직이는 데 큰 도움이 됩니다. 프로그램을 통해 비교를 원하는 것은 [어른자아]가 아닌 [어린이자아]라는 사실을 이해한 것입니다. 마크스는 이렇게 설명했습니다.

> [어린이자아]는 "내 것이 더 나아"와 "내 컴퓨터가 네 컴퓨터보다 더 좋아"라고 말하고 싶어 한다. 이것은 [어린이자아]가 기분을 좋게 하는 방법 중 하나이다. 누가 더 똑똑한지 비교하는 것도 [어린이자아]이다. 하지만 [어른자아]는 살아가는 데 똑똑한 것이 그

렇게 중요하다면 행복할 수 있는 사람은 이 세상에 정말 조금 뿐이라는 걸 이해한다. 최고의 화가와 최고의 수학자, 최고의 음악가만 행복하고, 다른 사람들은 똑똑하지 않아서 행복해질 수 없다는 것은 말이 안 된다.

환우들은 이런 설명을 이해하고 받아들였습니다. 마크스는 환우가 심한 흥분 상태에서 공격적 행동을 보여도 2, 3분이면 진정시킬 수 있었다고 합니다.

하루는 방에 들어갔는데 세 사람이 한 아이를 붙잡고 있었다. 아이는 분노로 몸을 떨면서 주위 사람들을 향해 닥치는 대로 발길질을 해댔다. 아이큐가 50에 불과한 아이였지만, 평소에는 밝고 친절했다. 나는 아이를 두 팔로 꽉 껴안았다. 아이는 몸을 부르르 떨면서 고함을 질러댔다. "놔 줘, 놔 달라구……!" 20초 정도가 지나고 내가 물었다.

"톰, 내가 어떻게 너를 막고 있지? [부모자아], [어른자아], [어린이자아] 중 어느 거지?"

톰이 소리쳤다. "[부모자아]!"

"아니야, 톰. 너한테 매질을 안 하잖아. [부모자아]는 매질을 해. 그리고 봐, 난 너랑 싸우는 것도 아니야. 만일 내가 너랑 싸운다면 그때는 무슨 인격이 막는 거지?"

"[어린이자아]요.,"

"그렇다면 나는 지금 [부모자아], [어른자아], [어린이자아] 중 어떤 걸 쓰고 있을까?"

"[어른자아]요."

"정답이다. 잘했어, 톰. 지금부터 이 사람들에게 우리가 어떻게 할 건지 보여주자. 우리가 항상 말하는 거 있지? 그걸 우리 둘이 손 잡고 함께 말하자."

선뜻 내 손을 잡은 톰이 말했다. "나도 괜찮고 너도 괜찮아."

그런 다음 우리는 함께 텔레비전 시청실로 갔고, 나는 톰에게 다른 아이들과 함께 텔레비전을 보라고 말했다.

아드레날린이 치솟아 격노한 아이와 마주친 순간부터 둘이 함께 텔레비전 시청실로 걸어간 순간까지, 톰을 진정시키는 데 걸린 시간은 정확히 3분이었다. [어린이자아]의 전원을 끄고 [어른자아]의 전원을 켠 것이 비결이었다. 내가 한 일은 "내가 어떻게 너를 막고 있지?"라는 간단한 질문을 던진 것밖에는 없다. 그 순간에는 분노의 감정을 억제하지 못하는 [어린이자아]를 다룰 다른 방법이 전혀 없었다. 무엇이 톰의 [어린이자아]를 자극하는지 이해하기에는 상황이 촉박했다. 그래서 나는 톰의 행동을 제지하고, 톰이 감정을 흘려보내게 하는 것에 목표를 두었다. [어린이자아]가 주도권을 잡고 있는 동안에는 어떤 '이성적인 말도' 아이를 진정시킬 수 없기 때문이다.

집단치료를 받던 환우들은 '[어른자아]의 전원을 켜고' 두려움에 찬 [어린이자아]나 비난하는 [부모자아] 전원을 끄는 것을 상상하라는 지시를 어렵지 않게 따랐습니다(마치 텔레비전 전원을 끄거나 켜듯이).

마크스는 탈주 상황에 대처했던 예도 들었습니다. 탈주를 시도
한 아이는 아이큐 65 수준의 겁 많고 숫기 없는 여자아이였는데
말수도 적고 들릴 듯 말 듯 말하는 것이 고작이었습니다. 어느 날
방 앞으로 지나던 마크스는 소녀가 병동을 나가려고 짐을 꾸리는
모습을 보았습니다. 마크스에게 들키자 소녀는 펑펑 울면서 고함
을 질렀습니다. "여기에 안 있을 거야, 난 나갈 거야!"

이때 부모처럼 굴면서 "나가다니, 말도 안 되는 소리 하지 마.
가서 다른 아이들이랑 점심이나 먹어. 아무 데도 못 가. 게다가 뭘
타고 나갈 건데?"라고 윽박지르는 건 아이의 감정을 부인하는 것
이나 다름없습니다.

이런 식의 방법은 아이를 진정 시키기는커녕 [어린이자아]의 분
노만 키우고 탈출의 결심을 더 강화하게 할 뿐입니다. [어린이자
아]가 주도권을 잡았을 때 감정에 휘둘리는 아이와 "이성적으로
논의할 방법"은 없습니다. 대신 마크스는 소녀의 침대에 앉았습
니다.

"오늘은 기분이 좋지 않구나, 캐롤린. 누가 널 괴롭혀서 네 [어
린이자아]가 나왔나 보네."

"응." 소녀가 얼른 반응을 보였다.

"무슨 일이 있었는데?"

"갖고 싶은 책을 못 사러 가게 해."

"그렇구나, 네 [어린이자아]가 싫은 건 아니지만, 지금은 네 [어
른자아]와 얘기하고 싶은데……. 그래야 너하고 차분하게 대화할

것 같거든. 내 손을 잡고 '나도 괜찮고 너도 괜찮아'라고 같이 말
하자."

이 방법은 즉각 효력을 발휘했습니다. 그런 다음 마크스는 소
녀의 [어른자아]에게 오늘은 함께 책을 사러 나갈 사람은 없지만
내일은 같이 나갈 수 있을 거라고 말해 주었습니다. [어른자아]가
주도권을 다시 잡기 시작하자, 소녀는 순식간에 진정되었습니다.
캐롤린은 여행 가방을 옆으로 치워두고 점심을 먹으러 갔습니다.
여기까지 4분이 걸렸습니다.

마크스는 보고서에서, "두 가지 예에서 보듯이 결과는 성공적
이었다. 우리는 감정의 분출을 가라앉히고 관계를 더욱 공고히
다질 수 있었다. 장담하건대, 이 청소년들이 몇 달 또는 몇 년 동
안, 이런 식의 교류에 익숙해지면, 자기 통제력과 데이터 처리능
력이 충분히 커져서 긍정적인 감정과 행동양태를 보일 것이다."
라고 했습니다.

보다시피 발달장애아의 경우도 해결책은 다르지 않습니다. 과
거를 바꿀 수 없는 우리는 지금 현재에서 바로 변해야 합니다. 그
리고 과거에서 현재를 분리할 수 있는 건 [어른자아]뿐입니다. [어
른자아]를 이용하면 우리는 두려움으로 가득한 [어린이자아]의 해
묵은 기록과 혼란스러운 과거의 재생으로 가득한 [부모자아]의 기
록을 식별해 낼 수 있습니다. 부모들이 P-A-C를 이해하고 이를
실생활에 적용할 수 있으면, 그들은 아이가 예전에 보았거나 부모
에게 배운 삶([부모자아])과 예전에 스스로 느낀 삶([어린이자아])은
현재 삶과 지금 선택 가능한 삶([어른자아])과 다르다는 것을 구별

하도록 도와줄 수 있습니다.

　그리고 이런 방법이 질풍노도의 시기인 청소년기에도 큰 도움이 된다는 사실을 알게 됩니다. 이 문제는 다음 장에서 자세히 검토하기로 하겠습니다.

P-A-C와

청소년기

나와 대화하고 싶다면 단어부터 다듬어라.

———

볼테르

어느 날 청소년 치료집단에 참가한 16세 아이의 이야기입니다. "건널목에서 신호가 빨간색으로 변했어요. 그때 저의 [부모자아]는 건너지 말라는 사인을 보냈고, [어린이자아]는 그냥 건너라고 하더라구요. 어떻게 해야 할지 머뭇머뭇하다 보니 신호등이 초록으로 바뀌었어요." 청소년기는 이와 비슷합니다. 청소년이 되면 크고 작은 결정을 내려야 합니다. 하지만 실제로 청소년들에게는 결정권이 없어 그냥 문제들이 지나가기를 기다릴 뿐입니다.

청소년기가 되면 뇌의 발달은 최고조에 근접하고, 신체도 성숙해집니다. 하지만 법적·경제적으로 누군가에게 의존해야 합니다. 자유롭게 행동하고 싶은 욕구는 이런 현실적 제약들과 그래봤자 무슨 소용이 있겠냐는 회의로 가로막힙니다. 그들은 흘러가는 대로 녹색 신호등을 기다리는 편이 낫다고 생각합니다. 이런 상황에서는 [어른자아]가 발달하지 못합니다. 그러니 나중에 법적으로 자유로운 나이가 되어도 모호한 상태에서 자신이 무엇을 원하는지 모릅니다. 무슨 일인가 일어나길 기다리고, 누군가 나타나주길 기다리며, 뭔가 계기가 생기기를 기다리면서 허송세월만 하다 인생이 흘러가버립니다.

환경과 내면의 압박 때문에 많은 청소년이 [어린이자아]—[부모자아]라는 예전 교류 패턴으로 돌아갑니다. 호르몬이 왕성한 청소년들은 부모에게서 스트로크 받기를 원하지 않습니다. 대신 또래 집단에게서 새로운 스트로크를 원하면서 [어린이자아]의 감정이 재생됩니다.

[어린이자아]에서 재생되는 부정적 감정을 줄이기 위해 사용되는 어린 시절의 방법은 오히려 위험할 수 있습니다. 이제 10대 소녀는 어린 꼬마시절 보였던 애교와 매력을 바뀐 상황에 맞춰 조절해야 합니다. 막무가내로 "내 것이 더 좋아" 게임을 벌이던 남자아이는 청소년기에 자기통제라는 힘든 과정을 거치면서 자신의 행동을 예의바르게 바꿔야 합니다. 의사소통 방법도 다시 익히고 수정해야 합니다.

청소년은 난생 처음 보는 대본을 들고 무대에 올라가야 합니다. 처음부터 대사가 입에 익을 리 없습니다. 그는 시커먼 구름 사이를 전속력으로 날아가는 비행기입니다. 독립을 열망하는 반항심과 성적 충동이라는 구름이 뭉게뭉게 피어오르고 있지만 부모의 근심과 불만이라는 구름이 무겁게 내리누르고 있습니다. 그는 사방에서 자신을 압박한다고 판단하고 필사적으로 탈출구를 찾아 나섭니다.

문제는 청소년으로 자란 자녀와 그 부모가 여전히 예전의 [부모자아]-[어린이자아] 계약관계라는 점입니다. 아이는 자신을 다 큰 어른이면서 여전히 아이라고도 느낍니다. 부모의 이성적 제안도 자녀는 거칠게 거부합니다. 이에 당황하고 좌절하고 상처 입은 부모는 이럴 때 '자신들의' [어린이자아]에 지배당하게 됩니다.

많은 청소년들이 현실의 부모를 자기 내면의 [부모자아]로 오해합니다. 청소년에게는 엄마 아빠가 하는 말이 지금 십대가 된 자신에게 하는 것처럼 들리지 않습니다. 그 이유는 십대 자녀의 [부모자아]에 있는 오래된 테이프가 세 살 때 끔찍하다는 표정으로 엉덩이를 때리며 단호하게 "안 돼"라고 하던 부모의 모습을 재생하기 때문입니다.

또 10대는 새로운 외부 자극이 아이의 [부모자아]와 [어른자아], [어린이자아]를 강타하여 자아의 경계가 크게 흔들리는 취약한 시기이기도 합니다.

그렇다면 이 시기의 교류는 어느 인격이 주로 담당할까요? 차이가 있긴 하지만 청소년기까지는 아무리 [어른자아]가 발달한다 해도 아무래도 [어린이자아]가 주도권을 휘두르는 경우가 많습니다. 게다가 감정에 치닫기 쉬운 청소년기에는 [어린이자아]가 극도로 취약하기 때문에 부정적인 감정에 '휩싸이기' 쉽습니다.

꼬마가 보이는 [어린이자아]의 반응은 '아이다운' 행동이라고 금방 무마되어 쉽게 넘어갈 수 있지만 10대가 보이는 [어린이자아]의 반응은 부모에게 생소함과 위협감을 불러일으킵니다. 키가 170센티미터나 되는 열다섯 살 소년이 다섯 살처럼 문을 쾅 닫고 들어가는 행동은 공포심을 불러일으킵니다. 열다섯 살 소녀가 다섯 살처럼 입을 삐죽거리면 귀엽기는커녕 추해보이고 짜증스럽습니다. 십대 청소년이 꼬마 시절에 써먹던 '꾸며대기' 버릇이 그대로 있다면 그는 '거짓말쟁이'로 낙인이 찍힙니다.

어린 시절에 입력된 기록은 청소년이 되어도 변하지 않습니다. [어린이자아]가 상황에 대처하던 방법 역시 청소년기에도 존재합니다. 버트란트 러셀_{Bertrand Russell}은 이렇게 말했습니다.

> 금기 사항이 너무 많아서 나는 21살까지 감추는 버릇이 있었다.
> 감추는 습관이 제2의 천성이 되어서 어떤 경우에도 남에게 말하
> 지 않는 편이 낫다고 생각했다. 누군가 방안에 들어오면 나는 읽
> 던 책을 숨기고 싶은 충동을 극복하지 못했다. 굳은 결심과 의식
> 적인 노력이 있고서야 이런 충동을 극복할 수 있었다.[1]

"굳은 결심과 의식적인 노력"의 주체는 [어른자아]입니다. [어른
자아]는 옛 기록을 식별할 수 있고, 옛 기록이 청소년기에 재생되
는 것이 타당한지, 또 효과가 있는지 검토할 수 있습니다. 따라서
청소년기에 가장 시급한 사항은 지금의 현실을 과거보다 더 중요
하게 생각하기 위해 [어른자아]가 몸집이 큰 [어린이자아]를 통제
하도록 하는 겁니다.

청소년 심리 치료를 할 때에는 십대 자녀와 부모 양쪽이 [어른
자아]–[어른자아]의 계약을 맺을 수 있도록 양쪽의 [어른자아]를
자유롭게 해주는 데 집중합니다. [어른자아]가 자유롭게 독립적
인 힘을 발휘하지 못하면 부모와 자녀 모두 이중 고통에 시달리
게 됩니다. 하지만 십대 청소년의 내면에는 [어른자아]가 힘을 발
휘하지 못하게 하는 [어린이자아]의 환경에서 계속 살아야 한다는
문제가 있습니다. 이러한 환경에서는 외부의 실제 부모가 내면의
[부모자아]를 강화합니다.

자녀에게 위협감과 두려움을 느끼는 부모는 더 자주 어른들만

의 해결책을 찾아 자신들의 [부모자아]에 더 의지합니다. 하지만 이는 건초더미에 불을 붙여 비행기를 날게 만들려는 것만큼이나 적절치 못한 행동입니다. 게다가 부모와 자녀 모두 심한 위협감을 느끼기 때문에 [어른자아]가 제 기능을 발휘하지 못합니다. 십대 자녀는 [어린이자아]의 감정을 발산하고 이런 감정 발산에 두려움을 느낀 부모는 교류의 주도권을 [부모자아](조부모)에게 넘깁니다. 하지만 [어른자아]-[어른자아]의 계약이 없기 때문에 현실 공유가 일어나지 않고 더불어 대화도 단절되는 결과를 초래합니다.

오래전부터 유대인들의 성년식인 바르 미츠바_{Bar Mitzvah}(여자들은 바트 비츠바_{Bar Mitzvah}라고 한다-옮긴이)에 감탄해왔습니다. 이 의식은 부모와 성년이 된 자식이 서로에게 바라는 바를 새롭게 설정하는 공식적, 상징적 계약입니다. 13세가 된 유대인 소년은 이 의식을 통해 남자로서의 책임과 종교 임무를 수행할 수 있는 어엿한 성인으로 인정받습니다. 그리고 오래 전부터 이 순간을 기다려온 소년은 유대법이 정한 엄격한 훈련과 규율에 따라 자신의 책임을 받아들입니다.

모든 십대가 이런 경험을 갖지 못하는 게 안타깝습니다. 내가 아는 한 가정은 유대인은 아니지만 아들이 14세 생일을 맞았을 때 집에서 비슷한 의식을 치렀습니다. 소년은 이제부터 자신과 관련된 모든 도덕적 판단에 책임을 져야 한다는 말을 들었습니다. 소년은 결과가 걱정되면서도 자신의 책임을 진지하게 받아들였습니다. 그리고 당연히 자신의 맡은 바 책임을 잘해냈습니다. 이 소년도 오래 전부터 이런 책임을 받아들일 마음의 준비를 해왔기 때문입니다.

십대들은 "커서 뭘 하고 싶니?"라는 질문을 자주 받습니다. 하지만 그의 컴퓨터가 '과거 일들'을 처리하느라 바쁘다면 이런 중요한 질문을 받았을 때 창의적인 생각을 하기가 어렵습니다. 미라 코마로프스키Mirra Komarovsky는 다음과 같이 비유했습니다.

> 운전기사를 포함해 버스 안의 모든 승객들이 뒤를 바라보고 있다고 생각해보라. 이것이 바로 사람들이 인생을 여행하는 방식이다. 특히 십대들은 머리로는 온갖 새로운 지식을 습득하지만, 가슴으로는 미래가 아닌 과거만을 바라본다.[2]

과거를 이해하고 한쪽으로 치워둘 수 있을 때, 컴퓨터는 과거사 처리에 얽매이지 않고 자유롭게 창의성을 발휘하면서 현실에 맞게 행동합니다. 이렇게 할 때 십대 청소년은 좌석이 앞을 바라보는 버스에 올라탈 수 있습니다. 이제 그들은 적절하면서 자유로운 선택을 할 수 있고, 자신이 어디로 향하는지 알 수 있습니다. 그리고 자신이 선택하지도 않았던 길을 운명으로 받아들이지 않고, 힘들더라도 자신이 정말로 가고 싶은 곳을 선택합니다.

우리 병원에서는 십대 청소년들을 위해 매주 집단치료를 합니다. 부모들 역시 저녁 때 따로 모임을 합니다. 가장 중요하게 다루는 문제는 의사소통입니다. 부모 자식 간에 교차 교류가 몇 번 발생하다보면 "네 앞에 있는 것 이리줘"나 "주말에 쓰게 용돈 좀 주면 안돼?" 말고는 대화가 없게 됩니다.

치료의 첫 단계는 청소년들과 부모들에게 P-A-C의 용어와 개념을 가르치는 것입니다. 이 효과적인 분류 장치는 부모와 자녀가 지니고 있는, 얽히고설킨 감정의 덩어리와 지시사항들을 정리해 줍니다. 부모들의 내면에는 두려움과 죄책감, 불확실성, 바람 등이 뒤섞여 있습니다. 십대들의 내면도 같습니다. 이런 내면 상황을 [부모자아], [어른자아], [어린이자아]의 개념으로 설명하면 그들은 서로의 공통점을 발견합니다.

부모의 [어린이자아]에도 자신들만큼이나 고통스러운 기록이 많이 담겨 있다는 사실을 알면 십대들은 커다란 마음의 위안을 얻습니다. 이처럼 새로운 단어를 익히는 것만으로도 풍랑이 일던 바다가 잠잠해집니다. "아는 사람이나 물건에 대한 것만이 아니라 서로의 생각도 함께 말할 수 있어서 너무 기뻐요." 다른 청소년은 이렇게 말했습니다. "단순히 '나와 너'의 관계가 아니라 부모님과 나의 관계가 여섯 사람으로 구분될 수 있다는 게 P-A-C의 가장 놀라운 점이에요."

하지만 전쟁터를 방불케 하던 가정이 평온하고 유쾌한 곳으로 변한다는 것이 쉬운 일이 아닙니다. 어떤 십대들은 그러면 안 된다는 것을 알면서도 "다 엄마 아빠 탓이야" 게임을 쉽게 멈추지 못합니다. 부모 역시 "내가 너희에게 어떻게 해줬는데" 게임을 시작합니다. 서로 고함만 지르고 적대감만 쌓아간다면 십대 자녀를 일주일 정도 병원에서 치료받게 하는 것도 이런 심리게임을 멈추는 효과적인 방법입니다. 이렇게 하면 십대 자녀가 [어린이자아]를 자극하는 집을 떠나 새로운 환경에서 [어른자아]의 힘을 기를 수 있습니다.

P—A—C에 대한 멋진 정의 중 일부는 10대들에게서 나온 것입니다. 그들을 보고 있으면, 여덟 대 내지 열 대의 컴퓨터가 한 자리에 모여서 새로운 의미를 만들어내려고 데이터 처리를 하고 있는 느낌마저 듭니다. 예를 들어 한 10대 아이는 이렇게 말했다. "제 생각에 [부모자아]는 그 사람 전체보다는 [부모자아]를 튼튼히 하는 데에만 관심이 있어요. [어른자아]만 [어린이자아]의 감정도 중요하다는 사실을 이해해요."

다른 10대는 이렇게 설명했다. "우리의 내면에서 생각하는 부분은 풋내기나 다름없어요. 감정적인 부분이 제일 먼저 생겨나죠. '내 생각'보다 '내 느낌'이 더 포괄적이에요. 그래서 우리는 자신을 '내 생각'보다는 '내 느낌'과 동일시하는 것 같아요."

또 다른 아이는 말했습니다. "우리 엄마 아빠를 존중할 수 있는 건 내 [어른자아]뿐이에요. 내 [어린이자아]는 완전 삐져 있거든요."

많은 부모들은 자녀들의 [어른자아]가 어려운 결정을 제대로 내릴지 미심쩍어합니다. 십대 딸을 둔 한 아버지는 이렇게 말했습니다. "아이가 다섯 살이었을 때 면도칼을 갖고 놀고 있어서 얼른 빼앗아야 했지요. 그런데 지금 그 아이가 또 다른 종류의 면도칼을 갖고 있다고 하면, 당신은 뭐라고 할 건가요? 계속 가지고 놀라고 할 건가요?"

차이는 그의 딸이 다섯 살이었을 때는 면도칼에 베이면 치명적인 상처를 입을 수 있다는 사실을 이해할 만한 충분한 데이터가 없었다는 겁니다. 하지만 14살이 된 지금은 어떤 결과가 일어날

지 이해할 수 있는 충분한 데이터를 가졌거나, 가질 수 있습니다. 단, 아이가 자라는 동안 부모가 아이를 가치와 현실, 사람의 중요성, 자긍심 등에 익숙해지도록 했다면 말입니다.

[어른자아]를 믿어야만 십대 자녀가 집에 와서 두렵고 놀란 소식을 터뜨렸을 때 침착하고 효과 있게 대처할 수 있습니다. 십대 딸이 집에 들어와서 침울하게 "나 임신했어" 하고 선언하면, 부모의 P-A-C 지진계 바늘은 최고점까지 치솟습니다. 부모의 [부모자아]가 들고 일어나 강력한 분노와 비난을 보일 것이고, 그들의 [어린이자아]는 슬픔(내가 또 실패했어)과 분노(네가 우리한테 어떻게 이럴 수 있니?), 죄책감(내면의 [부모자아]가 [어린이자아]에게 잘못했다고 혼낸다)을 느낄 겁니다.

부모는 어떤 인격을 이용해서 딸이 터뜨린 소식을 받아들일까요? [부모자아]와 [어린이자아]가 이런 상황을 개탄만 하는 반면 [어른자아]면 사태를 진정시키거나 어떻게 할지를 생각할 겁니다. [어른자아]면 [부모자아]와 [어린이자아]의 어떤 부분을 건설적인 데이터로, 말하자면 딸아이가 이 어려운 상황을 다루는 데 도움이 되는 데이터로 드러낼지 판단할 수 있습니다. 부모가 분노하고 슬퍼하면서도 [어른자아]의 입장을 놓치지 않고 진실과 사랑을 토대로 하여 대처 방안을 세우는 모습을 보게 되면, 딸아이가 내면의 힘을 키우는 데 큰 도움을 받을 수 있습니다.

딸아이는 앞으로 몇 달 동안 부모가 보여준 통제력을 자신도 발휘해야 합니다. [어른자아]라면 여러 가지 현실 문제를 처리할 수 있습니다. 부모와 딸이 느끼는 감정, 내부에서 벌어지는 [부모자아]와 [어린이자아]의 고통스러운 대화, 극단적인 부정적 감정의 재생, 주위 사람들의 수군거림, 앞으로 해야 할 곤란한 일들, 결혼과 입양 여부에 대한 결정 등, 다시 말해 그것이 불러오는 온갖 결과들을 말입니다.

많은 가정에서 이보다 더 끔찍하게 받아들이는 소식이 있습니다. 딸이 이렇게 말합니다. "저 요즘 신중하게 만나는 사람이 있어요. 그런데 그 사람 흑인이에요." 우리 사회에서는 혼전 임신보다 타 인종과의 결혼을 훨씬 큰 수치라고 여깁니다(저자가 책 저술시기의 경우–역자 주). 어떤 부모들은 소리부터 지릅니다. "말도 안 돼! 지금까지 그런 놈하고 사귀어왔다는 거냐? 도대체 생각이 있는 거야? 없는 거야?"

하지만 딸이 알고 있는 분명한 사실은 그는 흑인이지만 좋은 가정에서 자랐고 대학도 나왔으며 정말 좋은 사람이라는 겁니다. 게다가 그녀는 학교에서 모든 인간은 평등하다고 배웠습니다. 다른 친구들도 인종편견을 가져서는 안 된다고 여기고 인종차별에 반대하고 있습니다. 이 때문에 [부모자아]에 지배되어 교류하는 부모 모습은 아이에게 위선자로 비칠 수 있습니다.

하지만 다른 식으로 상황을 다룰 수도 있습니다. [어른자아]를 이용하면 현실을 적대적 요소가 아닌 필요불가결하게 고려해야 할 요소로 봅니다. 타 인종과 [어른자아]–[어른자아] 관계를 맺으려면 특출한 인식과 통합성을 가져야 합니다. 친척들이 곱지 않은 눈으로 쳐다볼 것이며 사회가 이런 관계를 아직은 융통성을 가지고 넉넉하게 받아들이지 않을 것이기 때문입니다. 이 커플은 이런 어려운 상황을 이겨내고 흔들림 없는 관계를 쌓을 만큼의 강력한 [어른자아]를 가졌을까요? 가능한 커플도 있겠지만 상황을 다룰 수 있는 유일한 방법은 현실적인 관점에서 결과를 가늠해 보는 겁니다. 위험도 있지만 개인의 성장이란 면에서 보면 기회일 수 있습니다.

사춘기 자녀와 부모가 대화 없이 서로 어색해하며 불신과 절망을 느낀다면 그리고 십대 자녀가 엄마 아빠와 얘기하는 것 자체를 거부한다면("내가 왜 그래야 해? 나도 알아!"), 어떻게 소통의 물꼬를 틀 수 있을까요?

나와 열다섯 살 소녀가 나눈 다음 대화는 성을 포함해 십대들이 겪는 인간관계의 복잡한 문제를 다룹니다. 소녀는 개별 상담에 네 번, 집단 상담에 여덟 번 참석했습니다. 개별 상담에서 나눈 대화입니다. "D"는 의사의 약자이고, "S"는 샐리(가명)를 말합니다.

S: 선생님은 정신과의사처럼 말하고 있어요. 아, 당연히 그렇긴 하지요. 제 말은 다른 정신과의사랑 똑같다고요.

D: 그게 나쁜 거니?

S: 글쎄요. 어쨌든 제가 싫어하는 텔레비전 정신치료 프로그램이랑 똑같아요. 그 프로 정말 싫어요. 게다가 제가 다른 정신과 환자들이랑 똑같아 보이잖아요. 물론 전 환자지요. 그건 저도 잘 알아요.

D: 왜 P–A–C로 말하지 않는거니?

S: 싫어요. 오늘은 안 돼요. 그걸 쓸 수가 없어요. 지금은 사용 안 할 거예요. 전 하나부터 열까지 전부 잘못 다루고 있거든요.

D: 무슨 뜻인지 알고 하는 말이니?

S: 아뇨.

D: 이 남자가 정신과의사처럼 굴면서 "감히 나를 바꾸려 하는군"이 라고 말하는 것 같은데, 그걸 말하려는 거 아니니?

S: 제가 언제 그렇게 말했어요?

D: 글쎄, 나한테는 그렇게 들리는데, 내가 P—A—C로 말하자고 하니 까, 너는 "지금은 안 할래요. 지금은 사용 안 할 거예요. 어디 내가 사용하게 만들기만 해봐" 하고 말했잖니?

S: '영원히'라고는 안 했어요. 그냥 오늘은 사용하지 않을 거라고요. 지금은 그걸 사용할 기분이 아니에요. 기분이 안 좋거든요. 그게 다예요. 요 며칠 신경이 날카로워서.

D: 오늘은 '신경 날카롭게 굴기' 게임을 하고 싶은가 보구나.

S: 아뇨, 아무 게임도 할 생각 없어요. 더 강력한 진정제만 필요해요.

D: 더 강력한 '진정제'가 필요하다고?

S: 왜 안 돼요? 정말로 더 강력한 진정제가 필요해요. 오늘은 오는 게 아니었어. 난 오고 싶지 않았다구요.

D: 네가 더 강력한 진정제를 원하는 건 P—A—C를 사용하기 귀찮아 서인 것 같은데.

S: 써보긴 했어요. 해봤지만, 지금 초조한 마음이 들어서 그래요. 그 래서…….

D: 그래서 뭐?

S: 뭐겠어요?(웃음) 안 좋다구요, 하지만 내 말은, 지금만 그렇지, 퇴 원하고 나서는 안 그랬다는 거예요.

D: 그래서 초조해하는 것이 네 유일한 선택이라는 거니?

S: 그렇진 않아요. 안 그러려고 노력하는데, 이따금 그래요.

D: 이성을 잃는다는 말이니?

S: 아주 심하게는 아니에요. 하지만 걷잡을 수 없이 화가 나서, 그걸 속으로 삭이려고 하다보면 온 몸이 부르르 떨려요. 이해하시겠어요?…… 오늘은 만사가 싫어요. 아무도 보고 싶지 않아요. 정신과 치료 받는 거 관둘래요. 이러니까 진짜 환자 같죠?

D: (미소를 지으며) 네가 미소를 지으니 보기 좋구나.

S: 저도 미소 지을 줄은 알아요. 제 말은…… 어쨌든 제가 신경이 날카롭다는 거예요. 하지만 제가 뭘 하는지 아세요?

D: 뭘 하는데?

S: 미소를 짓다 보면 웃음이 나요. 그런 다음에는 막 화가 나고요. 그리고…….

D: 왜 화가 나는지 말해줄 수 있니?

S: 아뇨!

D: 우는 거니?

S: 울고 싶지 않아요. 아뇨. 전 괜찮아요. 물론, 오늘은 기분이 안 좋긴 해요. 이런 대화 정말 '싫어요.' 이런다고 달라지는 거 없잖아요. 이딴 치료는 그만두고 약 처방해주시면 안 돼요? 제가 두통이랑 다른 시시껄렁한 문제들에 시달리는 것 말고 제 문제가 도대체 뭐예요?

D: 자라는 것을 원하지 않는다는 거지.

S: 전에도 그런 말씀 하신 적 있어요. 제가 자라기를 원치 않는다고

말하셨죠. 그 말은 틀렸어요. 전 다 컸는걸요.

D: '신체적 성장'을 말하는 게 아니란다. '정신적 성장'을 말했던 거지. 마음을 열고 새로운 생각을 받아들이렴.

S: 어떤 생각이요?

D: P-A-C 말이다.

S: 병원에 있을 때는 저도 마음을 열었어요. 그러고 나서 집에 돌아가니 기분이 아주 좋더라고요.

D: 왜 오늘은 [어른자아]의 전원을 꽂지 않는 거니?

S: 모르겠어요.

D: "난 지금 신경이 날카로워요. 난 할 수 없어요. 오늘 여기에 오는 게 아니었어요. 선생님은 구닥다리 정신과의사이고, 나는 환자예요"가 네가 말할 수 있는 전부인가 보구나.

S: 글쎄요. 지금은 그게 맞는 말 같은데요.

D: 어쩌면 그게 네 지금 상태를 정확히 표현하는 것 같구나. 그 말은 [어른자아]를 통해서 나온 것이란다. 그게 지금 우리가 나누고 있는 대화란다.

S: 하루도 빼놓지 않고 P-A-C를 이용할 수는 없는 거잖아요.

D: 내가 보기엔 그렇게 나쁜 생각 같지는 않은데.

S: 좋아요. 선생님이 그렇다고 하시면 나쁘지 않겠지요. 하지만 지금 당장은 그렇게 할 수 없어요.

D: 왜 안 되지?

S: 왜냐하면……

D: 네 [어린이자아]가 나서려는 구나.

S: 가끔씩 그런 일이 일어나긴 하는 것 같아요. 요 1년만 빼면 사실 전 지금까지 P-A-C가 무엇인지도 모르고 살았잖아요. 저도 잘 모르겠어요.

D: 아빠하고 사이는 어떠니?

S: 전 부모님한테 아주 좋은 딸이에요.

D: 엄마하고는?

S: 좋아요. 전보다는 사이가 훨씬 좋아졌어요. 저는 두 분한테 잘 하려고 노력하고 두 분이 좋아하는 딸이 되려고 애써요. 왠지 모르게 요새 두 분한테 미안한 마음이 들기 때문이에요. 제가 너무 형편없는 딸이었다는 생각이 들어서요.

D: 1분 정도만 그 점을 얘기해보자꾸나. 네 주변 상황을 알아야 어떻게 너 자신을 형편없는 딸이라고 생각하게 된 건지 내가 이해할 수 있을 것 같구나.

S: 이런 식으로 정신치료를 계속하다간, 아마도 죽는 날에도 나 자신에 대한 정신분석을 하고 있을 거예요.

D: 그게 나쁜 거니?

S: 음, 그런 것 같아요.

D: 뭔가 다른 면도 있을 것 같은데.

S: 사실 항상 그런 건 아니에요. 제가 친하게 지내는 친구 중에 정말 이상한 애가 하나 있거든요. 몇 년 동안 알고 지냈는데 정신과 근처에 가려고 하지도 않아요. 너무 이상하게 행동해서 어떤 때는 꼭 정신병자 같아요. 항상 자신을 정신분석 하는데, 책에서 읽은 내용으로 그렇게 해요.

D: 너랑 같은 또래니?

S: 네.

D: 그 아이는 제대로 된 수단도 없이 자신의 정신을 분석하고 있구나. 하지만 너한테는 P-A-C가 있지 않니? P-A-C를 이용하면 네가 원하는 답을 얻을 수 있단다.

S: 그렇긴 하죠. 좋아요. 털어놓을게요. 사실 제가 항상 [어른자아]를 이용하고 싶은 건지 아닌지 잘 모르겠어요. 대체로는 [어른자아]를 사용하려고 노력하지만, 가끔은 그러고 싶지 않을 때도 있어요. 그건 꼭 전쟁을 치르는 것 같아요. [어른자아]가 실제로 완벽하긴 해요. 어떤 문제가 닥치든 상황에 맞게 문제를 다뤄주니까요. 하지만 너무 그래서 비인간적이라고 느껴질 정도예요.

D: 무슨 말하는지 잘 알겠다. 전에도 말했지만, 네 [어린이자아]가 있기 때문에 너는 매력적으로 굴면서 다른 사람들과 유쾌하게 지낼 수 있는 거란다. 그러니까 [어린이자아]를 없애지 마. 그리고 [부모자아], [어린이자아]가 항상 있다는 사실을 잊어서는 안 된다. [어린이자아]가 [어른자아]를 밀어내면 감정에 치우친 행동을 보이게 마련이고, [부모자아]가 [어른자아]를 밀어내면 [부모자아]가 네 행동을 지배한단다. 중요한 건, [어린이자아]가 행동을 지배해도 [어른자아]의 전원을 켜두는 것을 잊지 말아야 한다는 사실이다. [어린이자아]가 게임을 원하면 게임을 해도 괜찮지만, [어른자아]가 옆에서 상황을 지켜볼 수 있어야 해. [어린이자아]가 지배해서 위험한 게임을 벌이게 되면 여자아이들은 곤란한 상황에 빠질 수도 있거든. 알겠니?

S: 알겠어요. 그러니까 생각 없이 유혹의 눈길을 던지면 그렇게 될 수 있다는 거죠?

D: 그렇겠지.

S: 언제 멈춰야 할지 모르면요?

D: 언제 멈춰야 할지 모른다면, 그러니까 [어른자아]가 [어린이자아]에게 그만두란 지시를 제때 내리지 못하면, 곤란한 상황에 처할 수밖에 없겠지.

S: 그건 어떤 상황에나 다 해당되는 거겠네요.

D: 그렇지. 모든 상황에 다 해당되지. [어린이자아]는 남의 것을 탐내기도 하고, 다른 사람을 이용하려고도 하지. 다른 사람을 자기 뜻대로 조종하려고도 하고.

S: 말도 안 돼요.

D: 나는 어린아이들이 어른들을 손아귀에 넣고 조종하는 걸 많이 봤단다.

S: 남을 조종하는 건 잘못된 거죠?

D: 글쎄, '잘못'이라는 표현이 적절한지는 모르겠다만, 다른 사람을 조종해서 그들에게 좌절감이나 분노나 당혹감을 안겨준다면, 그런 행동을 해서는 안 되는 거겠지. 상대방이 조종당하는 걸 허용했더라도 마찬가지야. 그런데 우리는 상대방을 조종하거나, 자신이 조종당하게 놔두는 걸 언제 배운 걸까? 그건 두세 살 때 배우는 거란다.

S: 그럼 그게 왜 계속되는 거죠? 저는 아빠를 조종했고, 지금도 어느 정도는 제 뜻대로 조종하고 있거든요. 그런 행동이 선생님이 말

하는 사람들을 조종하는 행동인지 아닌지는 모르겠지만요. 아니, 조종했다고 보는 것이 맞아요. 그리고 아빠도 제가 아빠를 조종하는 걸 허락했어요. 전 사실 그게 아빠를 조종하는 건지도 몰랐지만 말이에요. 아마 알았다면 그러지 않았을 거예요.

D: 아마 지금도 어느 정도는 네가 아빠를 조종하고 있다고 보는 것이 옳을지도 모르겠다. 하지만 어떤 면에서는 그건 십대 딸을 둔 아빠가 누리는 기쁨 중 하나란다. 아빠는 행복해하는 네 모습을 보고 네가 원하는 것을 흐뭇한 마음으로 주는 거란다. 눈에 넣어도 안 아플 딸에게 자상한 아빠 역할을 하는 거지. 하지만 네가 아빠의 자상함이나 기분을 마음대로 이용하는 건, 너나 아빠 둘 다에게 좋은 일이 아니란다. 그러다가 파국으로 치달을 수도 있거든.

S: 제가 그랬어요.

D: 어떻게 했는데?

S: 아빠를 멋대로 이용하고, 아빠 기분을 제 좋을 대로 이용했어요. 제가 원하는 건 다 해달라고 하면서 말이에요. 사실 너무 많이 요구했어요. 하지만 아빠가 나한테 애정을 표현하려고 할 때는 내 기분이 내키지 않으면, 아빠를 가까이 오지도 못하게 했어요. 아빠가 저를 병원에 데려다주던 날도 제가 아주 심한 말을 했어요. 아빠가 엘리베이터를 타고 내려가면서 저를 안아주려고 했는데, 저는 등을 돌리면서 싫다고 말했거든요. 게다가 아빠를 비웃으면서 "아빠도 기분상했지?"라는 말까지 했죠. 아빠에게 상처를 주려고 작정했던 거죠. 아빠도 그렇다고 인정하시더군요. 그러니까

제 기분이 더 나빠지더라고요.

D: 그래서 아빠를 안아드렸니?

S: 아니요.

D: 안타깝구나. [어른자아]면 [어린이자아]에게 아빠를 안아드리라
고 지시했을 텐데 말이다. [어른자아]는 누구에게도 상처를 주지
않아야 한다는 걸 알고 있거든.

S: 지금은 그러지 않으려고 노력해요. 아빠가 저를 안아주면 그렇게
하게 해드려요. 하지만 제가 기분이 안 좋을 때는 아빠가 안아줘
도 그냥 가만히 있어요. 그리고 아빠에게 애정 표현을 할 때도 있
어요.

D: 아빠의 포옹에 응답하고 싶지 않니?

S: 글쎄요. 지금의 저라면 그냥 아빠에게 다가가서 뺨에 뽀뽀정도만
할 거예요. 그리고 아빠에게 상냥하게 구는 것으로 애정 표현을
하겠죠. 엄마한테도 이렇게 해왔어요. 두 분에게 애정 표현을 하
려고 일부러 그렇게 하기도 해요. 물론, 완전히 진심어린 행동은
아니지만 그런 내 느낌이……

D: 너도 알다시피, 반대 성을 가진 사람에게 애정 표현하는 것이 힘
든 이유는 [어린이자아]가 '성'을 두려워하기 때문이란다. 그때
어떤 느낌이 들지, 다른 사람들은 어떻게 생각할지 두렵기 때문
이지. 내면의 [부모자아]가 [어린이자아]를 감시하고 있어서 그
래. 하지만 [어른자아]면 "그래도 괜찮아. 아빠에게 애정 어린 포
옹을 하는 것은 당연히 올바른 행동이야."라고 해줄 거야. 그러니
까 네가 [어른자아]의 지시대로 진심으로 아빠를 포옹할 수 있다

면, 그건 [어른자아]를 다룰 수 있다는 의미지.

S: 지금까지 그렇게 해왔어요.

D: 하지만 너는 그게 십대한테는 문제가 된다는 걸 알게 된 거지.

S: 그러게요. 예전에는 그게 문제가 된다는 걸 몰랐어요.

D: 사실 그래.

S: 정말요?

D: 우리 사회에는 '금기'라는 것이 있거든.

S: 무슨 소리인지 이해가 안 돼요.

D: 그래? 이런 '금기'는 오랜 시간에 걸쳐서 형성되어왔지. 그중에서 다른 성의 일가친척에게는 애정표현을 해서는 안 된다는 금기는 깨기 힘든 금기이지. 하지만 이건 자세히 살펴볼 필요가 있는 데이터야. 나와의 상담으로 [어른자아]를 이용해서 이런 문제를 드러내놓고 다룰 수 있게 된 10대 아이들은 스스럼없이 부모에게 애정 표현을 하게 되었단다. 구식 금기를 고집하는 건 [부모자아]야. [부모자아]의 데이터 자체가 구식이기도 하고, [부모자아]의 데이터가 언제 완성된다고 했지?

S: 세 살이요.

D: 그래. 그래서 [부모자아] 데이터는 현실 상황을 전혀 반영하지 못하는 거란다. 게다가 우리 둘 다 알다시피 너한테는 멋진 아빠가 있지 않니? 일전에 두 사람이 함께 있는 모습을 봤는데, 네가 아빠의 자부심이자 삶의 기쁨이라는 게 첫눈에도 드러나더구나.

S: 하지만 아니에요. 전 가끔씩 병적일 정도로 못되게 굴거든요.

D: 글쎄, 왜 못되게 군다고 생각하지?

S: 아빠를 많이 슬프게 했거든요. 아빠한테 너무 미안해요. 아빠한테 너무 약해요.

D: 음, 네가 아빠를 아주 많이 사랑하는 것 같구나. 저번에도 아빠하고 좀 거리를 두어야겠다고 나한테 말했지. 너무 가까워서 탈이라고 말이야.

S: 우린 항상 너무 가깝게 지냈어요. 지나치다 싶을 정도로 너무 가까워요.

D: 너는 외동딸이잖니?

S: 그렇긴 해요. 제 아빠니까 저도 노력하려고 해요. 하지만 그게 잘 안돼요. 저한테는 남자친구가 많은데 그 애들을 보면 탐탁지 않은 부분이 있어요. 그러니까 그 아이들은 이성에 관심이 아주 많아요. 그 아이들이 저를 볼 때면, 음, 뭔가 원한다는 걸 알 수 있어요.

D: 그럴 때 어떤 기분이 드니?

S: 잘 모르겠지만, 어쨌든 좋은 기분은 아니에요. 제가 원하지 않을 때 남자애가 저를 만지는 건 싫어요. 남자애들은 만져보고 싶어하는데, 전 별로 내키지가 않아요. 하지만 딱 잘라 안 된다고 말하기가 힘들어요. 그래도 구체적으로 말하지 않고 겁먹은 신호만 보내도 대부분은 잘 알아들어요. 제 의중을 이해하지 못하고 자기 멋대로 하는 애들도 있지만요. 그럼 전 속수무책으로 당하고 있어야 해요.

D: 자, 보렴, 항상 세 종류의 데이터가 있어. 놀고 싶어 하는 [어린이 자아]가 있고 "부끄러운 줄 알아야지," "처신 잘해," "조심하는 게

좋을 거야" 따위의 메시지를 보내는 [부모자아]가 있어. 반면 [어른자아]는, [어린이자아]는 놀고 싶어 하는데 [부모자아]는 이를 못마땅해 하면서 온갖 기준과 규범 목록을 제시한다는 걸 알고 있어. 하지만 [어른자아]가 가장 중요하게 여기는 것은 현실이야. "이 만남이 현실적으로 어떤 의미를 지니지? 예를 들어 이 만남을 그만두면 결과가 어떻게 되지?" 등을 묻지. 집단치료를 받던 소녀들이 결과를 완전히 무시해서 곤란한 상황에 처했던 거 기억하지? 결과에는 관심이 없어. 물론 훌륭한 [어른자아]를 가진 애도 있긴 해. 아주 극소수이긴 하지만. 이곳에도 그런 여자아이들이 몇 명 있어. 여기에서 집단치료를 받으면서 [어른자아]의 힘을 기르는 법을 배웠거든.

S: 말이 쉽지, 그걸 배우기는 너무 어려워요. 게다가 그건 도덕적 가치관이잖아요. 사람들은 그걸 부모님한테서 받아요. 저도 그렇고요. 서로에게서도 배우고요. 십대들은 서로 이야기를 많이 하는 편이죠.

D: 그래, 그런 것들은 도덕적 가치관이지. 하지만 그것이 합리적이고 현실적인 가치라면 [어른자아]의 가치관이기도 하지. '자신을 해치지 마라'라는 가치 같은 경우, 자신이 세상에서 가장 중요한 사람이고 자신을 지키는 게 중요한 일이라면, 그 중요한 사람에게 상처를 입히지 말아야 하고, 상황을 엉망으로 만들어서도 안 되는 거 아니겠니?

S: 제가 어떻게 행동하는지 아세요?

D: 어떻게 하는데?

S: 저는 추파를 던지는 버릇이 있어요. 사실 친구들이 그러는데, 제가 남자애들 앞을 지날 때면 추파를 던진다고 하더라고요. 근데 별로 듣기 안 좋아요.

D: 글쎄, 그게 무슨 뜻이니? 그러니까 네가 먼저 남자애들을 유혹한다는 거니?

S: 아마 그럴 거예요. 제가 그런 눈짓이나 몸짓을 보이나 봐요. 아니면 그냥 가만히 서 있거나 지나가기만 해도 유혹하는 걸로 보이는 것 같아요. 사실 모르고 그러는 적도 있지만 제가 일부러 그러는 적도 있거든요.

D: 음. 두 가지 시각에서 바라봐야 할 것 같구나. 일단은 네가 예쁘고 매력적인 아이니까, 같이 있기만 해도 즐거워서 그런 소리가 나오는 거지. 아니면 네가 실제로 유혹을 하거나…….

S: 그건 나쁜 행동이잖아요. 근데 전 가끔 그렇게 굴어요.

D: 어디서 그런 행동을 배웠는지 기억나니? 유혹은 아주 어렸을 때 배우는 게임이란다. 그렇게 하면 주위 사람들이 즐거워하니까 너도 모르게 유혹하는 방법을 배우게 된 거지.

S: 정확히 언제요?

D: 아빠가 눈에 넣어도 안 아픈 딸을 쳐다보고 있는데, 아이가 애교를 부리면, 아빠가 사탕을 꺼내주거나 장난감을 꺼내준다고 생각해봐라. 아이는 이런 식으로 애교를 부린 보상을 받는 거지.

S: (웃으며) 아마도 그렇게 해서 제가 유혹하는 방법을 배웠을 거예요. 그럼 우리 아빠 탓이네요.

D: 누구의 잘못도 아니지. 그저 아빠와 딸이 즐거운 한때를 보낸 거지.

S: 그래요. 하지만 다른 사람한테까지 그래서는 안 되는 거잖아요.

D: 그렇긴 하지만, 재미는 있지 않니?

S: 오, 맞아요.

D: 바로 이 지점에서 [어른자아]가 필요한 거란다. [어른자아]가 [어린이자아]와 함께 있으면 남자애가 너를 만지려 할 때 [어른자아]가 적절한 방법으로 교류를 처리할 수 있단다.

S: 그냥 남자애가 아니에요. 어엿한 남자라고요. 남자가 저를 쳐다보면, 저도 가끔은 우쭐해져요. 게다가 그 눈길이 추잡스럽다는 생각이 안 들 정도면, 가끔은, 아니 솔직히 말해서 대부분은 그가 나를 쳐다봐주기를 바라요. 하지만 그러다가도 그가 나를 너무 노골적으로 쳐다보면 모욕감까지는 아니더라도, 약간 두렵다는 기분이 들긴 해요. 아니 뭐, 대부분은 두려움까지 느끼지는 않지만, 그래도 두 번 다시 걔를 보고 싶지 않아져요.

D: 그는 "나는 너를 이용하고 싶어"라고 하고 있고 너는 "난 네가 그렇고 그렇다는거 알아, 하지만 난 말려들지 않을거야"라고 말하고 있기 때문이란다. 결국 다시 조종의 문제로 돌아가는 거지. 네가 눈길을 보내거나 유혹적인 행동을 하는 이유는 너 자신이 매력적이라는 사실을 확인할 수 있기 때문이야. 너는 그 대가로 자신감이 올라간다고 생각할 수 있지만, 실제로는 네가 그걸 꼭 필요로 하는 건 아니야. 이 게임을 하는 건 여자들이 여성적인 이미지와 여성으로서의 자부심을 느낄 수 있기 때문인데, 하지만 너도 알다시피 남자들은 네 매력을 확인시켜 주는 대가로 무언가 보답을 원하게 마련이야. 바로 이 점 때문에 [어른자아]가 준비를

하고 있어야 해. 너도 알겠지만, 여자애들이 거절하지 못할 만큼 아주 매력적인 남자애들도 있거든. 키 크고 넓은 어깨에다 잘생긴 얼굴을 하고 있으면 더 그렇지. 하지만 네가 해야 할 일은 모든 데이터를 객관화시켜 다루는 거야. [어른자아]로 데이터를 처리하는 거지. 그래야 네게 선택권이 생겨. 또 다른 여자아이들 흉내를 낼 필요도 없어. 그건 그 아이들의 선택이지, 네 선택은 아니거든. 너에게 분별력 있는 [어른자아]가 있으면 게임을 어느 지점까지 즐길지 선택할 수 있을 거야. 그렇게 되면 "너를 알게 돼서 기뻐, 그런데……."

S: 오, 그게 싫어요. 억지로 그러는 게 아니라면 아예 그런 상황이 벌어지는 게 싫어요. 생각만 해도 무서운 걸요. 그런 건 원하지 않아요.

D: 왜 무섭지?

S: 모르겠어요. 하지만 무서워요.

D: 네가 무서워하는 이유는 아마 [어린이자아]를 통제하지 못하게 될까 봐서일 거야. 하지만 네가 네 [어른자아]를 믿고 성장시키면 그런 두려움을 극복할 수 있을 거야. 네 [어른자아]가 모든 교류를 적절히 다룰 수 있게 될 테니 말이야. 그렇게 되면 [어린이자아]가 그런 만남을 즐겨도 어느 지점에서 [어른자아]가 신호를 보낼 거야.

S: 상담 시간이 끝났네요. 다음 번 집단치료 시간 때 다시 봬요.

D: 그래. 자기긍정－타인긍정의 태도 항상 잊지 말아라.(상담 종료)

질풍노도의 시기인 청소년기를 겪는 십대 아이들이 부모가 쏟아내는 걱정과 잔소리에 눈과 귀를 막는 일은 자주 있습니다. 하지만 청소년들에게는 엄마와 아빠의 사랑과 관심을 재확인하고 싶다는 갈망도 분명히 있습니다. 내 딸이 다섯 살이었을 때 했던 표현은 이 갈증이 어떤 것인지 잘 보여줍니다. 엄마가 아이를 찾았을 때 아이는 아슬아슬하게 균형을 유지하며 화단을 둘러친 좁은 벽돌들 위를 걷고 있었습니다. "조심해. 안 그러면 꽃밭으로 넘어진다"라고 엄마가 말했습니다. 아이가 물었습니다. "엄마는 나를 걱정하는 거야, 아니면 꽃을 걱정하는 거야?"

청소년 안에 있는 '다섯 살짜리 아이'도 똑같은 질문을 던지고 있지만 우리 어린 딸처럼 드러내놓고 표현하지 않는다는 게 다를 뿐입니다. 그러니 부모가 자녀들의 소리 없는 호소를 민감하게 알아듣고, 사랑과 관심, 배려와 존중을 가지고 '우리에게 중요한 사람은 바로 너'라는 사실을 계속 보여준다면, 힘들 수 있는 청소년기가 생각지도 못했던 기쁨과 보상으로 가득 찬 시기로 바뀔 것입니다.

어른의 힘을 기르는 방법 ... 말하지 않은 것으로 공격받는 일은 없습니다. 의심스러울 때는 그냥 내버려둡니다. 가치체계를 형성합니다. 윤리적 틀 없이 결정을 내리지 않습니다.

상담은
언제

필요한가?

"문제와 마주할 때 비로소 우리는 생각하게 된다"

존 듀이

발목을 삐게 되면 절뚝거리게 되겠지만 결국은 낫습니다. 근데 만약 다리가 부러진다면 깁스를 해서 다리뼈가 붙을 때까지 지지를 해줘야 합니다. 전자는 부상을 당한 것이고 후자는 일시적이나마 장애를 갖게 된 것입니다. 부상의 경우 의료적 처치가 도움이 되는 정도이지만 장애를 가지게 되었을 때는 의료 행위가 필수가 됩니다.

정서적 문제의 상담도 같은 관점에서 볼 수 있습니다. 한 사람의 [어른자아]가 과거의 오래된 [부모자아]와 [어린이자아]에 의해 오염이 되었다면 어려움을 견디면서 그럭저럭 견딜 수 있겠지만 상담을 하여 좀 더 편해질 수도 있습니다. [어른자아] 기능이 가동되느냐 되지 않느냐에 따라 달라집니다. 그들은 반복되는 실패나 죄책감에 사로잡혀 제대로 [어른자아]가 기능하지 못합니다. 동시에 신체적인 불편함도 자주 경험하게 됩니다. 이런 예는 수도 없이 많습니다. 엄마이지만 엄마로서 기능을 못하거나, 직장에서 일을 제대로 해내지 못하거나, 아이들은 학교를 그만두게 되고 나아가 범법을 저지르는 적절하지 못한 행동을 하는 경우입니다. 이런 경우 상담이 필요합니다. 결국 누구나 상담을 통해 좋아질 수 있습니다.

모든 사람은 교류분석가가 될 수 있습니다. 교류분석상담은 회복 과정에 속도를 더해줍니다. 교류분석과 함께하는 상담은 문제해결과 관련된 결정을 내리는데 있어서 과거 경험과 현재 상황에 필요한 데이터를 잘 분류하여 최선책을 발견하는 경험을 하도록 돕습니다. 마술을 부리는 전지전능한 전문가는 어디에도 없습니다. 교류분석상담자는 내담자에게 그가 알고 있는 것을 평범한 언어로 전달하고 상보교류를 사용함으로서 내담자 또한 같은 방식으로 상호작용하는 것을 도울 뿐입니다. 정신과 의사인 내 친구는 자신의 친구 중 트럭을 운전하는 친구가 가장 교류분석을 잘 사용한다고 말했습니다. 교류분석상담은 상담을 받는 모든 사람이 자신의 교류방식을 그들 스스로 분석할 수 있도록 하는 것이 목표입니다.

정신과 상담의 방식은 매우 다양합니다. 각각의 상담방식에 대한 대중적인 이미지도 분명히 다릅니다. 이런 이유로 정신과의사에게 가기로 결정하는 것은 일반적으로 많은 갈등과 생각을 한 후에 이루어지게 됩니다. 내담자들은 비록 정신과의사 같은 전문가에게라도 자신을 드러내는 것에 대해 별로 기분이 좋지 않은 경험을 합니다. 내담자들이 처음 상담실이나 병원의 정신건강의학과 진료실 문을 열고 들어오면 혼자인 것 같고 두렵고 뭔가 자신이 부족하거나 실패했다고 생각해 수치감을 느낍니다.

비록 내담자의 [어른자아]가 상담을 받도록 하더라도 곧 [어린이자아]가 그 자리를 차지하고 [부모자아]와─[어린이자아]가 활개 치는 상황이 만들어지게 됩니다. 처음 한 시간 동안의 교류에서 대체로 내담자의 [어린이자아]는 상담자의 [부모자아]를 기대하고 감정을 표현합니다. 정신분석가들은 이런 상황을 '전이'라고 부르는데 이것은 과거의 중요한 특정 인물에 대한 반응과 관련된 행동, 감정으로 연결되게 만듭니다. 즉 이것은 과거에 부모의 권위에 반응하였던 것처럼 내담자의 [어린이자아]가 현재에도 그렇게 하고 있는 것입니다.

이런 독특한 교류는 우리의 일상생활에서도 흔히 일어납니다. 고속도로에서 경찰차와 교통경찰을 보면 얼른 속도계를 쳐다보고 브레이크에 발이 가기도 하고 속도를 줄이기도 하듯이 현재도 즉각적으로 권위적인 인물과 관련된 접촉을 하게 되면 이와 유사한 반응이 나타납니다. 정신분석가들은 내담자가 이런 어린 시절 감정의 '전이'를 잘 알아차리고 이러한 현상으로부터 잘 벗어나도록 해야 한다고 합니다. 분석의 이 지점이 되면 내담자는 그의 분석가에게 자신에 대해서 무엇을 오픈 할지, 하지 말아야 할지에 대해 크게 고민하고 걱정할 필요가 없어집니다. 다시 말하면, 내담자는 더 이상 분석가의 [부모자아]를 두려워하지 않아도 되는 것입니다. 이것을 전통적 정신분석가들은 내담자가 저항을 극복하는 것이라고 정의했습니다.

교류분석상담에서는 내담자의 P-A-C 구조와 내용을 서로 나누면서 전이와 저항을 억제하는 효과가 생기도록 합니다. 즉 내담자는 자신을 치료하고 있는 상담자와 같은 용어를 사용하고 이런 정보들이 자신의 내적인 부분과 관련있다는 것을 알아차린다면 스스로 자신에 대한 분석가가 될 수 있습니다. 만약 내담자가 보이는 상담자와의 전이나, 강한 정서와 같은 요소로 인한 저항 때문에 상담이 잘 진행되지 않을 경우 상담의 초기 부분에서

P−A−C에 대해 알게 되면 이런 부분은 바로 해결이 됩니다.

나의 경우 상담 첫 회기에 절반의 시간은 내담자가 이야기하는 문제를 듣고 나머지 시간은 P−A−C 모델의 기초에 대해 소개하는 것으로 활용합니다. 내담자가 P, A, C의 뜻을 이해하면 이 단어들을 사용하여 상담자와 이야기를 같이 하게 됩니다. 교류분석에서 구어체로 많이 이야기 되는 '[어른자아]를 활성화시키는 것'과 같은 교류는 내담자들이 더 많이 알고 싶어 하는 부분입니다. 실제로 많은 내담자들이 문제를 일으키는 [어린이 자아]를 쉽게 포기하지 않고 집단이나 혹은 개인 상담에서 고집스럽게 계속 저항을 하며 사용합니다.

이렇게 [어린이자아]가 드러날 때 상담자는 [어른자아] 대 [어른자아]로 이를 설명해야 하고, 일상에서 내담자를 고통스럽게 하고 관계가 틀어지는 문제를 만들어내는 [어린이자아]의 근원에 대해서 지적과 설명을 해줘야 합니다.

초기 회기에서는 교류분석을 가르치고 배우는 것이 중요합니다. 이는 [부모자아], [어른자아], [어린이자아]가 현재 교류에서 어떻게 드러나는지를 서로 탐색하여 교류방식의 명확한 의미를 알아차리는 것을 목표로 합니다. 이렇게 상담의 초기에 성격과 심리와 직접 관련된 특별한 의미의 단어를 알아가는 과정은 독창적 상담 방법이라고 생각되고 첫 회기의 끝 무렵 "기분이 훨씬 나아졌어요!" "희망이 생겼어요!" 등과 같은 변화의 표현을 듣게 되는 방법이라고 생각합니다.

또한, 통상 상담 첫 회기에는 "상담계약"에 대한 의논을 합니다. 교류분석에서는 상호 기대의 표현인 '계약'이라는 단어를 사용하고 있습니다. (나는 당신에게 뭔가를 가르치고 당신은 뭔가를 배운다). '계약'이 반드시 상담을 한다는 의미는 아닙니다. '계약'은 단순하게 상담자는 무엇을 하며 내담자는 무엇을 할지에 대한 상호간의 약속입니다. 만약 양자가 원래 기대한 것으로부터 벗어나게 되는 일이 있으면 '계약'을 다시 한번 검토 해봅니다. 양자 간에 이런 대화가 가능해지는 이유는 생각과 행동, 감정과 관련하여 구체적인 표현을 가능하게 하는 새로운 교류분석의 언어들 때문입니다. 내담자는 스스로 교류분석의 이런 언어를 배우겠다고 동의를 하고 일상생활에서도 사용하게 됩니다. **상담의 목표는 내담자의 증상과 문제를 치료, 해결하는 것이고 상담의 방법은 [어른자아]가 자유롭게 활동할 수 있도록 하여 자신의 진정한 능력을 제한하고 있는 과거의 영향에서 벗어나도록 하는 것입니다. 동시에 자신의 행복에 도움이 되지 않는 틀에서 벗어날 수 있는 새로운 방식을 선택하는 힘을 갖게 만들고, 현 상황에 맞는 방식을 자신이 스스로 선택할 수 있는 자유를 경험하게 합니다.**

진단

간혹 첫 시간에 내담자들이 "제 진단명은 무엇인가요?"라며 마치 높은 법정단상 위에 앉은 판사의 선고에 마음의 준비를 하려는 듯 긴장된 목소리로 묻는 경우가 있습니다. 이런 경우 부모-어린이 자아의 교류를 도발하게 되는데 나는 오히려 "진단이 필요한가요?" 혹은 "어떤 진단이 당신을 위한 것일까요?"라는 질문을 통해 이 같은 교류에서 빠져나옵니다. 정신과적 진단이 도움이 되기보다 방해가 되는 경우가 많았습니다. 칼 메닝거Karl Manninger는 "내담자들은 도움을 받으려고 오는 것이지 병명을 확인하려고 오지 않는다"라고 했습니다. 사람들은 심리적 문제나 정신질환의 증상으로부터 회복이 되려고 오는 것이지 진단명으로부터 벗어나기 위해 상담을 받는 것은 아닙니다.

전통적인 의학적 진단은 의사가 환자와 소통을 하는 효과적인 방법일 뿐입니다. 진단을 통해 환자가 무엇을 해야 할지 아는 것이기 때문일 수 있습니다. 예를 들면 심각한 맹장염, 점액낭염, 폐의 상피성암, 심근경색과 같은 진단적 용어들은 특정한 상태와 특별한 치료를 위해 서로 언급할 뿐입니다. 정신과 진료에 있어서도 진단의 전통은 계속 되었지만 진단을 언급하는 목적이 '환자가 무엇을 해야 할지 아는 것'이라는 전통적 의학의 취지로 생각했다면 그것은 크게 실패하는 것입니다. 미국정신의학협회의 진단 매뉴얼에는 자아, 초자아, 원초자아와 같은 추상적이고 모호한 단어들이 수록되어 있습니다(저자가 책 저술 시기의 경우ー역자주).

만약 어떤 사람이 정확하게 조현병은 아니지만 조현병과 비슷한 증세. 강박, 수동공격, 불안 신경증을 가지고 있다면 이 병을 치료하는데 시간이 많이 걸린다는 것 말고도 이야기 해 줄 것이 많습니다. 어떤 사람이 '조현병'으로 고통을 받는다고 말을 한다고 해도 다른 사람들은 이에 대해 잘 모르기 때문에 명확하게 설명하기가 쉽지 않습니다. 이런 병을 가지고 있다는 사실을 안다는 것에 위안을 받을 뿐입니다.

의미 없는 진단 용어들은 병원 기록의 요건을 맞추거나 의료적 책임감으로 정신과 의사 혼자 애쓴 흔적일 뿐입니다. 환자와 소통을 하는데 실패한 용어는 쓸모가 없고 폐기되어야 합니다. 상호 이해할 수 있는 용어를 사용하면서 치료의 종료시점과 치료 결과를 치료 전과 비교해 어떻게 달라졌는지 확인할 수 있습니다.

따라서 사실을 모호하게 이해하도록 만드는 용어는 이제 버리고, 단순하고 정확하며 직접적으로 치료자와 환자가 말할 수 있는 것으로 대치하고 어떻게 그것들을 함께 사용할 것인가 하는 것이 교류분석상담을 하는 우리들의 과업입니다.

교류분석의 표현은 관찰가능하다는 것에 대해 모두 동의하고 있으며 [부모자아], [어른자아], [어린이자아]에 대한 명확하고 구체적인 정의는 단지 상담자들 사이에서만 통용되는 것이 아니라 상담자와 내담자 사이에서도 통용 가능한 구어체로 되어 있습니다. [어린이자아]가 활동하지 않고 [부모자아]에 함몰되어있는 사람은 자신의 문제가 어디에서 기인되었는지 알게 되며 자신이 강박신경증이라는 진단 없이도 과거로부터 벗어날 수 있습니다. 한 집단참여자가 자신의 진단이 강박신경증이라는 것을 알고서 "도대체 나는 왜 그렇지?"라는 [어른자아]의 의문이 생길 때, 나는 평상시에 그를 집단에서 관찰하면서 얻게 된 그에 대한 지식을 기반으로 명확하게 반응을 합니다. "당신은 상당히 [어른자아]가 오염이 되어 있어 당신의 [어린이자아]가 not ok를 많이 느끼기 때문에 때로 적절하지 못한 듯 느껴지고 늘 당신의 [부모자아]는 어린 이자아를 혼낼 기회를 엿보며 맴돌고 있지요. 당신이 느끼는 그런 죄책감은 어디서 온다고 생각하세요?"

증상에만 초점을 맞추는 것은 진단을 위해서만 필요합니다. 집단에서 우울증, 두통, 불면증, 혹은 복부 통증 등의 증상을 반복해서 토의하는 것은 그 증상이 나을 것인지 악화될 것인지에 대한 예측이 확실하지도 않은 무의미한 일입니다. 반면에 우리 내면의 갈등을 감소시키면 복통의 고통이 감소된다는 것을 밝힐 수 있습니다. 중요한 포인트는 진단과 증상은 불행하게도 "내가 더 낫지 않아?", "내가 얼마나 힘든지 아무도 몰라" 같은 우월의식이나 심리게임을 하는 미숙한 인간 본성과 더 비슷하다는 겁니다.

만약 자신의 삶에 문제가 있다면 그것이 무엇이던 간에 도움을 받아야 하고 교류분석을 배워서 현재 삶에서 일어나는 교류를 점검하고 문제의 근본이었던 먼 과거의 영향으로부터 벗어날 수 있는 겁니다.

"얼마나 걸리나요?" 첫 회기에 자주 받는 질문입니다. 전부 그런 것은 아니지만 정신과 현장에서 이런 종류의 질문에는 '조심하게' 됩니다. 이러한 '신중'이 암시하는 바는 시간이 오래 걸린다는 겁니다. 제롬 프랭크Jerome D. Frank는 상담기간에 대한 내담자들의 기대는 그들의 문제를 해결하는 데 필요한 기간을 결정하는 주요한 요소라고 강조하였습니다. 즉 내담자들이 기대하는 기간만큼 상담 기간이 소요될 수 있음을 의미합니다. 나는 신체화 증상이 비슷하였던 두 집단을 같은 시기에 시작을 하여 한 집단은 6주 만에, 다른 집단은 일 년 만에 종결을 하였는데 이것은 상담이 필요한 기간에 대한 내담자의 기대에 따라 기간이 달라졌음을 보여주고 있습니다.

상담의 목표는 내담자가 이해한 것을 통해 이제 막 배운 새로운 용어로 분명하게 이야기합니다. 나는 내담자들이 상담을 시도하지 않는 것보다 비록 한계는 있지만 현실적인 시간과 비용을 고려하여 생각해보도록 합니다. 나는 때로 "자, 당신이 화요일 오후 2시 집단에 10회기를 참여하면 얼마나 비용이 들지 스케줄을 잡아봅시다"라고 제안을 합니다. 만약 내담자가 10회기를 하고 나서 계속 하기를 원하면 다시 10회기를 할 수도 있습니다. 그들은 더 해도 된다는 것을 알고 있습니다. 나의 집단상담 경험에서 평균적인 시간은 20시간 정도입니다. 물론 개인적인 차이라는 변수는 있습니다. 개인의 [부모자아], [어른자아], [어린이자아]는 개인마다 다릅니다. 우리 삶에서의 어려움도 각기 다릅니다. 부부문제, 만족스럽지 않은 직업, 여가를 즐길 시간이 없는 것, 등등. 서너 번의 집단회기에서 돌파구를 찾는 내담자도 있는데 그는 밖의 세상에서 [부모자아]나 [어린이자아], 혹은 둘 다로부터 정확하게 어려움이 시작되었지만 보다 빠르게 [어른자아]를 자유롭게 하는 성취를 보였습니다.

이렇게 성취를 하게 될 때 내담자들이 처음 보이는 신호 중 하나는 "나의 not ok [어린이자아]가 예전에는 … 했는지 이번에는 …했어요"입니다. 이런 표현을 사용한다는 신호는 그의 [어른자아]가 자신의 [어린이자아]를 이해하고 진짜로 분리를 하는 것이고 그의 성격의 세 자아상태가 인지적, 내면적, 외연적 통합을 해 나가고 있음을 의미합니다.

왜 교류분석 집단상담인가?

집단 안에서 개인상담은 교류분석가들이 선택하는 방법 중 하나입니다. 이것은 도움이 되는 것인가? 혹은 아닐까? 집단 안에서 개인상담은 싸구려 심리상담일까? 많은 사람들이 '집단'이라는 말에 마치 프랭클린 루즈벨트_{Frankin Rosevelt}가 말했던 '소시민'이라는 말에 반응하던 것처럼 반응을 합니다. 누가 '소시민'이 되기를 원할까? 누가 자신이 통계적으로 보통의 범위에서 다루어지기를 원하고 집단 중 겨우 한 사람으로 다루어지는 것을 원할까? 집단상담에서는 어떤 일이 일어나는 것일까? 또, 교류분석 집단상담에서는 무슨 일이 일어나는 것일까?

집단상담에 대한 일반적인 생각은 집단에서는 자신의 정서를 표현한다는 것이고 "표현하면 안 된다는 그들의 프레임에서 나와" 다른 사람들에게 그들에 대해서 어떻게 생각하는지 말하고 그리고 다른 집단원들의 말은 무엇이던 받아들인다는 겁니다. 사실 집단에 대한 많은 문헌에서 이런 관점을 지지하고 있습니다. 집단상담 방법을 발전시킨 선구자 스라브손_{S. R. Slavson}은 그의 책 〈집단상담의 실제〉라는 책에서 다음과 같이 이야기했습니다.

집단의 일반적이고 주된 가치는 본능적인 드라이버_{drivers}의 행동화를 허용하는 것이고 이것은 다른 집단원들이 카타르시스를 느끼게 해주는 영향에 의해 더욱 경험된다. 경계가 덜하고 굉장히 자유분방한 집단에서는 집단원들이 서로를 지지함으로써 자기를 드러내는 것에 대한 두려움이 현저하게 줄어든다. 결과적으로 내담자들은 자신의 문제를 쉽게 드러내고 상담은 가속이 붙게 된다. 방어는 감소하고 전체 집단환경의 자유로움과 타인에 대한 허용을 보면서 자기방어를 하려는 자제력이 줄어든다. 성인집단에서의 이런 결과를 보면 청소년이나 아동집단에서의 방어 또한 그러할 것이라고 짐작할 수 있다. 즉 마음껏 행동하고 충분히 말을 하는 것이다. 동시에 이러한 것들은 집단의 초기에 내담자들이 그들의 문제를 서로 마주보고 이야기 하는 과정과 연결된다. 구성원들의 자존감 상처에 대한 방어도 또한 줄어드는데 이는 친밀한 집단분위기와 성숙한 수용은 방어를 할 필요가 없게 만들기 때문이다. 모두 가지고 있거나 혹은 비슷한 문제 그리고 부정적이지 않은 반응을 모두 기대하게 된다. 집단상담의 가치는 충분하다. 구성원 간 앙갚음에 대한 두려움이나 자신의 가치가 저하되는 것에 대한 두려움은 없다.[1]

나의 개인적인 임상 경험으로는 스라브손_{S. R. Slavson}의 이러한 주장에 '전적으로' 동의하기 어렵습니다. [어린이자아]를 허용하면 본능적인 충동이 행동화되고 집단상담에서 게임이 시작되기도 하고 집단 시간을 낭비하고 집단 각 구성원들의 목적이나 권리가 침해되기도 합니다. 만약 계속 허용하게 되면 교류분석의 상담계약이 방해받게 됩니다. 집단의 구성원이 뭔가를 이룰 때까지 적어도 [어른자아]가 활동을 한다거나, 자기를 표현하거나 혹은 고백, 아주 작은 기여, 뭐라도 건설적인 것이 일어나는 것이 집단 안에서 개인상담의 목표입니다. 상담은 오직 [어른자아]가 지속적으로 활동을 하는 것에 의해 속도를 낼 수 있습니다. 오직 [어른자아]만이 [어린이자아]나 [부모자아]를 탐지할 수 있습니다. 자신의 이야기를 하고 설명하는 것은 자칫 '네 그래요, 그런데'(yes, but) 게임에 빠질 수도 있습니다. 정서를 표현하고 설명을 하는 것은 우리가 매일 그러듯 [부모자아]나 [어린이자아]에게 자리를 양보하는 겁니다. 그러나 교류분석에 대한 기본적인 이해와 주요개념을 가지고 교류에 참여하는 집단상담에서는 자주적인 [어른자아]를 발휘하게 합니다.

"집단"이라는 말에 어떤 마술적인 힘 같은 것은 없습니다. 그러나 교류분석 집단에는 초기 단계부터 가르치고 배우는 경험을 하고, 전통적인 일대일 상담회기를 넘어서는 어떤 차별되는 장점들이 있습니다. 집단에서 필요한 것은 다른 구성원들의 모든 질문, 모든 답변, 모든 교류들을 보고 듣는 것입니다. 교류에서 [부모자아]가 드러나는 미묘한 교류 방식과 내용을 알아차리고 배워야 합니다. 집단원들의 [어린이자아]를 자극하는 내면과 외부의 위협은(타인의 [부모자아]에 의해, 혹은 자신의 [부모자아]로 인해 느껴지는 부정적 정서—옮긴이) 보통 처음부터 파악해 나가기 시작하며 개인의 [어린이자아]의 특별한 특징이나 독특함도 파악해 나가야 합니다. 상담자는 일대일 개인상담에서 사용하는 공감과 허용적인 경청과는 다소 다른 태도도 보여야 하는데 그것은 "어느 동네 사세요?"("나는 부유한 동네에 사는데 너는 어디 사니?"와 같은 '네 것보다 내 것이 더 좋아' 종류의 게임-옮긴이) 같은 상황을 직면하게 되기도 하기 때문입니다.

교류분석집단에서 구성원들이 밖에서 행동하는 것과 별개로 다른 집단구성원과 관계를 맺는 것을 자연스럽게 볼 수 있습니다. 교류분석집단에서 가장 큰 장점은 상담에서 개인의 목표가 분명한 계약으로 맺어지며 빠른 치유로 인한 자신의 일상을 빨리 찾아간다는 것이고 무엇이 현실인지 명확히 보고 느끼며 '성장' 한다는 것입니다. 이러한 점과 관련하여 흥미로웠던 집단 시간의 마지막에 한 집단원은 "내가 3미터는 자란 것 같은 느낌이에요" 라고 말했습니다.

이러한 주요한 장점에 덧붙여 집단상담 예찬가들은 높은 개인 상담비용에 대한 불균형의 문제를 집단상담에서는 제대로 해결할 수 있다는 것을 강조하고 있습니다. 우리는 시간과 비용의 효율성을 중요하게 생각하는 시대에 살고 있습니다. 이는 많은 사람이 문제를 가지고 있고 이렇게 문제를 가진 사람들을 가급적 빨리 문제로부터 벗어나도록 도와야 한다는 생각과 연결됩니다. 이에 대한 해결책을 찾으면서 우리는 정신분석치료의 주요 비판 중 하나를 생각해봐야 합니다. 즉 상담비용이 너무 비싸고 명확하지 않은 결과를 얻기 위해 상담기간이 너무 오랜 시간이 걸린다는 문제입니다. 그렇다고 하더라도 이런 비난을 무엇이 가장 중요한지 결정을 내리지 못하는 사람들이 주로 하는 이야기이며, 마음이 힘이 들 때 상담자를 찾기보다는 새로운 차를 사서 일시적으로 만족을 느끼고 자신의 문제는 해결이 된 것이라고 여기는 사람들이 하는 생각이라고 치부할 수는 없습니다.

오늘날 많은 사람들이 '정신건강'을 중요한 문제라고 받아들이면서도 많은 비용이 들기 때문에 정신분석치료를 받기 위해 경제적 부담을 지려고 하지 않습니다. 이런 경향은 중산층과 그보다 수입이 낮은 계층에서 뚜렷해 보입니다. 그렇다면 정신건강 관련 치료 상담은 부유층을 위한 것인가요? 최근에 나의 동료 의사가 말했듯 정신분석치료는 "고급스러운" 것인가요? 혹은 더욱 많은 사람이 집단상담에서 도움을 받을 수는 없는 것일까요? 정신적인 문제의 상담도 응급수술처럼 치료의 한 부분으로 생각되어지면 안 되는 것일까요?

캘리포니아 의료센터의 의료사회학자인 레오나르도 사츠먼 Leonard Schatzman 박사는 1966년 8년 동안 15개의 의료센터에서 정신과의사와 직원들을 대상으로 심층 연구를 한 후 샌프란시스코 크로니클San Francisco Chronicle에 다음과 같은 논문을 발표하였습니다.

부유층을 위한 일대일 치료와 가난한 대중을 위한 효율적 치료의 선택은 더 이상 적절하지 않아 보인다. 오늘날 늘어난 인구는 정신과적인 서비스를 더 많이 요구하고 있다. 정신분석을 기초로 하는 정신과의사들은 그들의 사무실에 '진료 종료'라는 팻말을 꽂아놓고 자신을 위해 돈을 낼 수 있는 부유한 내담자에게만 개인적인 심리치료 서비스를 제공하고 있다. 좋든 나쁘든 심리치료 서비스는 보람과 선의를 가지고 차별 없이 내담자에게 맞추어져야 한다. 그러나 누가 맞춤 양복을 사는가? 누가 일반적으로 촛불과 와인을 곁들인 멋진 식당에서 저녁을 먹는가? 누가 자신이 원하는 사양으로 주문한 자동차를 타는가?

집단상담에 참여하는 상담료 부담은 개인상담에 비해 비용을 절감할 수 있고 대부분의 월급쟁이들도 감당할 수 있는 수준입니다. 내 경험에 의하면 교류분석을 사용한 집단상담은 상담기간을 줄일 수 있으며 내담자는 비용이 절감되는 효과를 볼 수 있습니다. 상담이 분명한 '계약'을 통해 이루어지면서 상담과정을 진행하는 것에 대해 보험적용을 한다면 많은 사람들의 상담서비스를 보험으로 처리할 수 있는 매우 획기적인 진보를 볼 수 있을 겁니다. 만약 우리가 자녀의 교육을 위한 보험을 들 수 있다면 마찬가지로 정신건강 문제와 관련된 상담, 교육을 위한 특별한 종류의 보험도 있을 수 있습니다.

더 중요한 것은 나의 경험을 토대로 보면 일대일 상담보다 교류분석 집단상담에서 더욱 빨리 증상이 좋아진다는 사실입니다. 나아진다는 것은 초기에 계약을 맺었던 목표를 성취한다는 뜻이고 현재 증상이 완화되었다는 것입니다(예; 결혼생활이 깨어지려는 것, 극심한 피로감, 두통, 직장에서의 실패 등). 그리고 배웠던 P–A–C를 정확하고 효과적으로 사용 하게 됩니다. 집단상담에서 또 하나의 효과 측정은 내담자가 집단에서 다른 사람을 이해하는 방식으로 실제 생활 속 교류에서 어떤 일이 일어났는지의 보고를 통해서 가능할 수 있습니다.

만약 어떤 사람이 나에게 오랫동안 상담을 받았고 "상담이 도움이 되었어요."라고 말은 하고 있는데 "상담을 통해서 생활 속에서 어떤 일이 있었나요?"라는 질문에 대답을 하지 못한다면 그는 자신의 변화된 행동에 대해 잘 안다는 생각이 들지 않을 겁니다. 아리스토텔레스의 말을 적용하자면 표현할 수 있어야 확실히 아는 겁니다. 만약 내담자가 왜 자신이 그렇게 했고, 상대에게 어떻게 했으며, 어떻게 멈출 수 있었는지 말로 표현할 수 있다면 내담자는 상담이 된 것이며 그는 상담이 무엇인지 알고 그것을 반복해서 사용을 할 수 있게 됩니다.

내담자가 P-A-C의 기본을 배우면 교류분석집단에서 그가 [부모자아]와 [어린이자아]에 의해 조건화되어서 그동안 보이던 것과 다른 것을 보여주게 됩니다. 그들은 아마도 "너의 더러운 세탁물을 남들에게 보이지 마라", "가족의 비밀을 말하지 마라" 등의 생각을 어린 시절부터 배워왔을 겁니다. 이런 메시지들은 정확하게 [부모자아]에 기록이 됩니다. 한편 [어린이자아]에는 "난 온통 관심 받고 싶어"라는 것이 '난 불쌍해'라는 게임으로 이어집니다. 집단원이 집단에서 '고백', '정신병동', '너무 하지 않아?', '그것은 전부 그 사람 때문이야.'라는 게임을 하면 곧 아무도 그와 상대하지 않으려 한다는 것을 깨닫게 됩니다. 상담자의 역할은 교사, 트레이너 그리고 직관력과 공감력을 가지고 참여를 격려하는 사람입니다.

집단은 구성원의 참여와 적극적 활동 그리고 '구성원들의 개인적인 정말 힘든 일' 같은 경험으로부터 벗어나서 이제 편안하게 웃어도 괜찮다는 지속적인 허가를 받는 과정으로 이루어집니다.

P-A-C 집단 구성원들의 목표는 분명하고 간략하며 쉬운 말로 이루어져야 합니다. 예를 들면 '[부모자아]나 [어린이자아]의 요구나 영향으로 인한 문젯거리에 대해 [어른자아]를 활용하기' 같은 것입니다. 집단 구성원들은 [부모자아], [어른자아], [어린이자아]가 집단 안에서의 교류에 어떻게 나타나는지 알아차리고, 이를 분명하게 이해하며 표현하는 것이 목표입니다.

집단의 본질적 특징은 가르치고 배우고 분석하는 것이기 때문에 교류분석의 효과는 지도자가 교사로서 열정과 능력을 가지고 집단에서 언어적, 비언어 신호와 모든 의사소통에 주의력을 갖는 것입니다. 집단에서 [부모자아]는 다양한 방법으로 나타나는데 둘째손가락을 가로 젓거나 눈썹을 올리거나 입술을 굳게 다물거나 '당신은 동의하지 않나요?', '모든 사람들이 알다시피...', '그 사람들이 그러는데..', '어쨌든' '나는 마지막으로 바닥까지 한번 가 볼꺼야' 등의 말들을 통해 나타납니다.

[어린이자아] 또한 쉽게 알아차릴 수 있습니다. 울거나, 웃거나, 부끄러워하거나, 손톱을 물어뜯거나, 손장난을 하거나, 폐쇄 상태로 있거나, 뿌루퉁해 있다가 [어린이자아]에서 행해지는 여러 가지 게임들 즉, '난 불쌍해', '그것 참 너무 심하지 않아요?', '난 또 할 거야!' 등의 게임을 통해 볼 수 있습니다. 집단의 구성원들은 'not ok' 어린이자아를 달래기도 하고 간혹 구성원의 [부모자아]의

방식이 다른 구성원의 어린이자아를 초대하기도 합니다. '당신의 어린이자아가 상처를 입은 것 같네요, 어떻게 할까요?' 혹은 '당신의 어린이자아가 어떻게 걸려들었는지 나에게 이야기할 수 있나요?' 같은 호의적인 접근도 보입니다.

집단에서 교류의 다양함을 통해 내담자들은 다른 구성원의 [부모자아], [어른자아], [어린이자아]가 드러내는 정보의 내용을 알고 이를 명확히 구분, 이해하기 시작합니다.

이것은 하나의 '팀 평가' 라고 할 수 있는데, 집단이 하나의 팀이 되어 구성원 상호가 서로의 세 가지 자아를 평가하기 때문입니다. 그리고 이러한 집단에서 교류되는 것들은 오래된 데이터가 아니며 구성원 서로가 연관된 교류로서 '지금－여기'라는 현재에서 관찰 가능한 데이터입니다. 모든 참여자들이 서로를 관찰하며 돕는 상담 팀입니다. 몇 몇 내담자들은 팀의 이런 접근을 참고 견딜 것이고 또, 몇 몇 정신과 의사들은 그들의 내담자를 통해 이것을 증명했습니다.

그는 초기 연구에서 한 병원을 언급했는데, 이는 상담에 참여하지 않았던 내담자를 긴 시간동안 자세하게 연구한 사례였습니다. 내가 P－A－C를 사용하던 초기에는 몇몇 내담자들은 집단에 참여하는 것을 조심스러워하였고 그들이 잘 아는 전통적인 상담방법을 따르는 것을 고집하였는데 그 방법들은 그들이 오게 된 개인적 문제에 대해 반복적이고 장황한 이야기를 하는 것이었습니다.

내담자의 자세는 나는 당신이 듣기 때문에 돈을 지불하는 것이고 자연스럽게 무슨 일인가 생기게 되겠지라는 것이었습니다. 이런 태도는 집단상담의 효과성 관련 좋은 논문들이 나오면서 많이 변화되었습니다. 최근에는 병원이나 상담전문기관의 홍보를 통해 직접 신청하거나 집단에 참여해도 되는지 허가를 구하고 친구들로부터 집단에 대한 이야기를 듣고 참가합니다. 진단 범주에 따라 참여하는 구성원을 선별하지는 않습니다.

또한 증상별로 구분하여 모집하지도 않는데 이것은 필요하지도 않을 뿐더러 정신과적인 진단으로 낙인을 찍기 때문입니다. 전부 알코올중독이라던가, 동성애자라던가 학교를 중퇴한 사람들이 한 집단에 있는 것은 이득이 되지도 않고 집단원들 사이에 자신의 문제가 큰 문제가 아닌 것처럼 "누구는 안 그래?" 같은 일반화가 생길 가능성이 있습니다.

집단은 낮은 지능을 가진 내담자나 정규교육을 받지 못한 사람들을 포함하여 다양한 진단 범주를 포괄한 운영이 가능합니다. 집단에서 자신과 상대에 대해 스스로 생각을 하여 교류할 수 있는 참여자들은 좋은 교류분석가가 됩니다.

나의 많은 환자들은 집단에서 한 환자의 예민한 정신병적 에피소드(오염된 [어른자아])들과 다양한 망상(낡은 어린이 자아에 의해 자리를 잡은)들이 번갈아 나타나는 것을 관찰합니다. 집단에서 환자가 [부모자아]와 [어린이자아]의 활발한 망상을 묘사하는 이야기들을 듣습니다. [어른자아]가 활발한 환자들은 이런 일시적인 정신적 장애에 의해 크게 영향을 받지 않습니다. 그들은 지지적이고 확신을 가지고 스트로크를 해주며 특이한 부분은 무시합니다.

입원병동 같은 곳에서의 교류분석 집단은 매일 만나지만 보통의 경우는 일주일에 한 번 만납니다. 퇴원할 무렵에는 2주 간격으로 만나고 진료실에서 진행하는 집단에 참여합니다. 집단원들은 "나는 너보다 빨리 배워" 혹은 "너는 나보다 더 아프구나" 같은 비교하는 [어린이자아] 경향에 대해 경계하는 것을 배웠습니다. 그러므로 고참자들의 집단에 새로운 내담자가 들어오는 것이 어렵지 않고 교류분석에 금방 익숙해집니다. 집단회기의 환경은 편안하고 모든 소리가 잘 들려야 합니다. 한숨을 포함해서 무엇이든 잘 들을 수 있습니다. 방에서 중요한 장소를 차지하는 것은 매 회기 자주 그리게 되는 구조분석 다이어그램을 그리는 칠판입니다.

어떤 사람은 [부모자아], [어른자아], [어린이자아]를 구별하는 것과 이러한 자아가 현재 교류에 적용되는 방식을 빨리 습득합니다. 반면에 다소 시간이 오래 걸리는 사람도 있습니다. 자신의 내면에 대한 통찰(자각)이 서서히 생겨나면서 깊은 생각에 빠지기도 하고 어린 시절 부모로부터 허가를 받지 못한 과거 저편에 있는 'not ok' 어린이자아 상태는 자신에 대한 깊은 고통에 저항을 하기도 합니다.

자신이 'not ok' 어린이자아에 있다는 것을 알아차리는 것은 미숙한 행동의 근원을 이해하는 가장 중요한 첫걸음입니다. 이것은 한 사람의 성격구조에 대한 객관적 평가입니다. 이론적으로 먼저 이해하게 하고 자신이 당면한 현실로 이해하게 되는 것입니다. 'not ok' 어린이자아의 개념은 재미있는 아이디어로 받아들여질수도 있지만 나에게도 'not ok' 어린이자아는 진짜로 존재합니다.

집단에서 상호 교류의 내용은 집단원들의 현재 문제와 연결이 되어있습니다. 어제 무슨 일이 있었는지, 지난주 무슨 일이 있었는지, 오래전에 무슨 일이 있었는지보다 오늘의 일을 더 자주 질문을 받습니다. 집단원들은 그들의 현재 교류에서 나타나는 집단 안 교류에서 그들의 [부모자아], [어른자아], [어린이자아]를 알고 구별하는 것을 배웁니다. 이것은 전통적 정신분석 연구로부터 나온 것들과는 상당히 다릅니다. 1967년 9월 미국 심리학회의 발표를 보면 학회장인 아브라함 메슬로우 _{Abraham Maslow}는 자신의 동료들이 대개 사례연구라는 명목 아래에서 '사소한' 지난 기억조각들을 모으는 것을 너무 좋아한다고 주장하며, "그들이 모으는 정보는 쓸모가 있지만 너무 사소한 경향이 있고 작은 지난 사실들로 채워진 경향이 있으며..." "인간 안구의 왼쪽 사분면" 같은 난해한 주제로 이름 붙여 그들의 일을 어렵고 고상하게 표현하는데 치중하고 있다고 하였습니다.[a]

사례연구의 궁극적인 가치는 형식이 어떻든 사람들이 변화하는 과정에 대한 정보가 잘 정리되어 있어야 합니다. 변화는 집단에서 [어른자아]가 제 기능을 하면서 만들어져야 합니다. 이 [어른자아]는 또한 집단구성원이 집으로 돌아가 가족 중 어느 누구에게 기능합니다. 나의 집단에 있는 한 아내의 남편이 나에게 전화를 하여 "집단에서 도대체 무엇을 하는 거요? 내 아내는 혼자 행복해진 것 같은데 난 여전히 우리 관계가 불만스럽고 힘들다는 생각이 든단 말이요"라고 불만을 이야기했습니다. 이런 경우 나는 배우자를 개인상담 회기에 초대를 하여 기본적인 P-A-C에 대한 설명을 합니다. 대개 이러한 부부는 결국 부부를 위한 집단에 참여를 합니다. 가족 중 한사람이 집단에 참여하여 변화가 시작되면 가족 내에서 그동안 해왔던 게임의 패턴이 달라지기 때문에 다른 가족 또한 이러한 변화에 영향을 받게 됩니다.

예를 들어 만약 가족 중 한사람이 "희생양" 역할을 해 왔는데 그가 자신의 역할을 벗어나게 되면 특히 형제들 중 특정 가족은 이러한 변화가 혼란스럽고 화를 내기도 합니다. 이것은 일반적으로 가족상담에서 성취할 수 있는 대단한 결과 이후 나타나는 자연스런 현상이기도 합니다. 나의 청소년 집단에서는 부모들의 동등한 참여를 위해 계약을 합니다. 이러한 집단에서 부모들과 반복적으로 나누게 되는 주제 중 하나는 "어떻게 가족이 상담을 방해하는가?"라는 것입니다.

어떤 부모들은 자신도 모르게 상담결과를 약화시키는데, 이는 과거에 부모−자녀가 익숙한 공생적 관계로 '서로 잘 지내' 왔기 때문에 부모의 [부모자아]와 자녀의 [어린이 자아]의 관계를 포기하는 것을 원치 않기 때문입니다.

청소년들이 그들의 [어른자아]를 사용하기 시작하면 부모들이 그들의 [어른자아]가 잘 활동하기 전에는 마치 그의 [부모자아]의 힘이 위협을 당하는 것처럼 생각되어 부모−자녀 간 교류는 뒤섞여 버립니다. 이러한 부모들은 젊은이들의 자율성을 자신의 통제력(통제하는 [부모자아])에 대한 위협으로 생각하면서도 표면적으로는 오히려 자녀들이 자신들의 통제를 더 좋아한다고 합리화하며 계속 통제력을 행하려고 합니다.

우리는 청소년들이 십대시절 자신의 내면을 조절하는 통제력이 발달하고 있다고 믿는 것보다 부모들이 통제하는 [부모자아]에 의해 두려워하며 순응하는 것이 더욱 편안해 보이는 익숙한 불행을 자주 목격합니다.

집단원들은 집단 밖의 관계에서 책임감과 사랑의 방식으로 교류하도록 격려 받습니다. 사실 집단 밖의 관계에서 어떤 관계는 게임에 의해 이루어지고, 이러한 게임마저 멈추면 관계조차도 이루어지지 않는 경우도 있습니다. 이럴 경우 어른 자아는 선택을 할 수 있습니다. 게임을 할지, 하지 않을지, 덜 파괴적인 게임으로 수정할지, 게임을 포기할 수 있는 자각이 생기도록 설명을 하려고 노력을 할지 등입니다. 어쨌든 그렇다고 해서 게임을 안 할 수도 없는 것이 인간은 신이 아니기 때문입니다. 그래서 만약 우리가 악마를 피할 수 없다면 악마를 좋은 것으로 극복하면 된다고 말합니다. 이것이 우리가 모든 인간관계에서 게임을 회피할 수 없는 이유이자 대응방식입니다.

때때로 나는 P-A-C 집단 운영에 있어서 내담자를 위한 보호에 대해 언급을 하곤 했습니다. 이 책을 쓰면서 나는 책장의 밑단에 있는 상담의 일반적인 주제를 열심히 다룬 두꺼운 책과 마주하게 되었습니다. 많은 내용이 상담과 연관된 "정신건강" 혹은 인간의 고통이라고 불리는 병과 관련된 위험을 다루는 "기술"을 상세하게 반복 설명한 것으로 채워져 있습니다. 이러한 것들은 '전이'와 '저항'의 문제라고 불리는 것들과 이를 다루는 방법에 관한 것들이며 그래서 정신분석의 중심이 되는 것들입니다. 이런 저술들은 내담자를 어떻게 상담하는가 보다 어떻게 상담자를 보호하는

가를 누누이 강조하고 있습니다. 정신분석에서 분석가는 영웅입니다. 그러나 교류분석에서는 내담자가 영웅입니다.

P-A-C 집단 안에서 안전보장 장치는 인간이 본성에서 행하는 행동과 정서의 두 측면을 검토하기 위해 내담자-내담자, 내담자와 상담자 간 교류를 형성하는 언어로 서로 함께 할 때 필요한 것입니다. P-A-C 집단의 구성원들은 어느 자아상태는 억제하고 어느 자아 상태는 지지하면서 서로 영향을 미치며 행동합니다. 전통적인 분석집단에서처럼 전능한 상담자는 어두운 구석에 앉아있고 가여운 내담자들은 상담자 앞에 앉아서 심각한 위험을 알리는 상황은 교류분석집단에서는 일어나지 않습니다. P-A-C 집단의 한 가지 특징은 계약을 맺고 상담자는 물론이고 각 구성원의 [어린이자아]에서도 그것을 격려하고 격려 받으며 웃을 수 있다는 겁니다. P-A-C 집단은 맑고 초롱초롱한 [어른자아]가 새로운 답을 찾을 때 양육하는 [부모자아]가 이를 지지하고 더 생각하도록, 비상한 재능을 발휘하는 웃음이 많은 집단입니다.

P-A-C 집단에서 집단의 한 구성원이 "당신이 그렇게 말할 때 나의 'NOT OK' [어린이자아]가 걸려 들었어요!"라고 말을 하는 방식은 우리의 관계방식 즉 상호 P-A-C 간 영향을 주는 역동적 교류방식을 탐색할 수 있는 좋은 방법이고 그 결과로 다른 집단 구성원들 또한 자신의 관계방식에 대한 P-A-C 교류의 지식과 통찰(자각)을 갖게 되는 결과를 만드는 것입니다.

위험이 있다면 상담자가 지식이 없다거나 하는 이유로 자신이 'NOT OK' 자세에 있다는 것이 무엇인지도 모르고 [어린이자아]가 그들의 인생이나 그의 주변에 있는 다른 사람의 인생에서 활동하는 것입니다.

상담에서 교류분석과 현실치료의 공통점과 차이점

앞에서도 말했듯이 현실은 가장 중요한 치료 도구입니다. 지금까지 나는 여러 가지 현실을 논했습니다. 이 장을 마치기 전에 나는 교류분석을 윌리엄 글래서William Glasser 박사가 개발한 현실치료reality therapy와 간단히 비교해보려 합니다.[2] 글래서는 '책임지는 것'이 건강한 정신건강의 전제조건이라는 점에서 인간의 기본 문제는 도덕에 관한 문제라고 말했습니다.

교류분석과 현실치료 모두 정신의학에 새로운 돌파구를 마련하려고 탄생한 학파입니다. 다시 말해 기존의 정신의학이나 임상심리학이 효과 없는 비현실적인 방법을 사용하면서 치료 과정에서 도덕 가치를 고려하지 않은 데 문제를 제기하는 학파들입니다. 교류분석과 현실치료 모두 인간은 자신의 행동에 책임을 져야 한다고 주장했습니다.

하지만 둘 사이에는 근본적 차이가 있습니다. 글래서는 현재의 행동을 이해하는 데 과거의 사건은 전혀 중요하지 않다고 주장했습니다. 나도 과거를 들쑤시는 '고고학' 게임을 좋아하지는 않지만, 그렇다고 과거를 완전히 무시해서도 안 된다고 생각합니다.

내가 볼 때 과거를 무시하는 사람은 앞서부터 내리기 시작한 비 때문에 몸이 흠뻑 젖었는데도 굳이 다른 곳에서 몸이 젖는 원인을 찾으려는 사람과 비슷합니다. 게다가 환자에게 책임감을 가지라고 충고하는 것만으로는 실제로 책임감을 기르는 데 도움이 안 됩니다.

교류분석도 "현실치료"이지만 교류분석은 글래서의 방법에는 없는 해결책을 제시해줍니다. 가령 현실을 인지하지 못하고 현실을 왜곡된 시각으로 보는 사람들의 문제점은 무엇일까요? "무엇을 해야 하는지는 잘 알고 있지만, 이를 실천에 옮기지 못하는" 사람들에게는 어떤 해결책을 말해줘야 할까요?

글래서는 이렇게 말했습니다. "우리는 무의식적인 정신적 프로세스는 고려하지 않는다……. 우리는 환자의 과거도 탐구하지 않는다. 이는 그에게 이미 벌어진 일을 바꾸지도 못할 뿐 아니라, 그가 과거에 얽매여 있다는 사실을 인정할 생각도 없기 때문이다."

우리가 과거를 바꾸지 못한다는 말은 맞습니다. 하지만 과거는 [부모자아]와 [어린이자아]를 따라 현재생활에 계속해서 침투해 옵니다. 그렇기 때문에 과거 발생한 원인을 이해하고, 그 사건을 있는 그대로 인정하지 못한다면, 글래서가 충고하듯 책임감 있는 사람이 되는 데 꼭 필요한 해방된 [어른자아]를 가질 수 없습니다.

그러나 과거를 차단하기 전에 자신의 P-A-C부터 이해해야 합니다. 정신과의사가 우리에게 충고하는 바를 따르는 것은 우리의 [부모자아]입니다. 하지만 우리가 자신의 현재 상태를 이해하면서, 자신의 의지에 따라 정신과의사의 충고를 받아들이는 건 [어른자아]입니다. 그리고 자신의 결정을 '유지하는 힘'은 [부모자아]의 결정인지, 아니면 [어른자아]의 결정인지에 따라 완전히 달라집니다.

내가 현실치료를 사용하지 않는 또 다른 이유는 '과거에 발생한 일'을 설명해줄 나름의 용어가 없기 때문입니다. 글래서는 이렇게 말했습니다. "현실치료를 할 때 치료사가 지녀야 할 가장 중요한 기술은 환자와 교감하는 능력이지만, 이러한 교감은 말로는 설명이 거의 불가능하다. 낯선 두 사람이 만나서 순식간에 강력한 감정적 관계를 형성하는 것을 어떻게 단순한 말로 설명할 수 있을까요?"

반면에 교류분석에는 이를 설명할 용어들이 있습니다. 처음 상담을 받는 환자는 [어린이자아]의 처지에서 치료사를 [부모자아]로서 바라봅니다. 첫 상담 시간에는 [부모자아], [어른자아], [어린이자아]의 개념을 설명해주고, 이 단어를 이용해서 환자와 의사가 치료 과정에서 서로 바라는 바를 기준으로 하며 계약을 맺습니다. 심리치료사는 가르치려고 이 자리에 왔고, 환자는 배우려고 이 자리에 왔습니다. 계약은 [어른자아]-[어른자아]의 상태에서 맺어집니다. "무슨 일이 있었는가?"라는 질문을 받으면 환자는 무슨 일이 있었는지 설명할 수 있습니다. 환자가 자신의 [부모자아], [어른자아], [어린이자아]를 식별하는 방법을 배웠기 때문입니다. 그는 [어른자아]를 해방시키고 힘을 길러 줄 '도구'를 얻었습니다. 그리고 글래서가 강조하는, '책임지기'는 [어른자아]만이 할 수 있습니다.

내가 십계명이나 황금률에 전적으로 동의하듯이, 글래서가 강조하는 '책임지기'에도 전적으로 동의합니다. 하지만 한 가지 의문이 드는 것은 어쩔 수 없습니다. 황금률이나 십계명이 책임 있는 인간을 지속적으로 만들어내지 못하는 이유는 무엇일까요? 십계명을 새로운 방법으로 설명한다고 해서 이 문제가 해결되는 것도 아닙니다.

복잡하고 파괴적인 게임의 원인이 되는 자기부정—타인긍정의 감정 태도를 이해하고 분석하지 못하는 한, 책임감 있는 개인은 탄생할 수 없습니다. 인간은 자신이 서 있는 감정 태도와 자신이 행하는 게임을 이해한 다음에야 자유의지에 따른 반응을 보입니다. 윌 듀런트Will Durant의 표현처럼 "자유로운 사람은 자신이 무엇을 하고 있는지 잘 알고 있는 사람"이기 때문입니다.[3]

나는 인간입니다. 당신도 인간입니다. 만약 당신이 없다면 나는 인간이 아

닐겁니다. 당신이 있어야 말과 생각을 전할 수 있기 때문입니다. 그렇게

나는 존재합니다. 내가 중요한 사람이 되는 것도 당신이라는 존재가 있기

때문입니다. 결국 나도 중요하고 당신도 중요한 존재입니다.

P-A-C와

도덕적
가치

과학과 신앙의 갈등을 해결하려면 어느 한쪽을 없애거나,
이중 잣대를 적용하는 대신 둘을 합쳐야 한다는 것이 내 지론이다.

———

피에르 테야르 드 샤르댕

당신은 여섯 살짜리 아들에게 가서 "그 자식이 너를 때렸듯이 너도 그 아이에게 한 방 먹여"라고 말합니다.

당신은 반핵 시위에 참가합니다. 왜?

당신은 교회에 십일조를 냅니다. 왜?

당신은 절친한 친구가 탈세를 저지른 사실을 알았지만 국세청에 신고하지 않습니다. 왜?

당신은 직원의 실수를 자신의 책임으로 받아들입니다. 왜?

당신은 딸에게 출신 환경이 좋지 못한 친구와는 어울리지 말라고 합니다. 왜?

당신은 친구의 배임 행위 때문에 다른 사람들이 피해 보리란 걸 알면서도 친구를 신고하지 않습니다. 왜?

많은 사람들이 매일 이런 판단을 내립니다. 이것은 모두 도덕에 대한 판단이자 옳고 그름에 대한 판단입니다. 그렇다면 이런 판단을 내리는 데 관여한 데이터는 어디에서 오는 걸까요? [부모자아], [어른자아], [어린이자아] 중 하나입니다.

그런데 [부모자아]에 들어 있는 모든 데이터를 검토해서 버릴 것은 버리고, 지킬 것은 지킨 뒤에도 의사결정에 필요한 안내 지침이 없다면 어떻게 할 건가요? 포기할 건가요? [어른자아]가 해방되고 나면 당신은 그 [어른자아]로 무엇을 할 것인가요? 도덕과 관련된 질문을 받았을 때 자력으로 답할 수 있습니까? 아니면 어떤 '권위'에 의존해야 하나요? 누구나 윤리적인 사람이 될 수 있을 까요? 아니면 도덕은 아주 현명하고 똑똑한 사람들의 전유물일까 요? 당신은 뭔가 잘못하고 있는 것 같을 때 어디에서 새로운 데이 터를 얻습니까? 우리에게 부족한 지점은 어디인가요? [어른자아] 는 어떤 종류의 현실을 검토할 수 있을까요?

현실은 우리에게 가장 중요한 치료 도구입니다. 또한 역사를 연구하고 인간 행동을 관찰하면서 얻어진 현실 이해는 타당성 있 는 윤리 체계를 짜주는 도구이기도 합니다. 하지만 개인적 경험 과 개인적인 이해차원에서 얻어진 현실 이해만을 가지고서는 합 리성에 한계가 있을 수 있습니다. 어떤 사람의 현실은 다른 사람 의 현실보다 더 넓습니다. 그들이 더 넓게 보고, 더 현명하게 살 고, 더 많이 읽고, 더 많이 경험하고, 더 많이 생각했기 때문입니 다. 결국 그들의 현실은 다른 사람들의 현실과 다릅니다.

우리가 인생의 행로를 미리 정해야 하는 것은 비행사에게 항법 도구가 필요한 것과 비슷합니다. 처음 비행기가 나왔을 때, 비행 사들은 자신의 시각과 육감에 의존해서 비행기를 몰았습니다. 옆 자리에 펼쳐 놓은 지도와 아래에 보이는 산과 강, 철로, 도시를 비 교하면서 비행해야 했습니다. 이 때문에 잠깐이라도 시야가 가려 질라치면 위태로운 상황이 벌어질 수 있습니다. 그러다가 비행기 의 위치와 두 지점을 각각 삼각형의 꼭지점으로 삼는 항법 보조 장치가 만들어졌습니다.(두 지점이란 특별한 주파수를 내보내는 지 점을 말한다. 두 지점이 내보내는 신호로 파일럿은 자신이 어디에 있는 지 파악하는 방위각을 알아낸다.)

두 개의 방위각을 선으로 그렸을 때의 교차점이 현재 그가 있는 장소입니다. 파일럿이 확실하게 파악할 수 있는 것이 하나의 방위각뿐이라면 그는 자신의 위치를 모를 겁니다. 그는 자신이 적도에 있다는 것은 알 수 있습니다. 하지만 구체적으로 적도의 '어느' 지점에 있는지는 모릅니다. 또 다른 방위각을 '살펴봐야' 파일럿은 자신이 있는 곳이 어디인지 알 수 있습니다.

많은 정신과의사나 심리학자들은 이런 식의 '한 방향' 치료를 하고 있습니다. 그들은 환자의 과거사(그가 무엇을 했는가)라는 한 가지 현실에만 모든 치료를 집중하면서 환자가 무엇을 해야 하는지를 이해하는 데 결정적인 도움을 줄 현실에는 관심이 없습니다.

우리의 정신건강을 결정짓는 현실이 오직 과거와 관련된 사실뿐이라고 생각한다면, 우리의 미래에는 희망이 없습니다. 결국 "세 살 때 크리스마스 이브에 엄마가 내 방석으로 아빠를 때렸기 때문에 내가 지금 나쁜 사람이 된 거야."라고 결론만 도출됩니다. 이런 식으로 마치 고고학 하듯이 과거를 파헤치는 것은 별로 도움이 안 됩니다.

우리는 과거의 경험을 알려주는 뼈대를 발굴하려고 온 인생을 허비합니다. 과거사가 현실이 담겨 있는 유일한 장소라고 생각하면서 다른 중요한 현실들을 무시하는 겁니다. 이렇게 무시되는 현실 중에 도덕적 가치 체계가 필요한 경우가 있습니다.

대대로 많은 '심리학 전문가'들은 가치 판단의 확립이 과학적 방법과 완전히 동떨어진 것이라고 여겼습니다. 그들은 가치 판단에는 과학적 탐구 방법을 적용할 수 없다고 주장했습니다. "'그것'

은 가치 판단과 관련된 것이다. 따라서 검토가 불가능하다." "'그 것'은 신념과 관련된 문제입니다. 따라서 타당한 데이터 수집이 어렵습니다." 이게 그들의 공론입니다. 하지만 그들은 과학자들 과 과학적 관찰 사실에 대한 신뢰성이 오직 도덕적 가치관에 달려 있다는 사실을 간과했습니다. 왜 과학자는 진실을 말할까요? 그 가 말한 진실이 실험실에서 입증할 수 있기 때문일까요? 나타니 엘 브랜든Nathaniel Branden의 논문은 과학의 일은 도덕 가치와는 전혀 상관없다고 주장하는 사람들의 의견에 진지하게 반박합니다.

심리학의 주된 관심사는 동기부여 문제이다. 심리학의 기본 목 표는, 인간은 왜 그런 식으로 행동하는가?, 인간이 자신의 행동을 바꾸려면 어떻게 해야 하는가?라는 두 가지 근본적 문제에 답을 구하는 것이다. 그런데 동기부여의 핵심은 가치 영역에 놓여 있 다. 이렇게 본다면 '가치'를 심리학의 주된 영역에서 떼어놓는 것, 이것은 심리학을 모순에 처하게 만든다. 그냥 심리적 갈등을 의식 하도록 만든다고 해서 문제가 저절로 해결되는 건 아니다. 자기 증명이 불가능한 도덕적 문제 상황도 저절로 해결되지 않는다. 여 기에는 복잡한 철학적 사고와 분석이 필요하다. 따라서 심리치료 가 효과적으로 이뤄지려면 의식적이고 합리적이며 과학적인 윤리 규정, 다시 말해 사실적인 현실에 기초하여 인간에게 살아갈 필요 성을 제공해주는 그런 가치 체계가 요구된다.[1]

브랜든은 정신과의사와 심리학자가 "철학과 도덕 문제는 자신들 소관이 아니며, 과학은 가치판단을 내릴 수 없다고 선언한다면, 또한 합리적 윤리규정 마련이 불가능하다고 주장하면서 인간을 다루는 전문직업인으로서 윤리적 소임을 등한시하고, 수입의 원천으로서 내담자의 정신적 문제를 다루는 것에 대해 암묵적으로 허락한다면" 이에 대한 무거운 도덕적 책임을 면치 못할 것이라고 비판했습니다.

합리적 윤리규정이란 무엇인가?

이런 질문을 받았을 때 사람들이 흔히 보이는 반응은 이렇습니다. "모든 사람이 황금률(마가복음과 누가복음에 나오는 '무엇이든지 남에게 대접을 받고자 하는 대로 너희도 남을 대접하라'를 말한다—옮긴이)을 지키며 살아간다면 만사가 순탄할 거야." 하지만 이 대답은 적절하지 않습니다. 우리가 원하는 대로 남이 우리를 대접해준다 해도, 우리가 파괴적인 방식으로 자신을 대접할 수 있기 때문입니다. 예를 들어 어떤 사람이 자기부정의 감정상태를 해결하려고 "날 꾸짖어줘" 게임을 벌인다고 해봅시다. 상대방은 그가 원하는 대로 그를 꾸짖어주겠지만 그 반응은 그의 심리상황을 약화시킬 뿐입니다. 황금률이 적절한 안내지침이 못되는 이유는 대부분의 사람들이 자신이 정말로 원하는 바와 그 이유를 인식하지 못하기 때문입니다. 그들은 자신의 자기부정—타인긍정의 감정에 빠져 있다는 사실도, 이러한 짐을 덜려고 게임을 벌이고 있다는 사실도 인식하지 못합니다. 결국 사람들은 황금률 같은 윤리적 기준들은 더는 받아들이지 않습니다. 직접 경험해보니 이 윤리 기준이 쓸모가 없었던 겁니다. 버트란트 러셀Bertrand Russell은 이렇게 말했습니다.

> 다수의 성인들은 어린 시절에 배운 것이 옳다고 생각하면서 주일 학교의 가르침대로 살지 않을 때 내심 죄책감을 느낀다. 이럴 때의 피해는 단지 의식적이고 합리적인 인격([어른자아])과 무의식적이고 유치한 인격([어린이자아])의 분열을 가져오는 것에 그치지 않는다. 또 다른 문제는 전통 도덕 중 타당한 부분까지도 타당하지 않은 부분과 함께 폐기된다는 것이다.[2]

러셀이 말한 '전통 도덕 중 타당한 부분'이 정말로 있는 것일까요? 해방된 [어른자아]의 기능 한 가지는 [부모자아]를 검토해서 [부모자아]의 데이터를 거부하거나 수용하기로 결정하는 것입니다. 사실 [부모자아]에는 신뢰할 만한 데이터가 상당히 많이 있습니다. 따라서 이성적인 행동은 [부모자아]의 훈계를 전면 거부하길 중단하고, 그중에서 보존할 만한 가치 있는 데이터가 무엇인지 탐구하는 겁니다. 우리가 선조들의 문화를 물려받을 수 있었던 것도 [부모자아]가 있기에 가능한 일입니다.

도덕적 가치가 가장 먼저 등장하는 곳이 [부모자아]입니다. 우리는 "~해야 한다"는 말이 [부모자아]의 단어라고 생각합니다. 그렇다면 여기에서 한 가지 중요한 질문을 하게 됩니다. "~해야 한다"는 말이 [어른자아]의 단어가 될 수 있는가? 라는.

도덕적 가치에 대한 합의는 가능한가?

모든 사람에게 적용할 수 있는 보편적인 도덕이 있을까요? 아니면 도덕 기준도 개개인의 상황에 따라 달라지는 걸까요?

빅터 플랑클Viktor Frankl은 오늘날 젊은이들의 절망을 논하면서 그들은 소위 실존적 공허에 처해 있다고 말했습니다. 그의 말에 따르면, 실존적 공허 속에서 각 개인은 모두 자기 우주의 중심이므로 아무리 합리적인 주장이라도 자신을 '배제한' 주장은 거부된다는 겁니다.[3] 이런 실존적 공허에서는 주관적인 도덕성만 있습니다. 이런 식으로 본다면 오늘날 지구상에는 칠십억 개의 '도덕'이 있는 셈입니다(저자가 책 저술 시기의 경우—역자 주). 다시 말해 칠십억 명의 사람들이 각자 자기 식으로 살면서 대인 관계를 총괄하는 객관적인 원칙은 거부한다는 뜻입니다.

하지만 객관적인 원칙 탐구와 관계에 대한 갈망은 보편적으로 존재하는 현실인 동시에 직접적이고 경험적인 현실이기도 합니다. 실제로 사람들은 다른 사람들과 관련을 맺지 않고는 살아갈 수 없고, 또 원하지도 않습니다. 환각제인 LSD를 남용하는 사람들조차 개인적 환각 경험을 초월하는 무엇인가를 맛보기 때문에, 다시 말해 모든 인간을 하나로 묶어주는 공통의 실재를 '저 너머 세상에서' 발견할 수 있어서 환각제에 탐닉한다고 주장했습니다.

물론 그들이 초월을 경험하려고 사용하는 방법에는 문제가 있습니다. 하지만 환각제로 관계의 갈증을 채워주는 일체감을 느낀다는 점과 인간은 서로 연결되어 있다는 그들의 믿음은 되새겨볼 만합니다.

경험으로는 인간의 연결성을 증명할 수 없지만, 그럼에도 인간의 연결 욕구는 명백한 사실입니다. 트루블러드Trueblood는 윤리적 객관성에 대한 가장 강력한 증명도 경험이 아닌 논증으로 구해질 수 있다고 주장한 바 있습니다.

반면에 객관적 도덕질서, 즉 보편적 '의무'의 존재를 부인하는 쪽은 이 때문에 여러 가지 어려움이 생길 수 있다는 사실도 부인합니다. 객관적 도덕질서의 존재를 부인하는 실존주의자 사르트르Sartre는 인간은 자신에게 맞는 일련의 행동을 선택하면서 자신만의 인간 본질을 창조한다고 말했습니다. 그의 주장에 따르면, 인간은 행동을 가지고 인간으로서의 자신을 정의합니다. 다시 말해 자신의 존재를 확립한 후에 스스로의 인간 본질을 만듭니다. 인간은 자신의 기본적인 인성을 창조할 뿐 아니라, 모든 인간에게 적용되는 존엄성도 함께 창조합니다. 따라서 인간은 자신에게 선이 되는 행동만 선택할 수 있지만, 자신에게 선인 것은 모두에게 선이기도 하다는 주장입니다. 하지만 조지프 콜리뇽Joseph Collignon은 동전에는 뒷면이 있다는 사실을 우리에게 알려줬습니다.

그렇다면 인간은 자신뿐 아니라 모든 인간의 행동에 책임을 져야 한다. 이런 관점에서 본다면 샤르트르가 '분노, 포기, 절망'을 자신의 영역으로, 그리고 모든 실존주의자의 영역으로 삼은 것은 당연하다. 어느 누구도, 어떤 신조도, 개인의 결정을 도와줄 수 없다면 이러한 철학 안에 있는 절망이 얼마나 클지 누구든 쉽게 짐작하기 때문이다. …… 실존주의는 젊은이들에게 상당한 호소력을 발휘한다. 실존주의가 그들에게 기존 질서에 대한 우월감과 자신들의 전능감을 주기 때문이다.

하지만 환멸감도 있다. 1년 전쯤 나는 학생들에게 실존주의 강의를 했다. 학생들은 매우 열성적으로 공부했다. 마지막 강의를 하려는데, 케네디 대통령이 암살당했다는 충격적인 소식이 전해졌다. 모두가 놀라서 아무 말도 못하고 있는데, 한 학생이 귀에 거슬리는 목소리로 외쳤다. "이것이야말로 완벽한 실존주의적 행동이야." 그는 다른 학생들의 비난에 입을 다물어야 했지만, 그래도 자신의 생각을 굽히지 않았다. "어쨌든 그건 완벽한 실존주의적 행동이었어."

그것은 하지 말았어야 할 말이었다. 개인의 자유로운 행동이 나쁘다는 뜻이 아니다. 하지만 누구에게 미국 국민들이 직접 선택한 미국 대통령을 암살할 만큼의 자유행동권이 있다는 말인가? 대통령을 암살한 행위는 리 오스왈드 자신에게는 자유 의지에 따른 보상일 수 있다. 하지만 나라와 세계에는 보상이 아니라 재앙이었다.……[4]

보편적 '의무'가 없다면 슈바이처가 히틀러보다 더 훌륭한 사람이라고 말할 근거는 없습니다. 그리고 우리가 내놓을 수 있는 유일하게 타당한 관찰 결과는 슈바이처는 이렇게 행동했고, 히틀러는 저렇게 행동했다는 것밖에는 없습니다. 슈바이처가 많은 사람들의 목숨을 구했고, 히틀러가 수백만의 무고한 인명을 죽였다는 사실을 자세히 말한다 해도, 이것은 역사의 한 페이지를 장식하는 통계적 결과일 뿐입니다. 인간의 행동을 개선할 수 있는 윤리와는 전혀 관계없는 통계적 결과일 뿐입니다.

또 윤리를 과학으로 입증할 수 없다면 인간의 가치도 과학으로 입증할 수 없습니다. 슈바이처도 자신의 신념에 따라 행동했고, 히틀러 역시 자신이 옳다고 믿는 신념에 따라 행동했습니다. 하지만 두 사람 다 옳다는 건 논리적으로 말이 안 됩니다. 그렇다면 우리는 누가 옳고 그른지 판단할 때, 어떤 기준을 적용해야 할까요?

인간의 가치

모든 인간은 개인 존재를 초월해서 보편적 연결로 묶여 있기 때문에 한 사람 한 사람이 중요합니다. 그런데 이것이 합리적인 가설일까요? 이 질문에 답할 때 가장 도움이 되는 분석개념은 '비교 곤란'이란 개념입니다. 이것은 인간이 중요하다는 말도, 중요하지 않다는 말도 믿기 힘들다는 개념입니다.

다른 한편에서 인간의 중요성을 부정하는 것은 인간을 위한 우리의 모든 노력을 부정하는 셈입니다. 인간이 중요한 존재가 아니라면 정신의학이 이토록 야단법석을 떠는 까닭이 무엇일까요?

사실 인간이 중요하다는 생각은 일종의 도덕개념입니다. 이런 도덕개념 없이는 인간을 이해하기 위한 어떤 시스템도 무익한 것으로 전락합니다.

그럼에도 불구하고 삼단논법식 결론으로는 인간의 중요성을 증명하지 못합니다. 오히려 고대이든 근대이든 역사는 인격 훼손과 인간파괴의 과정을 자세히 보여준다는 점에서 역으로 인간이 하찮은 존재라는 견해를 입증할 수 있습니다. 하지만 우리는 지구상에서 살아온 수십억 인간의 탄생, 고난, 죽음을 지켜보면서, 인간 정신을 이해하고 인간행동을 변화시키기 위한 노력을 아끼지 않았습니다. 인간이 중요하지 않는 존재라는 것을 증명 하는 것이 너무 어렵기 때문에 인간이 중요한 존재라는 믿음을 가지고 있는 것인지도 모릅니다.

테야르 드 샤르댕Teilhard de Chardin(20세기 초 프랑스 사상가 겸 예수회 사제-옮긴이)은 이렇게 말했습니다. "인류는 열정적인 관심이 남아있는 한 연구를 계속 할 것이다. 그리고 이는 우주에 정해진 방향이 있다는 자명한 과학과 신념을 얼마나 믿는가에 달려있다.[5]

대량학살과 암울한 시기, 전쟁과 강제수용소를 겪으면서도 이러한 '열정적 관심'이 인류의 역사에서 끊임없이 이어져왔다는 사실을 무시하는 사람은 정직한 과학자 대열에 합류할 수 없습니다. 우주에 정해진 방향이 있다고 믿을 수도 있고, 믿지 않을 수도 있습니다. 하지만 합리적인 사람이라면 인간존재의 중요성 문제가 끊임없는 철학의 수수께끼였다는 사실을 무시할 수 없습니다. 그런데 인간의 중요성을 증명하지도 못하고, 인간이 중요하지 않다는 타당한 근거도 못 댄다면, 우리는 어떻게 해야 할까요?

인간의 가치를 재는 방법은 문화마다 다르고 이런 방법은 [부모-자아]로 대대로 전해지기 때문에, [부모-자아]에 의존해서는 인간의 가치에 대한 합의점을 마련할 수 없습니다. 우리의 문화를 포함한 많은 문화에서 [부모-자아]는 살인을 용납합니다. 따라서 인간의 가치는 상황에 따라 달라집니다. 전쟁에서는 살인이 죄가 아닙니다. 미국을 포함해 여러 국가들에는 사형제도가 있습니다. 다수의 초기 문명에서는 가장 우수한 종을 보존한다는 명분 아래 유아 살해 관습이 있었습니다. 심지어는 20세기까지도 유아 살해의 관습이 존재했습니다.

가령 마다가스카르의 타날라Tanala족에는 신체 특징을 비롯해 문화나 어휘는 같지만, 피부색은 전혀 다른 두 부족이 있습니다. 그들의 말을 그대로 해석하면 두 집단의 명칭은 홍족과 흑족입니다. 홍족의 사람들은 대체로 밝은 황갈색 피부이고, 흑족 사람들은 흑갈색 피부입니다. 흑족인 부모 사이에서 홍족의 피부색을 가진 아이가 태어나면, 이 아이는 장차 악령의 힘을 빌리는 마술사가 되거나, 도둑이나 근친상간범이 되거나, 혹은 문둥병에 걸릴 거라 믿습니다. 이 때문에 아이는 죽임을 당합니다.[6] 그들 사이에서는 "저쪽 부족 사람"이 쓸모없는 존재라는 생각이 [부모-자아]를 통해 세대에서 세대로 이어집니다.

물론 많은 서양 사람들의 [부모-자아]는 이 생각에 동의하지 않습니다. 하지만 그들의 [부모-자아] 또한 간접 살인이라고도 할 수 있는 다른 형태의 차별들에는 이의를 제기하지 않습니다.

또한 인간 가치에 대한 합의를 이끌어내려고 [어린이자아]에 의존해서도 안 됩니다. 부정적인 감정 상태 때문에 [어린이자아] 자체가 불완전한 수준이므로, [어린이자아]에는 다른 사람들의 가치는 고사하고 자신의 가치에도 긍정적인 데이터가 거의 없습니다. 문화를 불문하고 [어린이자아]가 잘못 자극을 받으면 살인적인 분노를 보입니다. 그러다 살인, 심지어는 대량살상까지 저지르기도 합니다.

해방된 [어른자아]만이 다른 사람들의 [어른자아]와 함께 인간의 가치를 합의할 수 있습니다. 우리는 '양심'이라는 말이 얼마나 불충분한 단어인지 잘 알고 있습니다. 오히려 우리는 이렇게 질문해야 합니다. 우리 내면에서 일어나는 이 조용하고 작은 소리는 무엇일까요? 우리가 의지하고 있는 이 양심이란 건 도대체 무엇인가요? 그건 [부모자아], [어른자아], 아니면 [어린이자아]인가요?"

"나도 중요하고 너도 중요하다"

[어른자아]만 "나도 중요하고 너도 중요하다"는 주장을 자유의지로 선택할 수 있습니다. 문화적 전승에 묶여 있는 [부모자아]와 자신의 감정과 느낌에 얽매여 있는 [어린이자아]는 이런 선택을 내릴 수 없습니다.

인간이 중요하다는 [어른자아]의 주장은 여성 환자가 두 주먹을 움켜쥐고 쥐어짜내듯이 억지로 "나는 사람들을 사랑해요"라고 말하는 것과는 전혀 다릅니다. 그녀에게 이런 말을 하게 하는 것은 순응적 [어린이자아]입니다. "가서 할머니에게 뽀뽀해드려야지, 우리 딸"이라는 말을 들으면, 네 살 여자아이는 마지못해 억지로 할머니에게 다가갑니다. 할머니가 무서워 죽을 지경이라도 말입니다. 하지만 아이는 어쨌든 뽀뽀를 하면서, "나는 할머니를 사랑해"라고 자신에게 대뇌이고 이 말을 신성한 것으로 받아들이면서 "나는 모든 사람을 사랑해"라고 말합니다. 하지만 그녀의 두 주먹은 여전히 꽉 쥐어져 있습니다.

우리의 실제 감정이 어떤지 그리고 이런 데이터가 어디에서 비롯되는지 이해하려면 우리 각자는 "나는 사람들을 사랑해" 게임의 자기 버전version을 검토해 봐야 합니다. 우리 대부분은 특정 신념을 선호하고 주장하지만 이 신념들은 [어른자아]가 목적에 맞게 데이터를 취합해서 내린 결론이 아닙니다. [어린이자아]가 [부모자아]의 훈계를 그대로 수용하면서 생긴 부산물인 경우가 대부분입니다. 이와 대조적으로 [어른자아]는 인간의 가치에 다음과 같이 접근합니다.

나는 인간이며 당신도 인간입니다. 당신이 없으면 나는 인간이 아닙니다. 당신이 있어야 말을 전할 수 있고, 그래야 생각을 전할 수 있으며, 그래야 나라는 사람이 있을 수 있습니다. 내가 중요한 사람이 되는 건 당신이 존재하기 때문입니다. 따라서 나도 중요하고 당신도 중요합니다. 내가 당신의 가치를 인정하지 않으면 나 자신의 가치도 인정하지 않는 것입니다.

이것이 바로 우리가 자기긍정—타인긍정의 태도를 취해야 하는 합리적 근거입니다. 이러한 태도를 취할 때 우리는 비로소 사물이 아닌 인간으로서 존재할 수 있습니다. 이러한 태도를 취하려면 우리는 서로에게 책임을 져야 하며, 이 책임이야말로 모든 인간에게 공통으로 적용되는 최종 명제입니다. 그리고 이 중에서도 가장 먼저 도출되는 첫 번째 명제가 서로 죽이지 말자입니다.

잘 안 될 때가 있어도 궁극적 지향은 나도 중요하고, 너도 중요하다

어느 날 오후 의사 전용 주차장에서 한 동료가 내게 익살스러운 태도로 말을 걸었습니다. "나도 옳고 남도 옳은데 왜 너는 차 문을 잠그는 거야?"

악에 대한 문제 역시 엄연히 존재합니다. 우리 주변에 난무하는 온갖 악행 소식을 접하다 보면, 네 번째 태도인 자기긍정−타인긍정의 태도는 실현 불가능한 꿈처럼 보이기도 합니다. 게다가 현대문명이 전례 없는 갈등과 파국으로 나아갈 가능성은 점점 더 커지고 있습니다. 이제 우리는 상대의 존재를 존중하든가, 우리 모두 소멸하든가 양자택일 해야 하는 시점에 서 있습니다. 그리고 아무리 초연한 척 굴어도 그토록 오랫동안 공들여 건설해온 모든 것을 끝장내는 건 참으로 안타까운 일이 아닐 수 없습니다.

테야르Teihard는 우주는 정교하고 수렴적인 진화 과정을 겪고 있으며, 이 과정이 앞으로도 계속될 것이라는 데 감탄을 표했습니다. 그럼에도 그는 자신의 위대한 저서인 《인간현상The Phenomenon of Man》의 끝부분에서 우주의 악에 대해 심사숙고하면서 인간의 고통을 논했습니다. 그는 아마도 인간이 겪는 모든 고통과 좌절, 눈물과 피는 "논리적으로 설명할 수는 없지만 지나치게 과도한 수준으로 치닫지는 않을 것"이라고 말합니다.

우리는 진화의 실수일까요? 아니면 인류의 발달 과정에서 벌어지는 특별한 사건들은 앞으로 벌어질 훨씬 큰 사건을 미리 예견하는 것일까요? 테야르는 최초의 인간이 사고할 수 있었던 순간을 다시 말해 자신을 파악할 수 있었던 순간을 "무에서 전부로의 변이"라고 말했습니다.

어쩌면 지금 우리는 또 다른 중요 지점으로 나아가고 있는지도 모릅니다. 자기보존의 필요 때문에 우리가 또 다른 돌연변이를 겪고, 또 한 번 도약을 하면서 나도 중요하고 너도 중요하다는 생각, 즉 자기긍정-타인긍정의 태도를 갖게 되는 지점 말입니다.

나는 과학이 인간의 문제에 해답을 제공해줄 수 있다고 믿습니다. 이런 나의 믿음은 하나의 추정이자 가설에 불과할 뿐이지만, "과학자의 세계와 예술가, 농부, 법률가, 정치 지도자의 세계 사이에는 끊임없는 의견 교환과 상호작용이 있어야 한다"는 J. 로버트 오펜하이머J.Robert Oppenheimer(미국의 이론물리학자 겸 과학 행정가, 미국의 원자폭탄 개발에 기여한 중심인물 중 하나-옮긴이)의 말에서 나는 용기를 얻었습니다. 오펜하이머는 1960년에 다음과 같이 말했습니다. "지식인들은 일상적인 대화가 있는 일상적인 문화에 공헌해야 한다. 그들은 자연에 대한 사실뿐 아니라 인간 문제의 본질과 인간의 본성, 법, 선과 악, 도덕성, 정치적 미덕, 정치학을 사람들에게 사실대로 알려줄 수 있어야 한다."[7]

이렇게 본다면 우리에게는 사람들과의 교류분석을 통해 얻은 관찰 결과를 인류의 보전이라는 전반적 문제에 적용해야 할 책임이 있는 것입니다.

최초의 게임이 원죄이다

나는 지금까지 수집한 데이터만으로도 악의 문제에 새로운 정의를 내릴 수 있다고 생각했습니다. 원죄, 악행, 악, 아니면 '인간본성' 등등. 우리 인간 종족의 결점을 무엇이라고 부르든, 분명 인간에게는 악함이 있습니다. 어떤 문화에서 태어나든, 모든 아기는 자신이 처한 상황 때문에(즉, 지극히 인간적인 상황 때문에) 자연히 자기부정-타인긍정의 결정을 내리거나, 두 번째와 세 번째인 자기긍정-타인부정, 자기부정-타인부정의 태도로 결정을 내릴 수밖에 없다는 것이 내 생각입니다. 이는 비극입니다.

그런데 이 비극이 눈에 보이는 악으로 자리 잡는 시기는 첫 번째 게임이 시작될 때입니다. 다시 말해 자신의 부정적 상태를 조금이라도 덜기 위해 이면의 동기를 숨긴 채 다른 사람을 대할 때부터입니다. 그가 "타고난 사악함"(즉 원죄)을 드러내는 이 최초의 악행을 저지르면, 그는 사람들한테 뉘우치라는 말을 듣습니다. 그의 항의가 거셀수록 그의 죄는 더 커지고, 게임을 행하는 요령이 늘어갈수록 그의 인생은 더욱 이면적인 것으로 변합니다. 그러다가 종국에는 폴 틸리히Paul Tillich(20세기 초 개신교신학의 거장—옮긴이)가 원죄라고 정의한, 심각한 단절감, 즉 소외감을 느낍니다.[8]

하지만 더 큰 문제는 그의 행동(게임)이 아니라 그가 자신을 바라보는 방식입니다(인생 태도). 틸리히는 이렇게 말했습니다. "행동으로 옮기기 전까지 원죄는 하나의 상태로 있다." 우리는 삶의 태도가 정해지고 나서야 게임에 착수할 수 있습니다.

우리는 인생에서 가장 큰 문제를 일으키는 태도가 자기부정—타인긍정의 태도임을 인정해야 합니다. 또한 우리는 이 태도가 정당한 과정이나 자신의 의식적 선택과는 전혀 상관없이 강제로 내려진 결정의 산물일 뿐임을 인정해야 합니다. 하지만 우리는 이런 결정을 뒤집고 새로운 인생 태도를 결정할 수 있습니다.

내 환자 중 한 사람이 이런 말을 했습니다. "저는 '내면 법정' 게임을 즐깁니다. 그 법정에서는 제 [부모자아]가 판사이자 배심원이자 사형집행인이지요. 재판 결과는 정해져 있습니다. 제 [부모자아]는 제가 유죄임을 미리 판결합니다. 저는 피고가 변호사를 선임할 권리가 있다는 사실도 몰랐습니다. 그래서 제 [어린이자아]를 변호하려는 시도조차 못했지요. 제 [부모자아]가 판결에 이의를 다는 것을 절대 허락하지 않았으니까요. 하지만 마침내 제 컴퓨터([어른자아])가 끼어들어서 또 다른 선택을 내릴 수도 있다는 사실을 제게 일깨워주더군요. 이제는 제 [어른자아]가 상황을 평가하고 [어린이자아]를 위해 중재에 나서곤 하죠. [어른자아]가

제 변호사이거든요."

자기부정의 태도가 잘못된 결정이라는 사실을 깨닫고 게임을 중단하는 것이 자신에게 더 득이 된다는 사실을 이해할 때, 인간은 집행유예를 선고받을 수 있습니다.

P-A-C와 종교

존경받는 많은 종교 지도자들이 용기를 발휘해서 [부모자아]데이터를 검토하고 [어른자아]를 발휘해서 진실을 추구했기 때문에, 기존 종교에 혁명적인 영향을 미칠 수 있었습니다. 이 사실을 감안하면 여전히 많은 종교에 [부모자아]-[어린이자아]의 특징이 남아있다는 것은 놀라운 일입니다. 훌륭한 것이 나쁘게 변하는 데에는 한 세대밖에 걸리지 않습니다.

경험에서 나온 추론이 독단적 신념으로 자리 잡는 데도 한 세대로 충분합니다. 독단적 신념은 진실의 적이며, 모든 인간의 적입니다. 그런 신념은 이렇게 말했습니다. "생각하지 마라! 인간 이하의 존재가 되라." 독단적 신념에 담긴 개념은 훌륭한 것일 수도 있고, 나쁜 것일 수도 있습니다. 하지만 그 신념 자체는 아무 검증 없이 수용되었기 때문에 나쁩니다.

대다수 종교는 신도가 [어린이자아]의 입장에서 권위주의적인 교리를 무조건 받아들이는 것이 신앙을 실천하는 행위라고 주장합니다. 따라서 완전히 배제되지는 않는다 해도 [어른자아]의 개입이 상당히 제한될 수밖에 없습니다. 이 때문에 도덕이 종교라는 포장을 뒤집어쓰면, 이 도덕은 기본적으로 [부모자아]의 태도를 보입니다. [부모자아]는 시대에 안 맞는, 검토되지 않은 데이터가 많은데다가 모순을 안고 있습니다.[9]

앞에서도 말했듯 모든 문화마다 인간의 가치를 재는 방법이 다른데, 이런 방법들은 [부모자아]를 따라 전승된 것입니다. 따라서 [부모자아]만으로는 인간의 가치에 대한 합의를 도출할 길이 없습니다. [부모자아]의 도덕은 모든 인간에게 적용되는 보편적인 윤리 개념을 발전시키는 대신 오히려 보편 윤리의 형성을 방해합니다. 왜냐하면 자신의 신념을 무조건 받아들이라고 강요하는 건 자기긍정-타인긍정의 태도 형성을 방해하기 때문입니다.

종교에 대한 내 관찰은 기독교에 한정되어 있습니다. 사실 충분한 데이터를 수집할 만큼 많은 관찰을 할 수 있는 종교도 기독교밖에 없습니다. 교회 목사들이 말하는 메시지의 중점은 은총입니다. 은총이 '조금 억지스러운' 단어이긴 하지만, 딱히 대신할 다른 단어가 없습니다. '해방 신학'의 아버지인 폴 틸리히Paul Tillich의 해석에 따르면 은총이란 개념은 자기긍정-타인긍정의 신학 버전이라 할 수 있습니다. 그것은 조건이 달린 수용이 아니라 조건 없는 수용입니다.

폴 틸리히는 예수에게 온 창녀 막달라 마리아의 이야기를 하면서 은총의 개념을 설명했습니다. "예수는 그 여인을 용서한 것이 아니라, 그녀가 이미 '용서받았다'고 선언했습니다. 그녀의 마음 상태와 사랑에 대한 충만감은 무언가 중요한 변화가 그녀에게 일어났음을 보여준다." 나아가 틸리히는 "그 여인은 용서받기 위해서가 아니라, 이미 용서받았기 때문에 예수에게 온 것"이라고 말합니다.[10] 그녀는 예수가 사랑과 은총의 태도, 즉 자기긍정-타인긍정의 태도로 자신을 받아줄 것임을 미리 알지 않았다면 아마 예수에게 다가가지 않았을 겁니다.

대부분의 '종교인들'은 이 개념을 제대로 이해하지 못합니다. 이 개념은 [어른자아]만 이해되는데, 많은 종교인들이 [부모자아]의 지배를 받고 있기 때문입니다. [부모자아]는 다른 사람들에게 이런저런 조건을 붙이면서 이런 조건들을 충족해야 수용할 것이란 태도를 유지합니다. 반면에 [어린이자아]는 [부모자아]의 판결을 피하려고 수많은 게임을 고안합니다.

이런 게임 중 한 가지가 에릭 번이 설명한 "얼간이" 게임의 변형인 "종교의 얼간이"입니다.[11] 이 게임은 죄인(게임 주관자의 역할)이 한 주 내내 벌이는 게임입니다. 그는 세입자를 쫓아내고, 직원들 월급을 깎고, 아내를 깔보고, 아이들에게 소리 지르고, 경쟁자에 대해 나쁜 소문을 퍼뜨립니다. 그러다가 일요일이 되면 교회기 가서 신에게 "부디 제 죄를 사하여 주십시오"를 연발한 뒤, "12시 정각이야. 모든 죄를 다 용서받았어!"라고 확신하면서 가벼운 마음으로 교회를 나섭니다. 이것이 바로 그가 게임에서 받는 보상입니다.

모든 '죄인'이 이런 식으로 노골적인 게임을 하는 것은 아닙니다. 하지만 그들 내부에서 벌어지는 종교적 대화는 대부분 [부모자아]-[어린이자아] 대화입니다. 그래서 그들은 자신들의 감정 태도가 무엇인지 확신하지 못한 채, 선행과 악행에 점수를 매겨야 한다는 강박관념에 끊임없이 시달립니다. 폴 투르니에_{Paul} Tournier(스위스의 내과의 겸 정신의학자—옮긴이)는 종교적 도덕성이 "자유로운 은총 경험[자기긍정—타인긍정]을 실수에 대한 강박적 두려움으로 바꿔놓는다"고 말했습니다.[12]

틸리히_{Tillich}의 말대로 우리의 근원적인 문제가 '행동'(죄 짓는 행동들, 게임들, 죄들)이 아니라 우리의 상태(소외감, not ok 상태)에 있음을 알게 된다면 아무리 '죄를 고백'해도 소용이 없다는 사실을 이해할 수 있습니다. 틸리히는 이렇게 말했습니다.

"일부 사람들에게는 은총이란 거룩한 왕이자 만백성의 아버지인 신이 나약하고 어리석은 종복들과 자녀들을 거듭해서 기꺼이 용서해주시는 것을 의미한다. 은총의 개념을 이런 식으로 받아들여서는 안 된다. 그런 생각은 인간의 존엄성을 파괴하는 유치한 발상에 지나지 않는다."[13]

이런 식의 생각은 부정적인 감정을 더 키울 뿐입니다. 우리가 '고백하고' 인정하고 이해해야 하는 것은 행동이 아니라 '감정 상태'입니다. 그런 다음에야 우리는 게임을 이해하고, 이런 게임들을 자유롭게 멈출 수 있습니다.

[어른자아]가 하는 고백은 [어린이자아]와는 전혀 다릅니다. [어린이자아]는 "잘못했습니다……제가 틀렸습니다……저를 용서해주세요……정말 끔찍해요"라고 말하지만, [어른자아]는 어떤 부분에 변화를 줄지 예리하게 분석한 뒤, 실천에 옮깁니다. 변화 없는 고백은 게임입니다. 그 고백이 신전에서 이루어진 것이든, 목

사의 서재에서 이루어진 것이든, 정신과의사의 진료실에서 나온 것이든 말입니다.

[어른자아]를 뺀 상태에서 하는 기독교 교리의 전파는 은총이란 메시지의 본질을 전파하는 데 가장 큰 적이 되어왔습니다. 역사 내내 은총의 메시지는 기독교가 전파된 나라나 문화의 게임 패턴에 맞춰서 왜곡되었습니다. 자기긍정-타인긍정의 메시지가 신의 말씀이라는 미명하에 제 형태를 잃고, 몇 번이나 우리긍정-상대부정WE'RE OK-YOU'RE NOT OK의 형태로 바뀐 것입니다. 사람들은 유대인을 박해했으며, 인종차별이 도덕적이고 합법적인 듯이 만들었고, 여러 번 종교 전쟁을 일으켰고, 마녀를 화형에 처했으며, 이단자들을 살해했습니다.

신학교를 갓 졸업한 젊은 성직자들은 본회퍼Bonhoeffer(독일 루터파 신학자- 옮긴이)와 틸리히Tillich와 부버Buber(오스트리아 신학자,철학자-옮긴이)의 가르침을 실천하겠다는 이상으로 잔뜩 부풀어 있지만, 자신들의 일이 교회 사람들이 벌이는 게임을 중재하고, 아기를 돌보고, 젊은이들을 위해 근사한 파티를 열어주고, 10대 소녀들에게 피임법을 가르치는 것임을 깨닫는 순간, 절망감과 좌절감에 시달립니다. 교회가 내세우는 계약이 "우리는 사실 변할 필요가 없다. 지금 이 상태로도 우리는 충분히 훌륭한 사람이다"이기 때문입니다.

예수 그리스도가 현대 세계에 와서 교회의 주일 예배를 본다면 고개를 절레절레 흔들 공산이 큽니다. 예수는 평범한 사람들과 어울려 먹고 마시는 일을 즐겼기 때문에 당시 사람들은 그를 술고래, 대식가라고 부르기도 했습니다. 하지만 20세기 백인들의 [부모자아]는 "친구를 보면 그 사람을 알 수 있는 법이야. 저런 사람들하고는 어울리지 말아야 해"라고 말합니다.

예수는 "내 어린 양을 먹이라"고 말했지만, [부모자아]는 "그래서 우리가 목사한테 보수를 지불하는 거잖아"라고 말합니다. 예수는 "심령이 가난한 자와 온유한 자는 복이 있나니"라고 했지만, [어린이자아]는 "내 것이 네 것보다 더 좋아"라고 말합니다. 예수에게는 "네 온 마음을 다 바쳐 주 하나님을 경배하고, 네 이웃을 네 몸과 같이 사랑하라"가 가장 중요한 계명이었지만, [부모자아]는 "저 사람들이 우리 동네로 이사 오지 않았으면 좋겠다"고 생각합니다. 여기에는 [어린이자아]도 개입돼 있습니다. [어린이자아]는 저 사람들을 무서워했습니다.

불행하게도 많은 사람들의 [어른자아]는 "비일관성과 위선을 가려내지 못한 채", 그리고 버리지 말아야 할 것과 버려야 할 것을 구분하지 못한 채, 그리스도의 원래 메시지를 순수함을 잃어버린 '기독교 정신'과 같은 것으로 치부하면서 기독교리라는 종교 자체를 거부해왔습니다. 이 때문에 신사조 신학자들은 인간해방에 대한 그리스도의 단순명쾌한 메시지를 원상복구하고, 인습에 물든 기독교적 교리를 일소하려고 애쓰고 있습니다.

인간 해방이 사회변화의 열쇠이고 진리가 우리를 자유롭게 한다면, 사람들이 진리를 들으려고 모일 수 있는 장소를 제공하는 것이 교회의 가장 중요한 역할입니다. "진리란 우리가 참이라고 관찰한 데이터들의 집합체입니다."

교류분석이 이런 진리의 일부로서 인간 해방에 도움을 준다면 교회는 교류분석을 실행할 줄 알아야 합니다. 실제로 교류분석을 훈련받은 많은 목사들은 여기에 동의하면서, 교회 신도들을 위해 교류분석과정을 개설하는 한편, 목회자들끼리 상담을 나눌 때에도 이를 적극 활용하고 있습니다.

종교 체험이란 무엇인가?

종교 체험이란 게 있을까요? 아니면 단순히 심리적 환각을 의미할 뿐일까요? 프로이트[14]의 말처럼 무언가를 기원하면서 정신이 '일순간 도취되는' 것일까요? 아니면 상상 이상의 뭔가가 있는 것일까요?

종교 체험을 심사숙고하는 능력은 그 자체만으로도 중요합니다. 신, '저 너머의 존재', 초월에 대한 관념화는 어디에서 비롯된 것일까요? 신이라는 개념은 미지의 영역을 두려워하는 데서 생겨난 것일까요? 아니면 종교 체험을 이야기하는 본래 의도가 초자연적 힘을 이용하여 다른 사람들을 마음대로 조종하는 데 있었던 것일까요? 신에 대한 생각이 지금까지 발전을 거듭하면서 이어져 내려왔던 까닭은 그것이 적자생존과 관련돼 있기 때문일까요?

인간의 진화 과정에서도 무언가 중요한 변화가 생겼을 겁니다. 처음에는 초월적 존재에 대한 관념화로서 등장했던 신이라는 개념이 나중에는 초월적인 존재 자체로 자리를 잡았습니다.

초월성이란 나를 넘어선 어떤 것, 내가 가볼 수 없는 세상, 저승이라고도 불리고, 삼라만상이나 신이라고도 불리는 저 너머 세상에 대한 경험을 의미합니다. 그것은 코페르니쿠스 이전의 그림에서 등장하는 '하늘에서 둥둥 떠다니는 존재'가 아니라, 깊이를 헤아릴 수 없는 심오한 무언가를 의미합니다. 《새로운 존재》에서 틸리히Tillich는 초월성을 '무한하고 끝을 헤아릴 수 없는 심오함과 깊이가 있는 전지전능한 존재'라고 말합니다.

그렇다면 종교 체험에서는 무슨 일이 일어나는지를 P−A−C 관점에서 보면 어떻게 설명할 수 있을까요? 종교 체험은 [부모자아]가 완전히 배제된 채 벌어지는 [어린이자아](친밀감)와 [어른자아](궁극성에 대한 숙고)의 독특한 결합으로 볼 수 있습니다. [부모자아]의 완전한 배제는 케노시스Kenosis(자기 비움) 상태일 때 일어납니다. 제임스 파이크James Pike 주교는 이러한 '자기 비움'이 모든 신비 경험의 공통 특징이라고 설명했습니다.

우리가 익히 봐왔듯이 신비 체험에는 유사한 특징이 있다. 예를 들어 오늘날의 선불교 지도자들은 개인적 완성의 정점에 이르는 과정에서 자신들이 겪었던 주요한 경험을 설명할 때, 사도 바울이나 서양의 종교지도자들이 사용하던 것과 같은 의미의 단어를 사용한다. 그 단어는 그리스어로 케노시스, 즉 자기 비움이다.[15]

내가 볼 때 종교 체험에서 비워지는 것은 [부모자아]입니다. 그렇지 않고서야 어떻게 자신에 대한 부정적인 감정의 근본 원인인 [부모자아]의 기록에도 불구하고, 인간의 희열이나 열반의 느낌을 체험할 수 있겠습니까? 그렇지 않고서야 어떻게 맨 처음 느낀 거부감이 아직 그대로 남아 있는데, 지금의 내가 옳다고 느낄 수 있을까요?

아주 어린 시절에는 친밀감을 형성하는 데 엄마([부모자아])가 결정적인 역할을 했지만, 이러한 친밀감은 오래 가지 못하는 데다 상황에 따라 달라지는 것이어서 "결코 충분치 못했다." 그러니 종교 체험에서 [어른자아]가 맡는 역할은 자연적 [어린이자아]가 자신의 가치를 다시 깨닫고, 신의 아름다운 피조물로서 자신을 바라볼 수 있도록 [부모자아]를 배제하는 것이라고 볼 수 있습니다.

어린아이는 [부모자아]의 종교 태도가 옳다고 생각합니다. 틸리히Tillich가 말했듯이 "한 번 옳다고 여긴 생각은 웬만해서는 바뀌지 않는다."(실제로 어린 아이들은 부모를 이런 관점에서 바라보며, 다른 기준에서 보면 부모의 생각이 분명히 틀렸더라도 변하지 않는다.)

틸리히Tillich는 이런 질문을 던졌습니다. 그렇다면 "아이들이 옳다고 생각하는 부모에게 등을 돌리는 이유는 무엇인가? 남편이 올바른 아내에게, 아내가 올바른 남편에게 등을 돌리는 이유는 무엇인가? 왜 기독교 신자들은 올바른 목회자에게 등을 돌리는가? 왜 사람들은 올바른 사람인 이웃에 등을 돌리는가? 왜 많은 사람들이 올바른 기독교 정신과, 기독교 정신이 그리는 예수와 하나님 상에 등을 돌리는가? 왜 그들은 오히려 올바르다고 볼 수 없는 사람에게 의존하는가? 이건 그들의 심판을 피하고 싶어 하기 때문이다."[16] 그런데 종교 체험은 심판의 면제이자 조건 없는 인정입니다.

사실 대다수 기독교인들은 [부모자아]를 비운 상태에서 겪는 종교 체험과는 질적으로 다른 종교 체험을 경험합니다. 그들이 경험하는 종교 체험은 [부모자아]에게 전적으로 순응했을 때, "나 자신의 부도덕한 길을 포기하고 당신([부모자아])이 원하는 꼭 그대로 따르겠노라"고 할 때 생기는 크나큰 안도의 느낌입니다.

예를 들어, '개종한' 여인은 구원을 얻으려고 가장 먼저 립스틱부터 싹싹 지웁니다. 그녀는 은총의 신을 직접 만나서 구원을 경험하는 것이 아니라, 규칙을 정한 독실한 신도들에게 인정받음으로써 구원을 경험합니다. 그녀에게 '신의 의지'는 그 독실한 신도들의 [부모자아] 의지입니다. 프로이트식 논리를 적용하면 이 경우의 종교적 엑스터시는 [어린이자아]가 전지전능한 [부모자아]에게 자신을 완전히 맡겼을 때 얻는 전지전능한 느낌입니다. 이것은 '만약 ……한다면'의 조건부 자기긍정입니다. 하지만 조건부 은총은 그녀의 갈증을 충분히 식혀주지 못합니다. 그래서 그녀는 다시한번 종교적 환희를 경험하고 싶다는 갈망을 갖게 되고, 그 결과 '신앙이 시들해지고' 또 다른 '개종'을 할 가능성이 높아집니다.

이런 식의 종교 체험에는 [어른자아]가 개입하지 않습니다. 아이들이 겪는 종교 체험도 이런 종류일 수 있습니다. 물론 다른 사람의 종교 체험을 놓고 가타부타 판단할 수 없습니다. 그들이 정확히 무슨 경험을 했는지 객관적으로 확인할 방법이 없기 때문입니다. 또한 이 사람의 종교 체험은 진짜인데, 다른 사람의 종교 체험은 거짓이라고 말할 수도 없습니다. 하지만 [부모자아]의 인정이 가져다주는 종교 체험과 무조건적 인정이 가져오는 종교 체험은 다르다는 것이 내 나름의 판단입니다.

앞에서 설명한 것처럼 종교 체험을 겪을 때 [부모자아]가 완전히 비워진다면, [어린이자아]와 [어른자아]만 남게 됩니다. 그렇다면 신을 경험한 인격은 [어린이자아]일까요? 아니면 [어른자아]일까요? 역사적으로 볼 때 철학자들이 말하는 신은 아브라함이나 이삭, 야곱이 말하는 신과는 달랐습니다. 철학자들의 신은 '사고'가 낳은 귀결이고, 의미를 찾는 [어른자아]이며, 신의 가능성에 대한 심사숙고였습니다. 반면에 아브라함과 이삭과 야곱은 "걸을 때나 대화할 때나 항상 신과 함께" 했습니다. 그러면서 그들은 초월을 '체험' 했고 초월을 느꼈습니다. 따라서 이 초월감에 개입한 것은 그들의 [어린이자아]였습니다.

신학은 [어른자아]이지만 종교 체험은 [어린이자아]도 관계하거나, 오로지 [어린이자아]하고만 관계된 것일 수도 있습니다. 아브라함은 십계명을 읽지 않았어도 신의 뜻에 따라 우르(성경에 의하면 아브라함은 신의 뜻에 따라 고향인 우르를 떠나 가나안으로 옮겨갔다-옮긴이)로 떠났고, 사도 바울은 신약성서를 읽지 않았어도 기독교로 개종했습니다. 그들은 종교 체험을 경험했고, 체험이 그들의 삶을 바꾼 겁니다.

〈요한 1서〉는 "우리가 보고 들은 바를 너희에게도 그대로 밝혀 드러낸다"(요한 1서 1:3)고 했습니다. 초대 교회가 인위적이지 않고 활기찼던 까닭은 기독교의 공식교리가 없었기 때문인지도 모릅니다. 초대 기독교 문서들은 기본적으로 어떤 일이 발생했고, 무슨 말을 들었는지를 기록한 보고서에 지나지 않았습니다. "잃었던 생명을 찾았고 광명을 얻었다(존 뉴튼 목사가 작사한 찬송가〈나 같은 죄인 살리신Amazing Grace〉의 한 구절—옮긴이)"는 구절은 신학 이론에 대한 설명이 아니라 개인 체험을 이야기한 것입니다.

초대 교인들은 예수라는 사람과 함께한 흥미진진한 사건과 예수가 자신들과 함께 걷고 웃고 울었던 사건을 얘기하려고 한 자리에 모였습니다. 예수가 사람들에게 보여준 열린 마음과 자비지심은 전형적인 자기긍정—타인긍정의 태도라 할 수 있습니다. 소설 《타임머신The Time Machine》의 작가 H. G. 웰스H. G. Wells는 이렇게 말했습니다. "나는 역사가이지, 교인이 아니다. 하지만 역사가로서 고백하건대, 갈릴리 출신의 가난뱅이 설교자가 역사의 중심이라는 사실은 부인할 수 없다."

초대 기독교인들은 예수를 신뢰하고 믿었기에 변할 수 있었습니다. 그들은 자신들에게 벌어진 일을 다른 사람들과 얘기했습니다. 오늘날 교회에서 흔히 보이는 판에 박힌 허례의식은 거의 있지 않았습니다. 하버드 신학부의 하비 콕스Harvey Cox 박사는 그리스도 연합교회가 발행하는 월간지인 〈콜로퀴Colloquy〉지와 인터뷰에서 이렇게 말했습니다.

예수 그리스도의 초기 추종자들 모임에서는 오늘날 예배의 가장 두드러진 특징인 종교적 엄숙함이 없었다. 초대 기독교인들은 이른바 빵 나눔breaking of bread을 위해 모였다. 다시 말해 그들은 일용할 양식을 나눠먹으려고 한자리에 모였다.

그들은 빵과 와인을 먹고, 예수의 말씀을 회상하고, 열두 사도들의 편지나 다른 기독교인들이 보내온 편지를 읽으면서 서로 생각을 교환하고, 찬송과 기도를 올렸다. 그들의 예배는 상당히 시끌벅적한 행사였다. 오늘날의 예배라기보다는 풋볼 팀의 승전 축하 행사에 훨씬 가까웠다.[17]

그들의 예배는 상호 신뢰와 조건 없는 인정에서 비롯된 새롭고 혁명적인 삶의 방식이었습니다. 기독교가 단순히 지적 사상에 불과했다면, 초기의 가혹한 수난사를 이겨내고 2천년 동안 살아남지 못했을 겁니다. 기독교가 살아남을 수 있었던 까닭은 아브라함이 우르를 떠나고, 모세가 애굽(이집트)을 탈출하고, 사도 바울이 다마스쿠스로 가는 중에 개종한 것처럼, 이 종교가 역사적인 사건에서 출발했기 때문입니다.

이상이 종교 체험에 대한 나의 견해입니다. 물론 종교 체험 해석은 사람마다 다를 수 있습니다. 하지만 솔직히 말해, 수 세기 동안 모두가 인정하는 훌륭한 사람들이 자신의 종교 체험을 말했다는 사실은 누구도 부인할 수 없을 겁니다.

인간에 대한 관점

[부모자아]의 데이터(이것은 [어린이자아]에게 압도적인 영향력을 발휘하는데, 특히 신앙 문제에서는 더욱 그러하다)를 검토하기 위한 [어른자아]의 힘을 기르려면 좀 더 폭넓은 생각과 시각을 기르는 것이 가장 효과적인 방법입니다.

트루블러드가 말하듯 믿음은 눈을 가리고 절벽에서 뛰어내리는 것이 아니라, 마음의 빛을 따라 조심스레 걸어가는 것입니다. 이 빛 중에는 "신이 그토록 사랑하신" 세상은 우리 인간의 이해로 도달할 수 없을 만큼 아름답고 광활하고 장대하다는 깨달음도 포함되어 있습니다. 이런 깨달음이 있을 때, 우리는 겸손해지고 지금까지의 독선적인 생각들을 내려놓을 수 있습니다.

인간은 오랜 역사 동안 발전해왔고, 오늘날 세상 사람들의 생각은 매우 다양합니다. 이러한 삶의 현실을 신중하게 고려하지 않은 채, 계속해서 신과 인간의 통합만을 고집한다면 이는 망상이나 다름없습니다. 어떤 사람들은 이런 사실에 경악할지 모릅니다. 그들은 "절망적이야!"라고 외칠지 모르지만, 나는 그보다는 테야르의 견해가 더 타당하다고 생각합니다. 예전에 무엇 때문에 행복하냐는 질문을 받은 그는 이렇게 대답했다. "나는 지구가 둥글어서 행복하다네."

경계선, 모남, 날이 선은 물리적인 것이 아니라 심리적인 것입니다. 우리 모두가 내면의 부정적 [어린이자아]를 에워싸고 있는 심리적 울타리를 걷어낼 수만 있으면, 우리는 서로 평화롭게 공존하는 데 아무 거부감도 느끼지 않을 것입니다.

P–A–C로 보는

사회적 현상

역사에는 상상도 못할 일들을 벌인 폭군들로 가득하지만 그들을 그렇게 만든 원인은 지금도 존재한다.

〈인간을 찾아서(In Search of Man)〉
ABC텔레비전과 울퍼 프로덕션이 제작한 다큐멘터리

개인이 행동하는 이유를 이해하면 민족을 포함한 집단이 행동하는 이유를 이해하는 데도 도움이 될까요? 중요한 질문입니다. 왜냐하면 현실에서는 고립된 개인은 존재하지 않기 때문입니다.

윌리엄 풀브라이트William Fulbright 상의의원이 미 상원 외교위원회 청문회에서 "당신은 정말로 인간이 합리적인 존재라고 생각하십니까?"라는 질문을 던졌습니다. 이어서 그는 "우리는 선거 한 번 해본 적이 없는 사람들에게 선거권을 주겠다는 명분으로 수천 명의 베트남인들을 죽이고 있습니다. 내게는 이것이 도리어 비합리적으로 보이거든요"라고 했습니다.

개인 행동방식뿐 아니라 집단행동 방식도 [부모자아]를 통해 세대에서 세대로 전해집니다. 따라서 개인의 경우에 그러하듯, 국가도 기존제도와 절차를 비판적 시각으로 주의 깊게 살펴볼 필요가 있습니다. 미국은 이런 비판을 자유롭게 허용하는 편입니다. 하지만 우리가 자유를 얼마나 효과적으로, 또 얼마나 진실되게 사용하고 있는지는 의문입니다. 우리는 다소 맹목적인 태도로 우리의 국민적 (즉 집단적) [부모자아]를 방어하는 한편, 다른 나라들도 우리와 같은 일을 하고 있다는 사실을 망각하고 있습니다. 그래서 우리의 방어행위는 '애국심'이고, 다른 국민의 방어행위는 '맹목적 복종'입니다. 모든 국가의 주위에는 각자 커튼이 쳐져 있고,

모두들 그 커튼을 통해 상대방을 보고 있습니다.

캘리포니아 주 교육감인 맥스 래퍼티Max Rafferty는 훌륭한 시민정신을 다음과 같이 정의했습니다.

훌륭한 시민이 국가와 맺는 관계는 착한 아들과 어머니의 관계와 같다. 그는 어머니가 오랜 인생 경험을 갖고 있고, 많은 문제에 지혜를 갖고 있으며, 자신을 낳아서 지금까지 길러주었기 때문에 어머니의 말에 복종한다.

그는 다른 누구보다 어머니를 존경한다. 그는 자신의 마음 깊숙한 곳, 특별한 자리에서 타고 있는, 어머니를 비추는 존경과 감탄의 촛불이 영원히 꺼지지 않게 애쓴다. 그는 적에 맞서 어머니를 보호하며, 어머니를 위해서는 목숨까지도 바칠 각오를 한다.

겉으로 내색은 하지 않지만 무엇보다도 그는 어머니를 깊이 사랑한다. 어머니를 사랑하는 특권을 다른 사람들과 나눈다 해도, 자신의 애정은 독특하고 특별하며 자신의 내부 가장 깊은 곳에 마르지 않은 샘에서 솟는 것임을 잘 안다.

이것이 훌륭한 시민이다. 이런 그의 본성이 가시지 않는 한, 위대한 공화국도 영원히 융성할 것이다.[1]

이 연설과 같은 선언에 해줄 수 있는, 유일하게 사려 깊은 답변은 "상황에 따라 다르다"일 겁니다. 우리가 우리의 어머니, 우리의 [부모자아], 그리고 국가적 [부모자아]를 존경하고 순종하고 굳건히 지켜내야 하는지의 여부는 이 [부모자아]가 어떤 것이냐에 따라 달라집니다. 어떤 개념이나 사상을 무조건 믿어야 한다면, 그것의 정확한 본질을 못 볼 가능성이 높아지기 때문입니다.

이런 식의 맹목적인 복종을 가장 잘 보여주는 예는 이슬람 국가나 인도에 있습니다. 만약 가족이 허락하지 않은 남자를 사랑하여 몰래 결혼하면 가족과 친척들은 가족의 명예를 더럽혔다는 이유로 살인을 해도 됩니다. 살인임에도 마치 전통이나 관습처럼 생각하고 사회에서 묵인합니다. 인도의 경우도 아직 계급 제도가 있어서 자신보다 신분이 낮은 사람과 결혼을 금하고 이를 어기면 아버지나 오빠 등 집안의 남자들에게서 살인을 당해도 명예살인이라고 불릴 정도 입니다. 이 사회의 남자들은 그들의 행동에 대해 의심하기보다는 맹목적인 [부모자아]에 복종합니다.

이런 "맹목성"의 증거는 이슬람국가나 인도만이 아니라 세계 도처에 널려 있습니다. 그런데도 우리는 이런 맹목성이 모든 인간의 공통 모습이라는 사실을 이해하지 못합니다. 2장에 나온, 반대 증거를 눈과 귀로 직접 경험했음에도, 계속해서 "경찰은 나쁜 사람"이라고 믿는 아이 역시 이런 맹목성을 보여줍니다. 이 어린 아이의 내면에는 원초적인 두려움과 부모에 대한 의존성이 있기 때문에 자신의 안전을 위해 부모의 훈계를 그대로 받아들일 수밖에 없습니다.

인간이 합리적인 존재인가라는 풀브라이트의 질문에 미 상원 외교위원회 청문회에 참석한 존스 홉킨스 대학 심리학과 교수 제롬 프랭크Jerome Frank 박사는 이렇게 대답했습니다. "우리 인간은 가끔씩만 합리적입니다. 저는 우리 인간이 떠안고 있는 크나큰 두려움과 감정적 긴장이 명확한 사고를 방해한다고 생각합니다. 우리는 핵무기를 두려워할 권리가 있습니다."

어린아이 역시 잔인한 아버지한테 매를 맞을지도 모르는 상황에 대해 두려워할 권리가 있습니다. 하지만 더 중요한 문제는 두려워할 권리가 있느냐 없느냐가 아니라, 두렵지만 무엇을 할 수 있느냐가 더 중요합니다. 두려움이 인간의 삶을 지배하면, 정확한 데이터 처리가 불가능하기 때문에, 정신건강에 꼭 필요한 (개인적으로든 세계적으로든) 태도인 자기긍정-타인긍정 상태가 될 수 없습니다.

아래는 풀브라이트 상원의원이 1964년에 한 의회 연설 내용입니다.(( ) 안의 말은 필자 의견임을 미리 밝혀둡니다.)

인간 정신의 불완전성 때문에 (오염된 [어른자아]), 있는 그대로의 세상 (자유로워진 [어른자아]의 시각)과 인간이 바라보는 세상([부모자아]나 [어린이자아], 또는 오염된 [어른자아]의 시각) 사이에는 편차가 있기 마련입니다. 우리의 인지능력이 객관적 현실과 최대한 가까워질 때 (오염되지 않은[어른자아]) 우리는 합리적이며 적절한 방식으로 자신의 문제를 해결하려고 노력합니다([어른자아]). 하지만 우리의 인지능력이 현실을 따라잡지 못하거나 (오래된 데이터), 내키지 않아서([부모자아]), 혹은 겁이 나거나 ([어린이자아]) 너무 낯설어서 있는 현실을 믿지 않을 때, 현실과 우리가 아는 세상 사이에는 커다란 균열이 발생하고 우리는 비합리적이고 비이성적인 행동을 취하게 됩니다.[2]

우리는 얼마나 비합리적 존재가 될 수 있는가?

2차 세계대전 당시 나치 독일의 만행이 세상에 알려지면서 사람들은 경악했습니다. 그러나 한편에서 미국인들 중 일부는 "그런 일은 여기서는 절대 일어날 리 없다"거나, '우리'는 그런 잔악무도한 행위가 이곳에서 벌어지는 걸 결코 용납하지 않을 것이라는 자기 정당화로 그 상황을 무시했습니다.

그런데 과연 나치 독일에서 일어난 일이 이곳 미국에서는 절대 일어나지 않을까요? 사람은 누구나 비합리적 존재가 될 수 있습니다. 그렇다면 어느 정도로 비합리적일까요? 그리고 그 한계는 누가 정하는 걸까요? 예일 대학의 스탠리 밀그램Stanly Milgram이 이러한 질문에 답할 수 있는 증거를 제시했습니다.

밀그램은 복종에 대한 일련의 심리 실험을 했다. 그는 블루칼라 노동자에서 전문직 종사자에 이르기까지 코네티컷 주 브릿지포트에 사는 여러 집단의 성인 남성들을 피실험자로 선정했다. 실험의 목표는 한 사람이 다른 사람에게 얼마나 많은 고통을 줄 수 있는지 알아보는 것이었다. 하지만 피실험자들은 이 실험이 진짜 목표를 알지 못했다.

이 실험에서 피실험자들이 하는 일은 자칭 '연구자'라고 불리는 사람들의 지시에 따라 '학습자'가 틀린 답을 말하면 '학습자'에게 전기충격을 가하는 것이었다. 실제로는 전기충격이 가해지지 않앞지만, 이 사실을 모르는 피실험자들은 갈수록 전기충격의 강도를 높여야 한다는 사실에 당황했다. 결국 피실험자들은 연구자의 권위에 복종할지, 아니면 다른 사람을 해치지 말아야 한다는 자신의 신념을 따를지를 놓고 갈등했다.

이 피실험자 중에서 몇 %가 끝까지 실험을 진행하면서 최고 수준의 전기 충격을 학습자에게 가했을까? 추측을 하기 전에, 피실험자들이 스피커에 대고 한 소리를 들어보자.

150볼트 충격 전달: "내가 계속 하기를 원합니까?"(연구자가 계속 하라고 지시한다.)

165볼트 충격 전달: "저 사람 지금 신음하고 있잖아요. 충격이 너무 세요. 심장에 문제가 생길 거예요. 내가 계속 하기를 원합니까?(연구자는 여전히 하라고 명령한다.)

180볼트 충격 전달: "저 사람 못 견딜 겁니다. 저 사람을 죽이는 것은 하지 않을 거예요! 고함 소리 안 들려요? 못 견딜 거라고요! 저러다 무슨 일 생기면 어떻게 합니까? 제 말 알아들었어요? 그러니까 전 저 사람한테 무슨 일이 생겨도 책임지지 않을 겁니다." (연구자가 자신이 대신 책임지겠다고 말한다.) "좋습니다."

195볼트, 210볼트, 225볼트,
240볼트, 강도가 점점 높아진다.

피실험자는 연구자의 말에 그대로 복종했다. 1천 명의 피실험자들 중 실험을 끝까지 진행한 사람은 몇 %일까? 다음 내용을 읽기 전에 한 번 추측해 보기 바란다. 실험에 참가한 40명의 정신과 의사들은 0.1%만 그렇게 할 것이라고 예상했다. 하지만 실제 실험에서 무려 62%가 연구자의 명령에 그대로 따랐다. 당신은 몇 %일 것이라고 예상했는가?

밀그램은 이런 결론을 내렸다. "매우 놀랍게도 평소 선량하던 사람들이 권위자의 요구에 그대로 복종하면서 잔인하고 가혹한 행동을 했다. 일상생활에서는 책임 있고 점잖던 사람들이 권위자가 내세우는 덫에 걸려서 자신의 개인적 양심을 억누르며 실험자가 시키는 가혹행위를 수행하는 것이다. 실험실 사람들이 보고 느꼈듯이 실험 결과는 저자 자신에게도 혼란스러웠다. 결국 이 실험은 아무리 민주사회인 미국에서 살아간다 해도 사악한 권위자가 명령할 때 인간본성은 잔인하고 비인간적인 쪽으로 기울어질 가능성이 높다는 사실을 말해준다.[3]

이 실험 결과를 도저히 치유할 수 없는 인간의 사악한 본성이라고 해석했다면 정말 좌절할 만한 일입니다.

하지만 교류분석을 이용하면 다른 각도에서 이 문제를 논할 수 있습니다. 이 62%의 실험 참가자는 해방된 [어른자아]를 갖추지 못했기 때문에, 연구자의 [부모자아]를 검토할 능력이 없었던 것입니다. 그들은 아무런 의심도 하지 않고 어떤 연구든 학자에게 필요하다면 훌륭한 연구일 것이라고 가정했습니다. 나치 독일에서 '명망 높은' 과학자들이 잔인한 실험에 참가했던 이유도 바로 이런 가정 때문입니다.

우리들 대부분은 어린 시절에 권위자에게 '적절한 존경'을 보여야 한다고 배웠습니다. 경찰관, 목사, 교사, 학교 교장, 그리고 더 나아가 주지사, 국회의원, 장군, 대통령 등 사회 저명인사들이 모두 이런 권위자에 포함됩니다. 그러므로 이런 사람들의 권위적 태도에 대해 나머지 다수 사람들이 보이는 복종적 반응은 '자동적'입니다. 가령 과속을 하다가 고속도로 순찰차에 걸렸을 때, 당신은 속도를 줄여야 할 이유를 굳이 의식적으로 생각하지 않습니다. 당신은 자동적으로 엑셀에서 발을 뗍니다. 오래된 기록인 '조심하는 게 좋아'가 머릿속에서 최고 볼륨으로 울려 퍼지고, 이는 언제나 그랬듯 자동 반응을 보입니다. [어른자아] 또한 속도제한 법이 필요하다는 사실을 인정하지만, 곰곰이 따져본 이후입니다. 따라서 이런 상황에서는 자동 반응이 오히려 편리합니다.

하지만 권위에 대한 자동 반응이 항상 좋은 것은 아닙니다. 끊임없이 변화하는 세상에서 [어른자아]가 새로운 데이터를 제대로 처리하지 못할 때, 이런 자동적인 복종은 커다란 위험을 불러오기도 합니다. 예를 들어 위험한 상황이라고 생각을 하였음에도 권위자가 괜찮다고 하는 경우 우리는 자동적으로 권위자의 말에 복종하게 되어 그 위험을 낮게 평가하게 됩니다.

법은 궁극의 진리가 아닙니다. 역사적으로 보더라도 훌륭한 법도 있었지만 나쁜 법도 있었습니다. 그리고 많은 악법들이 여러 항의와 시위로 개선되었습니다. 이런 악법들을 그대로 두었다가는 [어린이자아]에 지배당한 항거와 폭력이 점점 늘어나리란 건 불 보듯 뻔한 일입니다. 이와 함께 우리는 법 없이는 민주적 과정이 제 기능을 발휘하지 못한다는 사실도 감안해야 합니다. 처칠은 "더 나아지려는 사람들의 노력이 없다면 민주주의는 인간이 상상할 수 있는 최악의 정부가 될지도 모른다"고 말했습니다. 민주주의가 제 기능을 발휘하려면 현명한 유권자가 있어야 하는데, 현명한 유권자란 [어른자아]로 판단하는 유권자를 의미합니다.

반면에 [부모자아]의, [부모자아]를 위한, 그리고 [부모자아]에 의한 정부는 지구상에서 사라져야 합니다. [부모자아]에 지배당한 역사가 그래왔듯이, [부모자아]로써는 평화와 민주주의의 길로 나아갈 수 없습니다.

국제 관계에서 일어나는 교류의 분석

교류분석으로 교류를 하는 두 개인이 서로의 행동을 이해할 수 있다면, 국가 간 행동도 교류분석으로 이해할 수 있지 않을까요?

개인끼리의 교류처럼 나라 간 관계가 상호 보완적이려면 관계도의 화살표 두 개가 서로 평행이 되어야 합니다. 게다가 오늘날의 세상에서 유일하게 효과적인 상호 보완적 교류는 [어른자아]-[어른자아] 교류밖에 없습니다. 한때 강대국과 약소국 사이에 있던 [부모자아]-[어린이자아]의 교류는 이제 더 이상 상호보완적 교류 역할을 해내지 못합니다. 왜냐하면 지금은 약소국들도 힘을 키워가고 있기 때문입니다. 그들은 더 이상 [어린이자아]로 남아 있기를 원하지 않습니다. 그들의 이런 태도에 강대국 사람들은 때로는 '우리가 자기들에게 해준 게 있는데, 어떻게 그렇게 행동할 수 있냐고 비난하지만, 현실은 현실입니다.

국제적인 교류를 분석할 때 가장 희망이 엿보이는 기관 중 하나가 바로 국제연합(UN)입니다. 유엔은 여러 번의 교차 교류에도 살아남았습니다. 상임이사국의 대표가 연단을 쾅쾅 내리치면 대화가 중단됩니다. "저들이 우리를 다 위험에 빠트릴 겁니다"라는 말을 들으면 우리의 [어린이자아]가 반응하기 시작합니다. 하지만 그렇다고 우리의 [어린이자아]로 대응할 필요는 없습니다. 또한 힘을 과시하는 [부모자아]로 반응할 필요도 없습니다. 그리고 바로 여기에 변화의 가능성이 있습니다.

아이에게 아무리 여러 번 "너를 사랑한다"라고 말했더라도, 단 한번의 "네가 미워"가 아이로서는 평생 부모의 사랑을 부인하는 결정적인 단초가 될 수 있습니다. 만약 이 아이가 왜 "네가 미워"라고 부모가 말했는지 이해한다면 (다시 말해 부모 내부에 있는 [어린이자아]의 발동으로 사랑하는 자녀에게조차 그런 비이성적이고 파괴적인 행동을 보였다는 사실을 이해한다면), 그 아이는 이 단 한 번의 선언을 최종 진실로 받아들여 평생 부모의 사랑을 부인하며 살아가지 않아도 됩니다.

니키다 흐루시초프(1953~1964년 동안 소련 공산당 서기장)의 "당신들을 매장시킬 거요"라는 말 역시 같은 관점에서 받아들일 수 있습니다. 그가 내뱉은 이 험악한 말이 소련과 국제사회 어느 쪽에 도움이 안 되는 것은 분명합니다. 하지만 그 속에 박힌 가시를 제거하면, 그가 [부모자아]와 [어른자아], [어린이자아]를 가진 한 인간일 뿐임을 이해할 수 있습니다. 그리고 그 [부모자아], [어른자아], [어린이자아]에 입력돼 있는 데이터가 다른 사람들, 특히 미국의 정치가들과는 상당히 다른 것일 뿐임을 이해할 수 있습니다.

흐루시초프가 정치의 신이 아니라는 것은 그의 정치 생명이 끝났다는 사실로 충분히 입증되었습니다. 마찬가지로 미국의 지도자들을 포함해 세계 지도자들의 비논리적인 말과 행동을 폭로하는 데 굳이 많은 역사적인 조사가 필요한 것은 아니지만, 그렇다고 상대국 지도자들의 적대적이고 호전적인 말과 행동에 겁먹은 [어린이자아]로 반응하면서 싸울 채비를 갖출 필요는 없습니다.

대신 우리는 [어른자아]로 진실을 탐구할 수 있어야 합니다. 그들의 [어린이자아]에서 나오는 두려움을 이해하고, 그들의 문화적 [부모자아]가 인류의 생존에 아무 도움도 안 되는 고리타분한 주장을 고집하기 때문에, 그들 역시 고통을 느끼고 있다는 사실을 이해해야 합니다. 또한 우리는 한 발 떨어진 상태에서 미국의 문화적 [부모자아]를 바라보아야 합니다. 미국의 문화적 [부모자아]에는 많은 장점이 있지만, 반면에 약점도 많습니다. 가장 대표적인 예로는 양날의 칼이 되어 백인과 흑인 모두에게 고통스런 결과를 가져오는 고질적인 노예제도의 잔재가 남아 있습니다. 엘튼 트루블러드Elton Trueblood는 이렇게 말했습니다.

오늘날의 곤란한 상황을 보건데, 우리는 어떤 패를 쓰든 쌍방 모두에게 피해를 입힐 행동을 하게 미리 짜여 있는 체스 선수들과도 같다. 지금의 사태가 일어난 원인이 한편으로는 도덕률을 잘

못 적용했기 때문이라는 사실을 어렴풋이 알면서도, 우리는 이런 사실을 이해하려고도 인정하려고도 하지 않는다. 지금의 사건들 만을 놓고 본다면 아시아계 사람들의 분노가 비합리적이고 부당 한 것처럼 보일지도 모른다. 하지만 정확히 말해서 우리는 우리가 과거에 저질렀던 행동에 대한 때늦은 대가를 치르고 있을 뿐이다. 지난 과거 동안 모든 인간이 존엄한 존재라는 사실을 무시하면서 아시아 남성을 "새끼"라고 불렀던 백인들 모두가 그들이 격렬한 증오심을 키우는데 일조한 셈이다. 마침내 이 분노가 폭발해서 그 들이 상당히 비이성적인 행동을 보이고 있는 지금, 우리는 우리의 숭고한 원칙을 지키려면 아주 많은 희생을 감수해야 할 것이다.[4]

또 다른 방식으로 이러한 도덕률을 설명할 수 있는데, 한 쪽의 행동 때문에 상대방의 [어린이자아]가 오랫동안 굴욕감을 느낀다 면 그가 괴물로 변할 수도 있습니다. 미국 내에서 오랜 세월 동안 굴욕감을 느껴왔던 많은 사람들이 무시무시한 "괴물"로 돌변한 것은 전혀 놀랄 일이 아닙니다.

로스앤젤레스의 와츠폭동(1965년 흑인들이 인종차별에 반대하면 서 일으킨 폭동)이 일어난 이후, 폭동의 원인 (경찰의 폭력, 실업, 빈 곤 등)을 놓고 해석이 분분하자 한 흑인여성이 이렇게 말했습니 다. "폭동의 이유를 묻는 것 자체가 그 사람들이 아무것도 모른다 는 뜻이 됩니다."

두려움에 가득 찬 사람의 권위적인 [부모자아]가 [어른자아]를 완전히 밀어내지 않는다면, 우리 모두 '그 이유'를 이해할 수 있을 것이라고 나는 생각합니다. 무엇을 해야 하는가는 별개의 문제입니다. 우리는 우선 인간 행동에 공통으로 적용할 공용어를 선택해야 합니다. 그리고 나는 교류분석에서 이런 공용 어휘를 찾을 수 있다고 생각합니다.

심리학은 현대의 위대한 "과학"으로서 전령사 역할을 자처하고 있지만, 오늘날의 세상에서 벌어지는 사회적 문제들에 대한 합리적 설명은 거의 하지 못하고 있습니다. 미상원외교위원회의 질문에 행동과 커뮤니케이션 분야의 또 다른 전문가는 이렇게 대답했습니다. "그것은 제 이해의 범위를 넘어섭니다. 그 문제라면 저는 아무것도 모르는 바보라고 할 수 있습니다." 이런 겸양의 미덕을 보인다고 해서 이른바 인간행동 전문가임을 자처하는 사람들의 의무, 다시 말해 우리와 다른 나라 국민들과의 관계를 분석해야하는 의무가 사라지는 것은 아닙니다.

풀브라이트 상원의원을 비롯해 다른 많은 공직자들이 정신과 의사들한테서 도움이 될 만한 조언을 적극적으로 받는다면 얼마나 좋을까요? 정부지도자들은 물론이고 유권자들도 P-A-C를 이해하고 [어른자아]를 해방할 수 있다면 우리 앞에 닥친 사회적, 국제적 문제를 올바로 이해하고 가장 현실적인 해결책을 마련할 수 있을 겁니다.

우리는 [부모자아](문화적 [부모자아]로 강화된 각 개인의 [부모자아]가 우리에게 어떤 억제를 하는지 이해해야 한다.) 또한 폭동과 전쟁에 대해 우리의 [어린이자아]가 느끼는 두려움을 이해해야 합니다. 기아와 미신에 희생당하는 인도인들 내부에, 억압과 혁명의 기억이 생생하게 남아있는 러시아인들 내부에, 600만 유대인들에 대한 대량 살상을 기억하는 이스라엘인들 내부에, 네이팜탄과 총검의 두려움으로 벌벌 떨고 있는 베트남 남북 사람들 내부에, 원자폭탄의 공포를 기억하는 일본인들 안에 있는 두려움을 이해해야 합니다.

[어린이자아]의 이런 느낌은 두려움으로 가득한 세상에서 인간이 갖는 당연한 감정입니다. 이런 [어린이자아]가 원하는 것은 고통을 덜어내는 것입니다. 이를 이해할 수 있다면, 좀 더 합리적이고 이성적인 국제 대화를 시작할 수 있을 겁니다. 우리는 롱펠로우Longfellow의 말을 기억해야 합니다. "우리가 적들의 비밀스런 역사를 읽는다면, 어떤 삶에든 슬픔과 고통이 있다는 사실을 깨닫고 적개심이 눈 녹듯 녹을 것이다."

이른바 적이라고 하는 사람들의 부정적인 [어린이자아]에 우리가 동정심을 발휘하지 못하는 건 그들이 그런 감정 상태를 숨기려고 벌이는 게임에 우리가 겁을 먹어서입니다. 또한 같은 이유로 우리 안의 부정적인 [어린이자아]에게도 동정심을 발휘하지 못합니다. 우리는 불신의 딜레마를 공유합니다. 모든 인간은 자신의 입맛에 맞는 방법으로만 협상하기를 원합니다. 중요한 문제를 다루면서 선택의 여지를 너무나 많이 없애버린 우리는 사소한 문제를 놓고 목숨을 거는 무모한 전사가 되고 말았습니다. 설사 서로에게 두려움이 있다는 사실을 인정해도, 그 두려움을 없애려면 어떻게 해야 하는지 모릅니다.

국제협상에 참여하는 사람들이 P-A-C 언어를 알고 있다면,

그래서 [어린이자아]에는 두려움이 있고, [부모자아]로는 타결의 여지가 없으며, 자유로워진 [어른자아]를 통해서만 세계적인 자기 부정—타인긍정의 감정상태를 극복할 수 있다는 사실을 이해한다면, 우리는 과거의 굴레를 벗어던지고 새로운 해결책을 마련하기 위한 실마리를 얻을 수 있습니다. 교류분석의 기본 단어들은 ([부모자아], [어른자아], [어린이자아], 부정, 긍정, 게임, 스트로크 등) 매우 단순합니다. 따라서 영어 외의 다른 언어들에서도 의미상의 큰 변화 없이 그 자체로 유용하게 사용할 수 있는 경우가 많습니다. 사실 'OK'라는 기분좋은 말은 이미 국제적인 언어입니다. [부모자아], [어른자아], [어린이자아] 라는 용어들 또한 세계 모든 문화에서 대응하는 어휘를 찾을 수 있습니다. 공통 어휘의 중요성은 아무리 강조해도 지나치지 않습니다. 가령 '신이 없는 공산주의' '자유 서방' '화해가 불가능한 충돌' 등 타협의 여지가 없는 폐쇄적인 언어만 사용한다면, 국제외교가 어떤 성과를 이룰 수 있을까요?

현재 세계 인구는 30억 명입니다(저자가 책 저술 시기의 경우—역자 주). 그 중 우리가 극소수만 알고 있습니다. 사실 우리의 뇌는 몇 십억이라는 이 어마어마한 숫자를 가늠할 수 없습니다. 그래서 우리는 그들을 개개인으로 생각하지 않고 하나의 단위로 생각합니다. 가령 인도라는 나라를 생각할 때, 우리는 인도인 각각의 개성은 전혀 고려하지 않습니다. 그 많은 인구를 하나로 뭉뚱그려 생각하면서 그들이 국제적 힘의 균형에서 행하는 역할만을 떠올립니다. 혹은 세계 인구의 7분의 1을 차지하고, 전체 인구 가

운데 여섯 민족이 꽤 큰 비중을 차지하는 가운데, 845개의 언어와 방언이 있는 나라라고 생각하거나, 두 개의 적대적 종교 문화가 공존하면서도 갈등하고 있는 나라라고 생각합니다. 그런데 인도의 [부모자아]와 미국의 [부모자아]가 어떤 일에 합의하기는 힘들지만, 자유로워진 [어른자아]면 서로의 문제를 이해하고 기쁨을 나눌 가능성이 있지 않을까요?

인간은 서로 인연을 맺으며 살아갑니다. 우리는 물건이 아니라 인간입니다. 세상 사람들은 조종해야 할 대상이 아니라, 이해해야 할 대상입니다. 개종시켜야 할 이교도가 아니라, 귀 기울여 들어줘야 할 인간입니다. 증오해야 할 적이 아니라, 함께 마주치며 살아가야 할 인간입니다. 억지로 참는 동반자가 아니라, 함께 조화롭게 살아가야 할 동지입니다.

불가능한가요? 어리석은 이상에 불과한가요? 이 풍요로운 사회에서도 사람들은 한 사람의 문제를 해결하려면 다른 사람(들)의 희생이 불가피하다고 여깁니다. 예를 들어 자식에게 대학 교육을 시키려면 부모가 '희생'해야 한다는 식입니다. 이런 식으로 생각하는 사람에게는 몇 십억 인구의 문제를 해결한다는 생각 자체가 어리석어 보일지 모릅니다.

[부모자아]는 가난은 나라도 못 구한다고 합리화하면서, 그래서 "전쟁은 언제든 일어날 수 있다"고 생각합니다. 그러면 [어린이자아]는 "언제 죽을지 모르는데 먹고 마시고 즐기자"는 결론을 낼 수 있습니다. 역사가 과거를 말해줄 수 있습니다. 하지만 우리가 해야 할 일이 무엇인지, 또 무엇을 할 수 없는지는 말해주지 못합니다.

세상은 계속해서 진화를 거듭하고 있습니다. 그러므로 우리는 앞으로 우주에 어떤 일이 생길지 충분히 알아낼 수 없습니다. 하지만 [어른자아]는 새로 펼쳐질 신세계에서 이 흥미진진한 일을 힘껏 노력해서 연구할 수 있습니다. [어른자아]만이 창의력을 발휘할 수 있습니다. 그리고 [어른자아]만이 상대방의 [어린이자아]가 보내는 반응을 감지하면서도 자기도 똑같이 [어린이자아]로 반응하면 안 된다는 결정을 내려, 과거를 반복하거나 과거로 퇴행하지 않을 수 있습니다.

폭력에 대한 찬양은 폭력을 낳는다

미국에서 즉석 결투와 승리를 최고의 영예로 여기게 만든 장본인은 '선하고 정직하며 신을 두려워하는 사람들', 다시 말해 둔감하고 비전도 없으며 이 세상이 폭력으로 가득한 이유를 도무지 이해하지 못하는 사람들입니다. 로버트 케네디 상원의원이 암살당한 뒤, 아서 밀러Arthur Miller는 다음과 같은 글을 발표했습니다.

폭력이 존재하는 이유는 우리가 매일같이 폭력을 찬양해왔기 때문이다. 제대로 교육받지 못하고 좋은 양복만 빼입은 사람들이 등골이 오싹할 정도로 잔인한 장면이 나오는 텔레비전 프로그램을 만들어서 떼돈을 번다. 누가 이 드라마를 제작하는가, 누가 이 드라마를 제작하는데 돈을 대는가, 그런 잔인한 장면을 예찬하는 사람은 누구인가? 주택가를 어슬렁거리는 정신병자들인가? 그들은 바로 사회의 기둥이자 성공과 사회적 성취의 모델로 존경받는 그런 사람들이다. 우리는 그동안 성취한 것에 부끄러움과 뉘우치는 마음을 가져야 한다. 그래야 평화로운 세상과 사회를 만들려는 합리적인 행동을 시작할 수 있다. 자국 국민이 안전하게 거리를 돌아다니게 해주지 못한다면, 다른 나라의 내정에 간섭할 권리도, 그들에게 폭격을 하거나 비난할 권리도 없다.[5]

우리 어린 자녀들의 [부모자아]에는 폭력에 대한 존경이 있습니다. 그들의 [부모자아]는 [어린이자아]가 증오와 분노를 드러내는 것을 허용합니다. 우리 문화에서 분노와 증오를 공식적으로 조합한 것이 바로 사형제도입니다. 존슨 대통령은 "편견과 이데올로기, 그리고 정치와 광기가 부른 살인에서부터 우리 도시의 거리와 심지어 가정에서 일어나는 폭력에 이르기까지, 전국에서 일어나는 물리적 폭력의 원인과 현황을 조사하고 통제하는" 새로운 차원의 범죄 연구에 전폭적인 지원을 하겠다고 약속했습니다.

모든 폭력 중에서도 가장 심각한 것이 가정 폭력입니다. 살인을 저지르는 것은 [어린이자아]입니다. 그렇다면 [어린이자아]는 어디에서 살인을 배웠을까요? 콜로라도 대학교의 레이 헬퍼Ray E. Helfer 박사와 C. 캠프C. Henry Kemper 박사가 함께 쓴 〈매맞는 아이〉를 보면, 미국에서는 부모가 저지르는 5살 이하 아동 살인사건이 매일 한두 건씩 일어납니다. 결핵, 백일해, 소아마비, 홍역, 당뇨병, 류머티즘열, 맹장염 등으로 인한 유아사망을 합친 것보다 살인으로 인한 유아사망자 수가 훨씬 많습니다. 또한 다섯 시간마다 한 명의 아이가 부모나 보호자로부터 심한 매를 맞습니다.

헬퍼 박사는 유아살해나 아동구타 문제의 해결책이 어려운 이유는 부모를 치료할 정신과의사를 찾기 힘들기 때문이라고 말했습니다. 케네디 상원의원이 저격당한 바로 그 날에 실시된 갤럽의 한 여론조사에 따르면, 응답자들 중 상당수가 폭력문제를 해결하려면 무엇보다 '더 엄격한 총기규제법'이 필요하다고 답했습니다. 그리고 '더 엄격한 법 집행 …… 텔레비전 폭력물의 근절, 부모의 자녀 관리방법 개선(부모를 위한 자녀양육 강좌를 포함)' 등을 원한 응답자들도 다수였습니다.[6]

새크라멘토에 있는 미국 교류분석협회는 1966년부터 '비폭력 부모되기' 강좌를 열고 있는데, 이미 수백 명의 부모들이 강좌를 수료했습니다. 강좌를 수료한 한 엄마는 다음과 같은 편지를 보냈습니다. "이 강좌는 우리가 겪은 일 중에 가장 멋진 사건이었습니다. 의사소통을 위한 새로운 길이 열린 덕분에 저와 제 남편의 관계가 좋아졌고, 제 개인 행동에도 많은 변화가 생겼습니다. 저와 함께 일하는 사람들은 제가 강좌를 듣기 시작한 뒤로 완전히 다른 사람이 되었다고 계속 말합니다. 어떤 여자는 '당신의 [어른 자아]에 신의 축복이 있기를! 이라고 입버릇처럼 말하지요. 또한 딸하고의 문제에도 많은 도움이 되었습니다. 이 강좌는 우리 가족 모두에게 정말 큰 도움이 되었습니다."

가정 내 폭력을 없애는 방법을 안다면 사회의 폭력을 없애는 방법도 알 수 있습니다. 이 부모들처럼 산업지도자, 광고제작자, 엔터테인먼트 프로그램 제작자들도 폭력을 없애는 방법을 익혀야 합니다. 외부에서 끊임없이 밀려들어오는 모순된 데이터가 가족의 모든 노력을 수포로 만들기도 하기 때문입니다.

열 살 난 딸이 "우리 〈보니 앤 클라이드〉 보러 가도 돼요?"라고 물어봤을 때, 나는 단호하게 안 된다고 말했습니다. 이 영화는 폭력이 난무하는 데다, 비열하고 잔인한 등장인물을 영웅으로 미화하고 있었기 때문입니다. 하지만 며칠 뒤 〈보니 앤 클라이드〉가 아카데미상의 강력한 후보로 언론에서 언급되기 시작했습니다. 우리 사회가 '폭력'에 얼마나 마비되어 있는지 실감할 수 있었습니다.

일부 심리학자들은 폭력물을 보는 것이 사람들에게 일종의 대리만족을 해주기 때문에 폭력의 실제 발생을 방지해주는 안전밸브 역할을 한다고 주장을 합니다. 폭력을 숭배하는 사람들은 그들의 이런 주장에서 위안을 얻을 지도 모릅니다. 하지만 이런 주장의 타당성을 증명할 수 있는 자료는 없습니다. 오히려 그 주장이 타당하지 않다는 증거를 도처에서 찾을 수 있습니다.

이들 심리학자들은 감정이 계속해서 쌓이기 때문에 쌓인 감정을 자주 풀어줘야 한다고 주장합니다. 하지만 그보다는 감정이란 오래된 기록의 재생에 불과하며, 의지에 따라 감정을 불러일으키는 전원을 차단할 수 있다는 생각이 더 옳습니다. 감정을 한꺼번에 폐기처분할 필요도 없고, 그럴 수도 없습니다. 하지만 감정을 불러일으키는 전원을 차단할 수는 있습니다. 감정이 컴퓨터로 한꺼번에 밀려들어오는 것을 막고, 대신 다른 무엇으로 컴퓨터를 채

울 수 있습니다. 에머슨의 말처럼, "사람의 성격은 그가 하루 종일 어떤 생각을 하느냐에 따라 달라진다."

그 옛날 세상에 정치적 살인이 난무하고, 인간을 노예로 팔아넘기고. 무고한 사람들을 십자가형에 처하고, 유아를 살해하고, 검투장에서 검투사들이 흘리는 피에 환호하던 시절이 있었습니다. 그때 양심이 있는 한 현자가 마케도니아의 고대도시인 빌립보 사람들에게 이런 편지를 보냈습니다. "끝으로 형제들아, 아무리 뛰어나고 찬양 받을 만하다 해도, 참되고 경건하고 옳고 정결하고 사랑스럽고 은혜로운 것들, 너희의 생각이 이런 것들로 넘쳐흐르게 하라."(빌립보서4:8)[7]

우리가 선함을 사랑하는지조차 잊을 만큼 악을 증오할 수도 있습니다. 하지만 세상에는 많은 선함이 존재합니다. 그리고 진실과 사랑, 인간의 존엄성을 실현하려는 헌신적인 노력을 막는 유일한 방해물은 바로 두려움입니다. 지구 반대편 사람들에 대한 두려움, 다시 말해 [어린이자아]의 두려움 때문에 우리는 귀중한 자원을 선이 아닌 끝없이 반복하는 전쟁에 쓰고 있습니다. 이길 수 있다고 착각하면서.

승자와 패자

햄릿의 선택은 "사느냐 죽느냐"였습니다. 미국은 공산주의와의 투쟁에서 "이기느냐 지느냐"의 선택밖에 없다고 여기는 듯합니다. 전 지구적 자멸로 이끌 수 있는 핵전쟁의 위험이 갈수록 높아지는 상황을 전제로 하면 이런 시각은 이기는 것이 존립하는 것보다 더 중요하다는 것으로 비칠 수 있습니다. 무차별 공습을 받은 베트남의 한 마을에 군인들이 들어가 보니, 건물이란 건물은 모두 무너지고 단 한명의 생존자도 남아 있지 않습니다. 이 작전을 지휘한 사령관은 이렇게 말했습니다. "우리는 그들을 구하려고 파괴해야 했습니다." 이 말은 권위에 찬 [부모자아]가 회초리를 휘두르면서 "맞는 너보다 때리는 내가 더 아파"라고 말하는 것과 비슷하지 않을까요? 하지만 완전히 파괴되어 시커멓게 탄 잔해만이 나뒹구는 그 마을을 보면서 "다치는 당신들보다 공격하는 내가 더 아파"라고 말하는 것이 과연 타당할까요?

아시아 사람들은 우리가 그토록 숭배하고, 그들에게도 최선이라고 강요하는 민주주의를 어떤 식으로 바라볼까요? 그들은 민주주의를 어떤 식으로 이해할까요? 미국에서 벌어지는 상황을 보면서 그들이 과연 '우리의 자유로운 삶의 방식'을 받아들일까요? 미국 내 인종 문제도 해결하지 못하는 마당에 우리가 정말로 다른 인종을 사랑한다고 그들이 믿어줄까요?

우리가 "민주주의는 멋진 것이다"라고 말하는 방식은 [엄마가 "시금치는 좋은 거야"라고 말하는 방식과 같습니다. 우리는 우리 입맛이 옳다는 증거를 전혀 보여주지 못하고 있습니다. 게다가 엄마 자신은 시금치를 그만큼 좋아하는가의 문제도 있습니다. 우리는 우리의 민주주의에 얼마나 열광하고 있을까요? 나아가 민주주의가 좋은 것임은 '분명'하지만, 폭력과 전쟁만이 민주주의의 선함을 바로 세울 수 있는 유일한 방법일까요?

"민주주의는 멋진 것이다"와 "다치는 당신들을 보니 공격하는 내가 더 아파"는 모두 대단히 위험한 국제 게임입니다. 왜냐하면 이 둘 모두 "우리는 승리해야 해, 승리하지 못하면 우리가 지는 거니까"라는 진정한 동기를 숨긴 채 벌이는 이면 게임이기 때문입니다.

인간이든 국가이든, 승리와 패배 말고는 다른 선택의 여지가 전혀 없을까요? 우리가 계속해서 승자의 자리를 차지하려면 주위 모두를 패자로 만들어야 할까요?

사실 지금까지 우리의 역사적 선택은 언제나 승자, 아니면 패자였습니다. 기후변화로 산림이 줄고, 숲에서 쫓겨난 영장류들이 드넓은 평원에서 무서운 포유류들과 함께 살아갈 수밖에 없게 되었을 때, 인간은 이 두 가지 중 하나를 선택했습니다. 그리하여 식량전쟁에서 승리한 영장류는 살아남았고, 패배한 영장류들은 죽었습니다. 지금도 우리가 알고 있는 옵션은 이 둘뿐입니다. 물론 가끔씩 종교지도자들이나 정치지도자들이 새로운 모델을 내놓기도 하지만, 이 '몽상가들과 예언자들'이 내놓은 생각은 대부분 유토피아적 이상에 불과할 뿐, 실현 불가능한 것으로 치부되었습니다. 그리하여 인류역사를 압도적으로 지배해온 것은 승리와 패배의 모델입니다.

하지만 상황이 변했습니다. 눈부신 과학의 발달 덕분에 세계인구가 충분히 먹고 살 만큼의 식량생산이 가능해졌습니다. 과학과 교육 역시 산아제한에 일조하고 있습니다(저자가 책 저술 시기의 경우-역자 주). 이제 우리는 자기긍정-타인긍정이라는 전혀 다른 선택을 내릴 수 있는 무대를 마련했습니다. 마침내 현실적인 차원에서의 상호공존이 가능해진 것입니다.

우리가 자기긍정-타인긍정 태도가 실현 불가능한 꿈이 아니라는 사실을 이해한다면, 변화를 이끌 새로운 무언가를, 지난 수백만 년 동안 건설해온 모든 것을 파괴할 무서운 위협이 되는 폭력을 막아줄 무언가를 찾는 것이 터무니없는 행동은 아니지 않겠습니까?

테아르_{Teihard}는 이렇게 주장했습니다. "자연이 미래에 대한 우리의 요구를 받아들이지 않는다면, 수백만 년에 걸친 노력은 결실을 맺지 못한 채, 자기 괴멸하는 불합리한 우주 속에서 질식사하거나 사산하고 말 것이다. 하지만 정반대로 탁 트인 길도 존재한다."[8]

우리는 탁 트인 길을 찾았다고 믿습니다. 이 탁 트인 길을 탐험할 주인공은 이름 없는 공동 사회가 아니라 그 사회에 존재하는 개개의 사람들입니다. 각각의 개인이 과거에서 벗어나 자유의지에 따라 과거의 가치와 방법을 거부할지 받아들일지 결정할 때만이 우리는 비로소 이 길을 탐험할 수 있습니다.

한 가지 결론만은 분명합니다. 개인의 변화 없이는 사회도 변하지 않는다는 것입니다. 우리가 미래에 희망을 품는 이유는 사람들의 변화를 눈으로 직접 목격했기 때문입니다. 그들이 변화할 가능성을 보여주었기에 이 책이 탄생했습니다. 우리는 이 책이 희망을 담은 한 권의 책이 되어 인류의 생존에 중요한 길잡이 역할을 할 것이라고 믿습니다.

제1장

1 와일더 펜필드의《A.M.A. 신경학과 정신의학 논문자료집A.M.A. Archives of neurology and Psychiatry》중 "기억 매커니즘Memory Mechanism"(1952), p. 178-198.

제1장 뒷부분의 펜필드와 퀴비에의 인용 역시 이 책에서 따온 것이다.

2 에릭 번 Eric Berne의《심리 게임 Games People Play》(뉴욕, 그로브 프레스Grove Press,1964), p.29.

3 캘리포니아 주 오번의 드위트 주립 병원에서 행한 연설, 1960년 2월 23일, 이 장의 뒷부분에 나오는 리러리의 설명 역시 같은 연설에서 인용했다.

제2장

1 에릭 번의《심리치료와 교류분석Transactional Analysis in Psychotherapy》(뉴욕 그로브 프레스,1961), p.24

2 펜필드의 "기억 매커니즘Memory Mechanism"(1952), p. 178-198.《A.M.A. 신경학 및 정신의학 논문자료집》에 게재. 퀴비에와의 토론도 포함.

3 아놀드 게셀Amold Gesell과 프랜시스 L. 일그Francis L.IIg의《유유기와 현대의 문화Infact and Child in the Culture of Today》(뉴욕, 하퍼Harper, 1943), p. 116-122.

4 에릭 번,《심리치료와 교류분석》

제3장

1 지그문트 프로이트의《두려움의 문제The Problem if Anxiety》(뉴욕, 노턴 Norton, 1936)

2 장 삐아제 Jean Piaget의《어린이의 현실 구성 The Construction of Reality in the Child》(뉴욕, 베이직 북스 Basic Books, 1954)

3 퀴비에 L. S. Kubie의 "심리학과 정신분석학 측면에서 바라본 신경 프로세스The Neurotic Process as the Focus of Psychological and Psychoanalytic Research."《정신과학 저널The Journal of Mental Science》지 Vol. 104, No. 435(1958)에 게재.

4 블룸 G. S. Blum의《인성에 대한 정신분석학적 이론 Psychoanalytic Theories of Personality》(뉴욕, 맥그로우-힐 McGrew-Hill, 1953), pp.77-74.

5 각본 분석Script Analysis는 인생을 살아가는 방법에 대해 어린 시절에 어떤 결절을 내렸는지를 발견하기 위한 분석이다. 이 책에서 드장하는 인생각본과 대항각본은 일반적인 개념에 불과하다. 각본의 기원과 분석에 대해서는 번과 에른스트, 그로더Groder, 카프만Karpman, 스타이너 Steiner 등 많은 교류 전문가들이 연구를 행했다.

6 쇼플러 Schopler의 "영아 자폐증과 수용제 프로세스 Early Infantile Autism and Receptor Process," ·《일반정신의학 기록 Archives of General Psychiatry》Vol. 13(1965년 10월).

7 에릭 번의《심리 게임》(뉴욕, 그로브 프레스, 1964), p.48

제4장

1 로렌스 퀴비에Laerense Kubie의 "신경증적 프로세스의 양극단적인 역할 Role of Polanruty Neurotic Process."《임상정신의학의 선구자들 Frontiers of Clinical Psychiatry》지,Vol.3, No.7.(1966년 4월 1일)

2 엘튼 트루블러드의《철학일반General Philosophy》(뉴욕, 하퍼, 1963)

3 윌 듀런트의《철학이야기The Story of Philosophy》(뉴욕, 사이먼 앤 슈스터 Simon And schuster, 1933), pp. 337-338.

4 찰스 하트숀 Charles Harteshorne의 "인과적 필요성 흄의 대한 Casual Necessitries, an Alternative to Hume"《철학 리뷰The Philosophical Review》지63(1954), pp.470-499.

5 트루블러드《철학일반》

6 J. 오르테가 y 가세트 J.Ortega y Gasset의《철학이란 무엇인가?》(뉴욕, 노턴 Norton,1960)

7 트루블러드《철학일반》

제5장

1 언스트가 캘리포니아 주 새크라멘토의 교류분석협회에서 행하 "경청" 에 대한 강연 (1967년 10월 18일).

2 버트란트 러셀의《러셀 자서전 The Autobiography of Bertrand Russell》(보스턴, 리틀Little, 브라운Brown, 1967).

3 해리 싱클레어 루이스 Harry Sinclair Lewis의《배빗Babbitt》

4 버틀란드 러셀의《러셀 자서전》

5 에리히 프롬의《사랑의 기술 The Art of Loving》(뉴욕, 하퍼, 1966).

제6장

1 에릭 번의《심리치료와 교류분석》(뉴욕, 그로브 프레스, 1961)

2 H.F. 할로 H.F.Harlow의 "원숭이들의 이성간 애정 체계 The heterosexual

Affectional System in Monkeys."《아메리칸 사이칼러지스트American Psychologist》지 17호 (1962). 1-9 게재.

3 고든 하일베르그의 "주립병원 정신질환자들에게 교류분석을 적용한 결과Transactional Analysis with State Hospital Psychotics."《교류분석협회 회보 Transactional Analysis Bulletin》,Vol.2,No.8(1963년 10월).

제7장

1 에릭 번의《심리치료와 교류분석》(뉴욕, 그로브 프레스, 1961).p.85.

2 에릭 번의《심리치료와 교류분석》p.98

3 에릭 번의《심리 게임》(뉴욕, 그로브 프레스, 1964),p.48

4 R.골드스톤 박사의 "신체적 학대를 당한 아이들과 부모에 대한 관찰 보고서."《미국 정신의학 저널 American Journal of Psychiatry》, Vol.122, No.4(1965년10월).

5 에릭 번의《심리치료와 교류분석》p.104.

제8장

1 M. 헌트의《이혼한 사람들의 세계 The World of the Formerly Married》(뉴욕, 맥 그로우-힐,1966)

2 폴 슈어러P. scherer의《사랑은 씀씀이가 헤픈 사람이다Love is a Spendihrift》(뉴욕,하퍼 앤 브라더스 Harper & Brothers, 1961)

3 아서 밀러 Arthur Miller의 "그녀의 고통을 존중하며, 하지만 사랑을 담아With Respect for Her Agony—but with Love"《라이프Life》지,55:66(1964년 2월 7일).

4 디트리히 본회퍼 Dietrich Bonhoeffer의《The Cost of Discipleship》(뉴욕, 맥 밀런, 1963)

5 헨리 L. 멘켄H.L.Mencken의《빈티지 멘켄 The Vintage Mencken》,알리스테어 쿠크 Alistair Cooke편저(뉴욕, 빈티지 북스 Vintage Books, 1956)

6 윌 듀런트의《철학 이야기》(뉴욕, 사이몬 앤 슈스터, 1926)

제9장

1 아놀드 게셀 Amold Gesell과 프랜시스 일그 Frances Ilg의 《유유기와 현대의 문화》(뉴욕, 하퍼, 1943).

2 제럴드 카플란 Gerald Caplan의 《지역사회의 정신보건 접근법 An Approach to Community Mental Health》(뉴욕, 그룬 앤 스트래튼 Grune and Stratton, 1961).

3 루이기 본펜시에르의 《새로움 피아노 연주법 New Pathways to Piano Technique》(뉴욕, 필로소피컬 라이브러리 Philosophical Library, 1953).

4 교류분석협회의 정기소식적인 《센터써클 The Center Circle》Vol. 1, No.7(1967년 10월).

5 앨런 와츠 Allan Watts의 "레드북 대화 A Redbook Dialogue,"《레드북 Redbook》지 Vol.127,No.1에 게재(1966년 5월).

6 브루노 베텔하임 Bruno Bettelheim의 "위선은 히피를 낳는다 Hypocrisy Breeds the Hippies,"《에리디스 홈 저널Ladies Home Journal》

제10장

1 버틀란트 러셀 Bertrand Russell의 《러셀 자서전》(보스턴, 리틀, 브라운, 1967).

2 미라 코마로프스키 Mirra Komarovsky의 "사회적 역할과 아이덴티티에 대한 탐구Social Roke and the Search for identity."샌프란시스코 소재 캘리포니아 의과대학이 주최한 "여성에게 가해지는 도전: 생물학적 눈사태The challenge to Woman,"The Biological Avalarsche"심포지엄의 발표 내용(1965년 1월).

제11장

1 슬라브슨 S. R. Slavson의 《집단치료의 실제(New York: 국제대학신문,1947》

2 윌리엄 글래서William Glasser의 《현실요법Reality Therapy》(뉴욕, 하퍼 앤 로우,1965).

3 윌 듀런트의《철학이야기》(뉴욕, 사이몬 앤 슈스터,1963),p.339

제12장

1 내서니얼 브랜든 Nathaniel Branden의 "심리치료와 객관주의 학파의 윤리
Psychotherapy and the Objectivist Ethics." 산 마테오 카운티 의학학회 San Mateo
County Medical Society 정신의학지부 앞에서 발표한 논문 (1966년 1월 24일).

2 버드란트 러셀Betrand Russell의《나는 왜 기독교인이 아닌가 Why I Am Not a
Christain》(뉴욕, 사이몬 앤 슈스터, 1957).

3 빅토르 프랑클 Victor Frankl이 사크라멘토 주립 대학에서 행한 연설 (1966
년 5월5일).

4 조지프 콜리뇽 Joseph collignon의 "죄의식의 이용 The Uses of Guilt."《토
요문학비평Saturday Review of Literature》에 게재(1964년 10월 31일).

5 피에르 테야르 드 샤르댕Pierrw Tdilhard de Chardin의《인간현상 Phenomenon of
Man》(뉴욕, 하퍼,1959).

6 랠프 린턴 Ralph Linton의《인간의 연구 The Study of Man》

7 토마스 B. 모건Thomas B. Morgan의 "오펜하이머와 함께With Oppenheimer."《룩
Look》지에 게재 (1966년 1월 27일).

8 폴 딜리히의《흔들리는 터전 The Shaking of the Foundations》(뉴욕,스크리브너
스Scribner's1950)

9 제임스 A.파이크 James A. Pike의《당신의 새로운 도덕성 You and the New
Morality》(뉴욕, 하퍼, 1955).

10 폴 틸리히의《새로운 존재 The New Being》(뉴욕, 스크리너브, 1955).

11 에릭 번의《심리 게임》(뉴욕, 그로브 프레스, 1964).

12 폴 투루니에Paul Tournier의《삶의 계절The Seasons of Life》(버지니아 주 리치
몬드, 존 녹스 프레스John Konox Press, 1961)

13 폴 틸리히의《흔들리는 터전》

14 어니스트 존스 Ernest Johns의《지그문트 프로이트의 삶과 일 The Life and

Work of sigmund Freud》제3권 (뉴욕, 베이직 북스,Basic books,1957), pp.349-360.

15 제임스 파이크 James A. Pike의《이것이 과연 이단이라면 If This Be Heresy》 (뉴욕, 하퍼 앤 로우, 1967).

16 틸리히의《새로운 존재》

17 "예배: 시끌벅적한 축하행사 m 하비 콕스와의 인터뷰Worship: Clack or celebration-An Interview with Harvet Cox,"《콜로퀴》지Vol.1,No.2에 게재 (1968 년 2월).

제13장

1 맥스 래퍼티 Max Rafferty의 글.《캘리포니아 교육Callifornia Education》지, Vol. II, No.8에 게재(1965년 4월).

2 윌리엄 풀브라이트의 "낡은 통념과 새로운 현실,"《연방의회 의사록》게 재 (1964년 3월 25일).

3 스탠리 밀그램 Stanley Milgram의《인간관계 Human Relations),Vol, 18, No.1 (1965).

4 엘튼 트루블러드 Elton Trueblood, Thelife prize(new york:Haper 1951)

5 A Miller, The trouble with Our Country" The New York Times에 게재. 뒤에 샌프란 시스코 Cronicle, p.2에 다시 게재 (1968.6.16.)

6 San Francisco Chronicle(june 16, 1968)

7 빌립보서 4:8 Paul'a Letter to Philppians 4:8

8 피에르 테야르 드 샤르댕 Piere Teilhard de Chardin《인간현상 The Phenomenon of Man》(뉴욕, ,Harper, 1961).

아임 오케이 유어 오케이
성격의 비밀, 교류분석이 풀다
I'm OK, You're OK

초판 1쇄 발행 2020년 6월 10일
초판 3쇄 발행 2024년 11월 20일

지은이 토마스 A. 해리스
옮긴이 이영호 · 박미현
발행인 김진환

발행처 (주)학지사
발행처 이너북스　**주소** 서울특별시 마포구 양화로 15길 20 마인드월드빌딩
대표전화 02-330-5114　**팩스** 02-324-2345
출판신고 2006년 11월 13일　제313-2006-000265호
홈페이지 http://www.hakjisa.co.kr

ISBN 978-89-92654-57-9　03180
정가 16,000원

출판미디어기업 학지사

간호보건의학출판 **학지사메디컬** www.hakjisamd.co.kr
심리검사연구소 **인싸이트** www.inpsyt.co.kr
학술논문서비스 **뉴논문** www.newnonmun.com
교육연수원 **카운피아** www.counpia.com
대학교재전자책플랫폼 **캠퍼스북** www.campusbook.co.kr